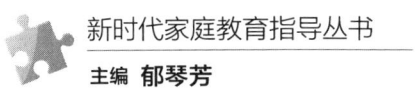
新时代家庭教育指导丛书
主编 郁琴芳

教师家庭教育指导实务

（高中版）

刘　静　李金瑞 主编

上海社会科学院出版社

"新时代家庭教育指导"丛书编委会

主任 汤林春 江伟鸣
主编 郁琴芳
成员 (以姓氏拼音字母为序)
戴耀红 贾永春 李金瑞 李正刚 刘景旭
刘 静 王君瑶 王 萍 温剑青 吴叔君
徐 群 杨 静 尹蓉蓉

《教师家庭教育指导实务(高中版)》编委会

主编 刘 静 李金瑞
编委 (以姓氏拼音字母为序)
陈怡怡 丁金花 付 君 顾 薇 黄英姿
姜 颖 蒋智颖 金 文 李长春 林春燕
刘加玉 任 玮 孙 艳 孙 颖 王 丹
王君瑶 王 蓉 王晓路 闻 慧 沃维佳
吴佳美 谢依岑 徐 晶 徐妍雯 叶家桢
尹蓉蓉 禹晓丽 郁琴芳 袁立薇 曾 燕
张 蕾 周晶红 周 馨

代序

学校家庭教育指导须把握"四个第一"

伴随着经济增长与社会转型,我们以往教育的"顺序模式"——即家庭教育、社会教育和学校教育先后分别在个体成长过程中发挥各自作用——正在转变为一种新的"重叠模式",即在儿童和青少年成长的每一个阶段,家教、家长、学校、教师、社会越来越呈现为相互联系、共同影响着孩子的成长发展。如何将上述不同的教育因子有机结合在一起,形成一种整合优势,已成为当前"家校合作""校社共育"的一个重要课题。

一、家庭,是儿童人生的"第一所学校"

教育是衡量一个国家文明传承和经济社会发展水平的重要指标。习近平总书记在 2015 年新春团拜会上讲话中指出:"家庭是社会的基本细胞,是人生的第一所学校。不论时代发生多大变化,不论生活格局发生多大变化,我们都要重视家庭建设,注重家庭、注重家教、注重家风"。

从社会结构而言,家庭作为社会的最基本单元,营造良好的家风、弘扬家庭美德是构建和谐社会最为重要的基础,更是社会文明程度的重要标志。从人的发展序列而言,家庭是个体生命成长的最初始的场所。从教育的环境而言,家庭教育作为一切教育的基础、教育的重要组成部分,既是学校教育的重要支撑和有益补充,又与学校教育、社会教育共同构成了"三位一体"的综合育人格局。

无独有偶,2015 年 10 月国家主席习近平在伦敦出席全英孔子学院和孔子课堂年会开幕式致辞中,再次提到了家庭教育的重要性。他指出:"由英国广播公司制作的纪录片《我们的孩子够强吗?》,该片对比了英式教育和中式教育,在中国网络播出,使中国广大家长认识到张弛有度于子女成长的重要作用,但中国孩子玩得太少了,要让他们多玩一玩"。

客观地说,改革开放近四十年来,中国的教育取得了举世瞩目的成就,为社会主义现代化建设培养了一亿多大学毕业生。当然,我们学生的学习压力,尤其是升学竞争方面的压力仍相当大。高考、中考指挥棒,经层层放大,最终将压力传递到了每一个家庭,导致学生学业负担始终得不到减轻。一方面,我们天天喊"减负",另一方面,我们的家长又一直被迫给孩子"施压",这是一个悖论,这仍是需要我们学校、家庭乃至全社会共同努力、不断破解的一个社会难题。

记得知名教育家吕型伟先生曾这样感叹:"今天我们的教育能到愉快这个水平吗?我说过我们的'小皇帝'顶多只能享受到6岁,6岁一上学,就从皇帝变成了'奴隶'。过去讲溥仪是从皇帝到平民,我们的孩子比不上溥仪这个末代皇帝。中国的传统文化中最突出的两个字就是'听话'。稍稍懂事就教育孩子要听话,小时听爸爸妈妈的话、上学听老师的话、工作了听领导的话,似乎听话是中国人的为人之本……"中国家长一边在生活上过分疼爱自己孩子,一边又在学业上无休止地"催逼"孩子。

其实这与中西方家庭代际传递文化有关,中国代际关系是"反哺模式",西方是"接力模式"。前者对子女几乎是无限责任,所以才会有"啃老一族"。在西方个体主义文化下,成年子女与父母同住就表明子女没有独立生存的能力。而我们的教育观念是受了所谓"木桶理论"影响太深。中国家长喜欢告诉孩子,去补最短的一块"知识",家长不停地督促孩子改正其不足,弄得孩子一点自信也没有。而我们参观过的荷兰,该国的教育,不管是学校考试也好,公司培训也罢,首先是问孩子擅长什么?特别问你最感兴趣什么?即便有弱点和缺点也没关系,因为还有"团队合作"训练等着你,你不擅长之处有另一个擅长此道的同事来互补,与你共同完成。

好在如今越来越多的中国70后、80后家长,开始更多关注孩子的良好习惯与人格培养。最近上海社会科学院青少年研究所一项有关家庭教育代际比较的研究显示,家长和学生均认为最重要的排前三位品质是责任感、独立和宽容尊重他人;家长最看重责任感,学生则最看重宽容、尊重他人。尤其是一些国外留学回来的年轻父母,越来越多关注如何让孩子真正为了兴趣在学习、为自己而学习。这说明经过多年家庭教育的科学普及,广大家长,尤其是年轻父母的育儿观念开始有了改变,这是令人喜悦与欣慰的转变。

二、家长,是孩子健康成长的"第一责任人"

教育始于家庭。家长的教育理念、教育方法、教养方式深深影响着孩子。父母是孩子生命中第一任老师,孩子降生到这个世界最先看到的人,也是最关注孩子的亲人。在一个人的教育中,父母的家庭教育是成功的关键,对一个人起着举足轻重的作用。

1. 父母对孩子的教育进行得最早、时间最长。胎儿在体内就受到母亲"体内环境"的直接影响,胎儿的健康与否与母亲有着密切的关系。比如孕妇愉快的情绪,平静的心境,可减少胎儿躁动,有利于其健康发育。即使日后入托、入园,以及入小学、中学,孩子大部分时间仍生活在家庭中,受父母的潜移默化影响最大。父母的教育是在孩子模仿性最强的幼小年龄进行的,不但占其"先入为主"的便利,而且父母的形象示范、言传身教也给孩子以终身影响。如果父母语言、行为、习惯不良,那就较难保证孩子在这些方面能做到优良。因此,做家长首先自己要学习,学习家庭教育的科学理念与新知,不断提高自身素养与育儿能力。做父母的应明白,教育并不只是认字、读书、数数等,教育也包括孩子的举止行为、感知认知等各方面。家长在平时生活中应成为孩子潜移默化的行为示范。比如父母相亲相爱关系融洽,脾气各方面都很好,那孩子在以后的人生道路上也会平易近人。总之,父母理所当然地应该担负起教育孩子的第一责任。

2. 让孩子在规则与自由中健康"成人"。"自由过度"会导致孩子任性放肆。婴幼儿有以自我为中心的思维特点,如果一切都顺应他的本性,会导致为所欲为的倾向。如不服管教、攻击性强都与父母过度顺应孩子的自由需要有关。自由过度实际上就是放任纵容,对培养孩子的社会性和责任心是不利的,使孩子"长"不出个性却"长"出任性。而"规则过度"又易于致使孩子缺乏个性。有的父母认为听话的孩子让人省心,少惹出麻烦事儿来,这种观念多表现在控制欲望比较强的父母身上,长期生活在这种环境中的孩子,做事和思维的依赖性比较强,害怕尝试新事物,而且调整情绪变化的灵活性比较弱,这将影响孩子的创新意识与个性成长。因此,应倡导让孩子学会规则又拥有自由的平衡教育策略。没有规则的自由是放任,没有自由的规则是遏制,都是家庭教育不得法的表现,理想的状况是把握好规则与自由的张力,这样的孩子将来将发展出既有责任心、又有开拓性的健康人格。

3. **培养孩子自信、悦纳,爱思考、善表达之品性**。爱因斯坦早就预言,一个人提出问题的能力比解决问题的能力重要。想象力远比知识重要。爱因斯坦说这个话的时候,人们还不能够切身感受到这些话里蕴藏的奥秘,但在现在互联网时代,这一道理已经成了生动的现实。网络时代对于青少年而言,更重要的是具备如下能力:知识迁移与学习力、独立思考与表达力、承诺坚毅与执行力、自我悦纳与抗逆力。这些能力与知识和文凭无关。但在当代快速变化、变动、变革的社会特别重要。我蛮欣赏北京十一中李希贵校长的一句话:教育最大的成功是培养出自我悦纳、充满自信的学生。每个人都有优点和不足,关键在于自己如何看待。既要看到自己的优势,还要了解自身的弱点。

作为家长对于孩子的培养,重要的不在于孩子能考多少个100分,而在于把他培养成为一个"完整"的人,让孩子对生活和学习充满热情。一项关于儿童兴趣与幸福感的调查显示,如果有一件事情是孩子最喜欢做的,而大人又创造条件让他做这件事,那么他一定会很有幸福感。人有先天的基因,孩子的学习能力不完全是与生俱来的,但也不完全由后天的训练形成,而是由先天基因给出了某些能力和许多能力发展的框架,需要后天的经验来启动和发展。

其实,所谓"开发智能"的说法并不太科学。智能有多种,对人的智能多元化的理解,澳大利亚人认为土著人只有音乐和体育才能。而中国现在流行的是,每个人都有多元智能,什么都可以学好,唱歌跳舞都去发展。但事实上,一个人不可能样样都好。其实,人一生中一定有一件事情他做起来最省力、学得最快。如果有一件事情是孩子最喜欢做的,而且他最擅长,而你又创造条件让他做这件事,那么他一定会很有成就,也会很有幸福感。

三、学校,要帮青少年"扣好人生第一粒扣子"

2016年习近平总书记在会见第一届全国文明家庭代表时强调:"广大家庭都要重言传、重身教、教知识、育品德,帮助孩子扣好人生的第一粒扣子,迈好人生的第一个台阶"。并指出家庭教育要从小处着眼,家长要做好示范,有关部门和专业机构要共同"科学有序"地大力推动家庭教育工作。

"人生的扣子从一开始就要扣好。"习近平总书记在不同重要场合多次强调要引导和帮助青少年学生扣好人生的第一粒扣子。总书记用十分通俗、形象、准确的语言强调了对青少年进行正确人生观教育的重要性。所谓"扣好人生第一粒扣子",实际上包含了以下几个内涵:一是学校要帮助学生从小树立正确的人生观、价值观。观念是行动的指南,正确的观念才能引导出正确的行动,正确的行动才能产生好的结果,人才能走好圆满幸福的人生。二是学校要通过"家校共育""校社共建"帮助青少年树立远大的理想。观念重在当下,理想关注未来,要引导学生胸怀大志,放眼世界,脚踏实地,成就未来。三是学校要积极组织实施丰富多样的家校合作、校园文化与社区公益活动,让孩子在集体生活中培养能力,在社会实践中增加才干,"扣好人生第一粒扣子"。

"扣好人生第一粒扣子"是十分重要的,衣服的扣子扣错了可以重来,而人生第一粒扣子如果扣错了,要想纠正将会相当困难,一旦错误的观念形成,要想改变它,要花费很大的力气。古人曰:"入门须正,立志须高",意思就是要走好人生开始最关键的几步。如何才能帮助学生"扣好人生第一粒扣子",习总书记为我们学校德育提出了一个重大命题。

引导孩子首先知道自己将来"需要"什么这一点非常重要。这是因为如何走好未来生活道路的每一步,都是由人生目标与信仰决定的。孩子12岁到18岁的时候,是树立理想的关键时期。尤其是我们学校老师要创造条件让他自由选择,他自己会做决定,但你需要提供环境,引导他,并且尊重他的决定,帮助他去实现。

人生目标选择为什么重要?哈佛大学对一群智力、学历相似的人进行了25年的跟踪调查。3%有清晰且长期目标的人,大都成了顶尖成功人士;10%有清晰短期目标的人,大都成为专业人士;60%目标模糊者,能安稳工作生活,无特别成绩;27%无目标的人,经常失业,生活动荡。尽管我们孩子中绝大多数终将成为普通人,因此,扣好人生"第一粒扣子",培养孩子具备走向社会之"核心素养",应成为我们学校家庭教育指导之首要任务。

四、教师,应成为学校家庭教育指导的"第一实施者"

当前家庭教育应突出"核心素质"培养,"主战场"无疑是学校,而具体指导则应由经过家庭教育理论与实务培训的教师来担任。2013年2月,UNESCO发布报告《走向终身学习——每位儿童应该学什么》。该报告基于人本主义的思想提出核心素养,即从"工具性目标"(把学生培养成提高生产率的工具)转变为"人本性目标",使人的情感、智力、身体、心理诸方面的潜能和素质都能通过学习得以发展。在基础教育阶段,尤其要重视身体健康、社会情绪、文化艺术、文字沟通、学习方法与认知、数字与数学、科学与技术等七个维度的核心素养。上述素养是未来个人终身发展和社会发展所需要的"必备"品格与"关键"能力。

众所周知,队伍建设是家庭教育指导的核心要义,而教师群体在学生眼中最具影响力,理应成为学校家庭教育指导的主力军。而师资队伍建设首先离不开教材建设。呈现在各位读者面前的这套《教师家庭教育指导实务》丛书,正是由上海市数十位中小学德育、学科教育、学前教育和家庭教育专业人员、研究专家合作完成。本套丛书的创新与特色在于:

第一,作为国内第一套适用于在岗中小幼教师、家庭教育指导者的开展家庭教育指导的通俗读本,具有较好的实验性、实务性与示范性。丛书在征求、听取中小学、幼儿园校长、园长、教师以及广大家长对家庭教育需求基础上,首次提出教师作为家庭教育指导者应该完成的四大任务和必须具备的四大能力。

第二,丛书是目前国内第一套分学段(分学前版、小学版、初中版、高中版四册)的家庭教育指导者实务读本。首先,读本对在岗教师家庭教育指导的基本任务、基本能力做了较为系统的梳理。其次,读本按照青少年儿童年龄、心理发展特点,分层递进,在对家庭教育指导一般理论归纳梳理基础上,凸显了不同学段的家庭教育指导重点和难点问题,便于不同学段的教师对本教材的自学与使用。

第三,丛书既有对家庭教育基本问题的理论阐释,又有来自一线教师提供的大量真实案例,可帮助教师厘清家庭教育的基本概念、核心理念,在家庭教育情景、案例教学中掌握科学指导的方法、技巧。

第四,丛书又是多方合作、共同协同的科研成果。在编写过程中受到了市教委德育处的大力指导、得到了市教科院家庭教育研究与指导中心专业支持,同时也获得了基层校长、教师热情参与。理论与实践较好结合是本套丛书的一个特色。使得它成为本市在岗教师开展家庭教育指导、提升教师自身指导能力的培训教材。

以上是遵郁琴芳主任之嘱、阅读《教师家庭教育指导实务》丛书后的一些思考与感想,是为序。

中国教育学会家庭教育专业委员会副理事长
上海社科院青少年研究所所长 　　杨　雄
2017 年 12 月于上海社会科学院

目 录

第一章 教师与家庭教育指导 ·· 1
  一、家庭教育与家庭教育指导 ·· 3
    (一)家庭教育指导≠家庭教育 ··· 3
    (二)家庭教育指导的价值意义 ··· 8
  二、教师与家庭教育指导的关系 ·· 10
    (一)家庭教育必离不开教师的指导 ··································· 10
    (二)教师工作无法游离于家庭教育 ··································· 11
  三、教师的家庭教育指导能力 ·· 12
    (一)学校开展家庭教育指导的问题 ··································· 12
    (二)教师家庭教育指导能力的不足 ··································· 14

第二章 高中生家庭教育指导:教师要做好哪些准备 ······················· 17
  一、科学把握高中生的身心发展特点 ··································· 19
  二、深入了解高中生家庭教育指导需求 ································· 20
  三、高中生家庭教育指导工作需要重点关注的问题 ····················· 24

第三章 开放与沟通:如何开一场成功的家长会 ··························· 27
  一、成功家长会的基本要素与重要环节 ································· 29
    (一)长程设计家长会内容 ··· 29
    (二)确立清晰的目标与主题 ··· 31
    (三)周密设计,精心准备 ·· 35
    (四)及时反思,深入总结 ·· 35
  二、班主任(教师)在家长会上应该注意的要点 ························· 37
    (一)尊重、理解每一位家长 ··· 37
    (二)注意自身形象,用语礼貌、恰当 ································· 37

  （三）体现专业自信，但又不能高高在上 ················ 38
  （四）营造民主氛围，切忌不能成为"一言堂" ············ 38
  （五）尽量兼顾普遍性与个别性问题 ·················· 41
  （六）新老师开好家长会的"要诀"：态度胜过技巧 ········ 43
 三、别开生面、不拘一格的家长会组织方式 ················ 46
  （一）交流分享式 ·································· 46
  （二）成果展览式 ·································· 46
  （三）专家报告式 ·································· 46
  （四）亲师生联谊式 ································ 47
  （五）主题沙龙式 ·································· 50
  （六）分类家长会 ·································· 52

第四章 倾听与交流：如何与家长进行有效的沟通 ············ 55
 一、教师与家长沟通的原则、内容与方式 ·················· 57
  （一）沟通的原则与策略 ···························· 57
  （二）沟通的主题与内容 ···························· 58
  （三）沟通的方式与途径 ···························· 59
 二、用真心叩开家长的心门：家访 ························ 59
  （一）真诚接纳每一个家庭 ·························· 59
  （二）用心观察、感知受访家庭环境 ·················· 59
  （三）耐心倾听家长，避免主观判断 ·················· 60
  （四）及时承认、补救自己的过错 ···················· 63
  （五）新入职班主任如何做好第一次家访 ·············· 66
 三、主动发现问题，及时与家长沟通 ······················ 68
  （一）善于观察，及时发现"端倪" ···················· 68
  （二）指导家长建立融洽的亲子关系 ·················· 70
  （三）引导家长正确看待孩子的学习成绩 ·············· 74
  （四）帮助、指导家长处理孩子的早恋问题 ············ 75
 四、协调、处理班级学生家长之间的关系 ·················· 76
  （一）引导"偏袒"自己孩子的家长 ···················· 76

（二）指导家长正确看待孩子之间的交往 ………………………… 79
　　　（三）协调学生与其他任课教师的冲突 …………………………… 81
　五、合理利用新媒体与家长有效沟通 ………………………………… 82
　　　（一）了解新媒体的种类与功能 …………………………………… 83
　　　（二）利用微信及班级微信群进行家校沟通 ……………………… 83
　　　（三）利用班级博客促进家校沟通 ………………………………… 86
　　　（四）利用新媒体沟通应该注意的问题 …………………………… 87

第五章　组织与策划：如何组建一个给力的家委会 ……………………… 91
　一、家委会的职责、权利 ………………………………………………… 93
　　　（一）家长委员会的职责 …………………………………………… 93
　　　（二）家委会的权利 ………………………………………………… 93
　　　（三）参与学校教育教学活动 ……………………………………… 96
　　　（四）沟通协调职能 ………………………………………………… 96
　二、家委会的组织架构及原则 ………………………………………… 99
　　　（一）家委会的基本架构 …………………………………………… 99
　　　（二）家长委员会成员要求 ………………………………………… 99
　　　（三）成立班级家委会应该注意哪些事项 ………………………… 101
　三、助推班级家委会的顺利运行 ……………………………………… 106
　　　（一）正确看待家委会、学校、教师及家长的关系 ……………… 106
　　　（二）加强沟通交流，发挥家委会职能 …………………………… 106
　　　（三）协调家委会协助开展班级活动 ……………………………… 108
　　　（四）创新家长委员会工作途径 …………………………………… 112

第六章　合作与互动：如何组织开展家校活动 …………………………… 115
　一、以促进家校沟通为主要目的家校活动 …………………………… 117
　　　（一）家长开放日活动：加深家校了解 …………………………… 117
　　　（二）邀请家长参与班级活动：让家长由看客变成当事人 ……… 119
　　　（三）组织亲子活动 ………………………………………………… 121
　二、以开展家庭教育指导为目的的家校活动 ………………………… 121
　　　（一）家校活动内容应该具有针对性，符合家长需要 …………… 121

　　　　（二）家校活动的方式对家长应该具有吸引力,体现差异性 …………… 122
　　　　（三）注重互动与分享,组织以家长为主体的家教经验分享活动 …… 122
　　三、发挥家长力量、利用家长资源的家校活动 ………………………………… 122
　　　　（一）家长走进课堂,参加教学活动 ……………………………………… 122
　　　　（二）家长作为志愿者参与学校活动 ……………………………………… 124
　　　　（三）以尊重家长意愿,不影响家长正常工作为原则 …………………… 124

第七章　指导与引领：如何做好家庭教育个案指导 …………………………………… 127
　　一、开展家庭教育个案指导的原则 ……………………………………………… 129
　　　　（一）主动、自愿、尊重原则 ………………………………………………… 129
　　　　（二）同情、理解、换位思考原则 …………………………………………… 129
　　　　（三）坚持到底、不放弃原则 ………………………………………………… 130
　　　　（四）教师、家长与学生处于平等地位 …………………………………… 130
　　二、进行家庭教育个案指导需要具备的素质与能力 ………………………… 133
　　　　（一）目标要适切、明确,符合学生的家庭实际 ………………………… 133
　　　　（二）制定具体、可操作的指导计划 ……………………………………… 135
　　　　（三）做一个专业的指导者 ………………………………………………… 135
　　　　（四）成为一个充满人格魅力的温暖的指导者 ………………………… 136
　　三、改变家长：开展家庭教育个案指导的着力点 ……………………………… 138
　　　　（一）传递科学的家庭教育理念 …………………………………………… 138
　　　　（二）引导家长学会换位思考 ……………………………………………… 141
　　　　（三）引导家长学会欣赏自己的孩子 ……………………………………… 144
　　　　（四）引导家长学会反思自省、自我学习 ………………………………… 147

第八章　应对与干预：如何应对各种突发事件 ……………………………………… 153
　　一、突发事件的类型与应对 ……………………………………………………… 155
　　　　（一）什么是校园突发事件 ………………………………………………… 155
　　　　（二）应对校园突发事件的基本方法 ……………………………………… 155
　　　　（三）应对校园突发事件的基本流程 ……………………………………… 159
　　　　（四）发生校园突发事件后如何与家长进行沟通 ……………………… 162
　　二、恰当处理由校园突发事件引起的家长纠纷 ……………………………… 164

（一）客观描述事实，安抚家长情绪 …………………………………… 165
　　（二）坚持公平正义，提出合理建议 …………………………………… 165
　　（三）把处理过程看作是指导契机 ……………………………………… 165
　三、发现学生有极端或过激行为，教师如何处理 ………………………… 167
　　（一）尽早干预容易发生极端或过激行为的孩子与家庭 …………… 167
　　（二）学生有极端和过激行为或倾向的一般处理方法 ……………… 168
　　（三）在过程中要注意处理好各种复杂的关系 ……………………… 171
　　（四）学生有过激行为后如何指导家长 ……………………………… 173

第九章　合作与协商：如何指导家长做好孩子的学业与生涯辅导 ……… 177
　一、在孩子生涯教育方面，教师可以帮助家长做哪些 …………………… 179
　　（一）帮助家长认识自己的孩子并引导孩子学会正确认识自我 …… 179
　　（二）引导家长树立正确的成长观、成才观，关注学生未来的发展 … 182
　　（三）教师要教给家长切实的方法 …………………………………… 185
　　（四）运用多种力量、多种方法协同开展 …………………………… 186
　二、指导家长进行生涯教育的几种类型 …………………………………… 188
　　（一）引导家长如何让迷茫、不自信的孩子重拾自信 ……………… 188
　　（二）指导家长正确对待孩子的选科 ………………………………… 193
　　（三）与家长配合做好学生志愿填报工作 …………………………… 196
　　（四）协同做好成绩比较靠后的学生志愿报考指导 ………………… 198
　三、充分利用家长资源组织生涯教育活动 ………………………………… 201
　　（一）设计家长生涯指导课程 ………………………………………… 201
　　（二）善于发现、鼓励有能力的家长给学生上生涯指导课 ………… 203
　　（三）利用家长资源开展职业体验活动 ……………………………… 206

后记 …………………………………………………………………………………… 209

第一章

教师与家庭教育指导

《教师法》规定:"教师是履行教育教学职责的专业人员"。每一位老师都深知,教书育人是自己天然的职业使命。学校是专门从事教育的组织机构,为人民大众提供教育公共服务,而教师则是学校组织中最重要的专业人员。那教师是不是只需要在学校里站稳三尺讲台?他们需要熟悉家庭教育,开展家庭教育指导吗?毕竟,众所周知,家庭是私生活的场所,而家庭教育是私人领域的教育活动。

答案当然是否定的。要回答上述问题,我们首先需要了解什么是家庭?什么是家庭教育?什么是家庭教育指导?在厘清概念的基础上,进一步明晰家庭教育指导的价值与意义所在,从而深刻理解教师与家庭教育指导的关系。

一、家庭教育与家庭教育指导

(一) 家庭教育指导≠家庭教育

1.何为家庭?

每个人都有自己的家庭,每个人也都熟悉我们所谓的家庭指的是什么。不过真正用学术语言来定义它,还是有点难度。来自学术界的专家会从不同的学科背景出发给家庭下各种定义,比如著名的社会学家费孝通先生认为:"父母子形成的团体,我们称作家庭"。[1]教育学家陈桂生认为:"家庭是以一定的婚姻关系、血缘关系或收养关系组合起来的初级社会群体。"[2]

综合众多专家的观点,我们需要理解关于家庭的几个基本要义。

第一,家庭是人生最重要的场所。

家庭是人类社会最基本的组成单位,它保证了人类的生存、繁衍和发展的需要,同时它也是人生最重要的场所。朱永新教授认为,人的一生实际上生活在四个地方,分别是:子宫、家庭、学校和职场。而在这四个场所中最长久、最重要的还是家庭,因为家庭在这四个阶段一直存在,这四个阶段与家庭都有着非常密切的关系。

第二,家庭是以婚姻关系形成的社会组织。

家庭是由婚姻构成的,血缘关系是姻缘关系派生出来的。婚姻是社会为双方约定的共同担负抚育子女责任的契约。一旦婚姻结束,正常的家庭随之解体。一个没有孩子的家庭解体要相对简单,而社会对有了孩子而准备离异的夫妻,总是首先明确双方对抚育孩子具有不可推卸的责任,然后才慎重地用法律的手段确定孩子的监护人。随着时代的变迁和社会的发展,中国家庭的离婚率从2002年开始就一路走高。由于婚姻变动而引起的单亲家庭、离异家庭、重组家庭都是影响儿童成长的重大环境因素。

第三,家庭是亲子两代(也可以超过两代)以血缘关系或收养关系形成的社会组织。

父母的姻缘关系自然会带来亲子的血缘关系或者收养关系。无论在哪种关系中,孩子都是家庭中重要的成员。因此,亲子关系也是家庭关系中重要的组成部分。

第四,家庭是人,特别是未成年人精神和物质生活的寄托。

对于儿童青少年而言,家庭是他们的出生地,是一个温柔的港湾,是他们最早生活和成长的地方,更是他们的第一所学校,所以作为父母就是他们的第一任老师。家庭对儿童来说发挥着不可替代的教育功能。儿童正是在家庭学习各项技能才完成了他们社会化的第一步,在家庭中他们学会如何表达、如何自理、如何交往等等,原生家庭生活阶段是他们能步入社会独立生活前的重要阶段。

2. 何为家庭教育?

社会学家邓志伟在《家庭社会学》中把家庭的功能归类为:生物功能(生育等)、心理功能(情感慰藉等)、经济功能(生产、分配、交换和消费)、政治功能(小型政府、家长权力)、教育功能(社会化、家庭教育)、娱乐功能、文化功能(习俗、宗教学习)。

谈到家庭的教育功能,自然就引出家庭教育这个概念。在现代社会,家庭教育已成为一个独立的学科,并且已经成为教育系统的重要组成部分。与家庭的概念一样,众多学者对家庭教育有不同的理解和定义。一般来说,家庭教育有狭义与广义之分。狭义的家庭教育概念是众人耳熟能详的,即父母或者其他年长者在家庭内自觉地、有层次的对子女进行的教育(《中国大百科全书·教育学》),这个解释也通常是我们普遍认可的解释。在日常的谈资中,我们提到家庭教育就会自觉的认为是长者对其子女的教育。但是随着时代发展,家庭教育内涵并不只有这些,所以目前家庭教育更多地从狭义走向广义的概念。

马和民教授认为,家庭教育不仅要关注家庭成员之间的影响,还要关注家庭环境因素所产生的教育功能。[3]另外我们还要关注子女在父母教育中对父母的影响以及对父母教育的反馈过程。因为父母和孩子是两个相对又互为存在条件的概念,父母作为养育者,他们的教育目的、教育内容、教育方法和手段,都要考虑孩子的年龄特点与个性特点。[4]也就是说家庭教育要了解教育对象的特点,因材施教,否则教育效果就会大打折扣。这也可以理解为什么"天才"不可复制,成功的家庭教育只能学习或模仿,而不能照搬照抄。

深刻理解家庭教育,还必须认识家庭教育的三大特点。

(1) 家庭教育是私密教育,是基于血缘与情感的教育

家庭是在婚姻与血缘的基础上建立起来的,没有子女也就无所谓家庭教育。我们知道子女与父母有着天然的血缘关系,因此家庭教育还有血缘的基础。当然现今社会,出于某些原因个别家庭会通过领养的方式有自己的子女,那么他们就存在法律上的血缘关系。血缘关系是一种天然的关系,就像动物会保护幼崽一样,父母会出于本能保护自己的孩子,爱护自己的孩子,孩子对自己的父母有着天然的依恋和爱慕,在最初几年孩子完全不能离开自己的养育者。这也是家庭教育区别于社会教育与学校教育的最大的不同。家庭教育可能从孩子还未出生就已经开始发生,并与养育同行,比如胎教。长大之后,即使参与了学校教育以及社会教育,家庭生活仍是儿童生活的重要组成部分,所以家庭教育仍然会是儿童教育的重要内容。因为血缘的维系,家庭教育会持续终生,只要血缘没有断,情感没有断,家庭教育就会一直持续。所以在这个意义上,家庭教育不单单指0—18岁儿童的家庭教育,而是终身教育。

(2) 家庭教育是生活教育,与家庭的日常生活不可分割

家庭教育不是严肃的学校教育,它是一种存在于父母与子女之间的教育关系,它的发生不受空间、时间的限制,更没有固定的方法或者模式,因此父母与子女存在的地方就可以发生家庭教育。家庭教育可能发生在全家一起吃饭的时候,也可能发生在全家一起在游乐场排队游玩的时候,可能发生在睡觉前,也可能发生在上学的路上,这些场景既是家庭生活的场景也是家庭教育的情境。家庭教育可以贯穿于家庭生活的各个方面。

随着时代的发展,家庭生活水平的提高,家庭生活的内容开始越来越丰富,家庭教育的内容也随之开始丰富多样。例如亲子阅读、亲子游戏、出国旅游等家庭生活的形式开始出现并流行。这些看似简单的家庭生活内容,其实有很深的教育隐喻。如一些父母会希望通过亲子阅读提高孩子的识字能力和文学功底;亲子游戏中加入了更多的智力因素,让儿童在游戏中发展智力,提高反应及思考能力;出国旅游更是如此,家长希望带领孩子一起开阔视野,学习不同国家的民俗风情以及地理知识。随着父母文化水平的提高,父母会单独安排有教育意义的家庭生活内容,并赋予很高的教育期望和教育目标。从这种意义上,家庭教育何尝不是"在生活中感悟教育,在教育中提升生活"?

(3) 家庭教育是自然过程,潜移默化且影响深远

家庭教育是对儿童一生都有重要影响的教育,深入到孩子血液和骨髓里。每个孩子在走上社会时都带着自己原生家庭的影子。儿童天然会模仿自己的父母,会沿袭家庭环境对自己的影响。或许有些儿童到了青春期开始叛逆,开始反对自己的父母,开始试图挣脱家庭的束缚,开始"做自己",但是他们仍然不能去除自己身上的家庭烙印,再独立创造一个完全不同的自己。

家长的行为不仅给孩子创设了环境更给孩子树立了学习的榜样。环境与家长行为本身就有潜在的教育意义。因此家庭教育的发生是潜移默化的。而且这种潜移默化可能影响孩子的一生,人的性格和行为习惯一旦树立,改变就变成很困难的事。有学者提出在家庭教育概念中,涉及三个有关亲子互动的概念——影响、培养和教育。[5]"教育"更显示它的目的性与规范性,"培养"看重的是儿童身体和心理的发展。"影响"则是最最关键的,父母对孩子可以产生积极的影响,也可以产生消极的影响,潜移默化、不被完全意识且影响深远。

3. 何为家庭教育指导?

家庭教育是教师熟悉的概念,但家庭教育指导这个概念则对于教师而言相对陌生。学者胡杰指出:家庭教育指导的含义,有广义和狭义之分,主要是以教育对象来区分。狭义的家庭教育指导是指:"以儿童家长为主要对象,由社会通过大众传媒或社会机构以儿童家长为主要对象,以提高家长的教育能力和水平、改善教育行为为直接目标,以促进儿童身心健康成长为目的的一种教育过程。"狭义的家庭教育指导实际上就是我们传统意义上的"家长学校"的概念,简而言之,就是教会家长如何教育孩子。广义的家庭教育指导则是在教育的对象上给予了发展,它符合现代意义上的家庭教育理论,因为家庭教育的双向互动性,决定了家庭教育指导的对象不仅是家长或者长辈,更应该包括子女。从现实意义上来说,指导子女如何孝敬长辈,接受长辈的教育,在家庭生活以及其他家庭活动中需要遵循的思想和行为准则,乃至如何与家长或者其他长辈沟通,这些都需要家庭教育方法的指导。[6]

在基层学校的一线工作中,我们通常取家庭教育指导的狭义概念,即:由家庭外的社会组织、机构组织的,以家长为对象,以提高家长的教育素质、改善教育行为为直接目标,以促进儿童身心健康成长为目的的一种教育过程。[7]家庭教育指导完全有别于家庭教育,我们用一张图来直观感受家庭教育与家庭教育指导完全不同。学者李洪曾老师将家庭教育指导从家庭教育中剥离出来,提出了"4421"的家庭教育指导理论框架。即:在家庭教育指导工作的全过程中涉及4类对象,就是儿童、家长、作为指导者的教师和作为组织管理这项工作的分管领导;包括4个具体过

程,即儿童的发展过程、家长对儿童的教育过程、指导者对家长的指导过程和组织管理者对指导者的组织管理过程;任一个具体过程都在两种环境下进行,即物质环境和精神环境;以上全部的要素都会受到外部社会大背景的制约。

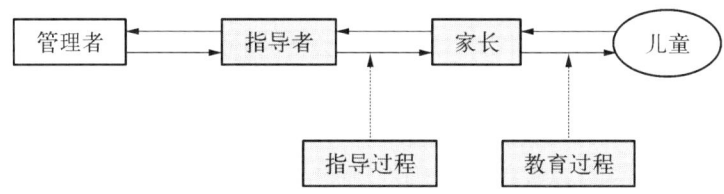

我们分析这个概念的时候,必须明确以下几点。

第一,家庭教育指导是家庭以外的组织实施的活动和教育过程。

家庭教育指导显然是在家庭外部,而不是在家庭内部。众所周知,学校是家庭教育指导的主阵地。但需要提醒教师的是,家庭外部开展家庭教育指导的组织,不单单是学校,可以是妇联、居委、非政府组织乃至企业等其他组织。

第二,家庭教育指导的主要对象是成人,而非儿童。

由于家庭教育指导的主要对象是作为儿童监护人的成人,指导一般在家长工作之余的时间内进行,指导是为家长的家庭教育服务的,因此我们可以把家庭教育指导看作是一种带有师范性的、业余的成人教育。

第三,家庭教育指导有明确的目标。

有学者认为,家庭教育指导目标由直接目标和间接目标两部分组成。直接目标:通过多元化的指导措施,帮助家长建立现代的教育观念,端正自身对子女的教养态度,掌握科学的教养知识,提高自身的教育素养。间接目标:以培养青少年良好道德品质、个性品质为主导,促进青少年全面、和谐发展。指导的具体目标由改进目标与发展目标两部分组成。改进目标是从问题出发,施与必要的教育干预,以达到应有的状态;发展目标是从应有的状态出发,进行必要的教育调整和主体整合,以达到状态的理想化。[8]

第四,家庭教育指导有多样的指导形式与方法。

家庭教育指导形式多样,杨宝忠老师在《大教育视野中的家庭教育》中将家庭教育指导的形式分为个别指导和集体指导两大类。个别指导形式包括:家庭访问、在校接待、单独咨询、电话联系、信件来往、家校联系册和电子信箱等;集体指导形式包括家长会、讲座与报告会、经验交流会、专题讨论会、大众传媒教育开放活动、亲子活动等。[9]

第五,家庭教育指导有固定的内容要求。

站在学校立场,家庭教育指导内容一般包括:(1)向家长介绍、提供有关儿童发展、本学段的教育和家庭教育的基本规律、理论知识和实际情况;(2)介绍孩子所处年龄段在生活和学习中以及家长在家庭教育中容易出现的问题,并提出供家长参考的处理意见和建议;(3)围绕社会热点问题和学校中心的工作与家长交流。

《上海市家庭教育指导大纲》是我国第一部针对家庭教育指导工作的大纲,其中对家庭教育指导的内容进行了明确的规定:"家庭教育指导的内容应体现时代性,体现新形势下家庭教育的新起点和新特点,反映 21 世纪知识经济社会对人才的要求。要向家长宣传素质教育的思想,宣传现代儿童观、教育观、人才观,加强家庭美德教育、职业道德教育、社会公德教育,讲授不同年龄段儿童和青少年身心发展的一般规律和个体差异等""应具有阶段性。根据不同年龄段儿童家庭教育的特点和容易发生的问题,确定重点指导的内容"。同时上海市还于 2009 年出台了《上海市 0—18 岁家庭教育指导内容大纲(试行)》,大纲中按照不同年龄阶段的划分详细规定了家庭教育指导的内容,具有很好的可参考性和执行性。

(二) 家庭教育指导的价值意义

1. 家庭教育指导对儿童成长的意义

虽然家庭教育指导的对象是家长,但是不管是家庭教育还是家庭教育指导,它们的终极目标均是指向儿童发展的。因此家庭教育指导对于儿童成长来说,是帮助儿童在不同的阶段能更好地渡过难关,更健康地成长为一个全面发展的人。特别是现代社会呼唤学校,努力培育出全面、独立、主动、创新的儿童。家庭教育指导就担负着提高家长教育素养,帮助家长了解不同年龄段儿童的发展特点,提供家长合适的方法去对待不同阶段的儿童,与家庭共同承担培养全面发展儿童的重要使命,与家长携手帮助儿童渡过不同阶段的成长难关。

2. 家庭教育指导对家长的意义

既然家庭教育指导的直接对象就是家长,那么积极有效的家庭教育指导对家长的意义更为重大。

(1) 家庭教育指导有助于提升家长的教育素养

家长是儿童成长最初也是最直接、最主要的教育者,而家长的教育素养对儿童的发展有着至关重要的意义。一般而言,家长的教育观念、教育能力、教育方法等等,都属于教育素养范畴之内。在育儿过程中,无论是正确的教养观念还是具体的有效行为,都不是天然赋予父母的。任何成人,为人父母都是在"学"做家长,哪怕是面对自己的二宝孩子。因此,家长需要外界的专业的家庭教育指导以更好地提升自身的教育素养。

(2) 家庭教育指导有助于家长更了解自己的孩子

学校是联系家长和孩子之间的桥梁,帮助家长了解群体中孩子的发展情况,指导家长正确处理亲子关系,是学校家庭教育指导的重要价值。

一方面,从理论上来说,最了解孩子的应该是孩子的家长,但是"当局者迷"的现象有很多,有时候因为接触太密切,目标比较单一,家长反而不能从整体上了解孩子的发展。尤其,对于进入初高中的孩子来说,更多的秘密不愿意对家长说,甚至会"家长面前一套,背地里一套",让家长更加不能全面了解儿童的发展。而教师则可以从更高的角度、群体的层面全面了解孩子的发展情况,从不同儿童的对比中来判断儿童发展水平的高低,对家长给出正确的教育建议。

另一方面,有些年轻的家长自身是独生子女,爱子之心人皆有之,血浓于水的亲情使很多家长溺爱、否定、过分保护、放任、干涉孩子等等,亲子关系不和谐。教师如果能够适时地介入开展家庭教育指导,对于改善亲子关系有极大的益处。

(3) 家庭教育指导有助于家长与儿童一同成长

现代社会,特别是上海的小学生在校接收的信息量远远超过家长这一代当年的受教育水平,家长的教育能力远远不能满足孩子发展的需要。实践研究表明,家长学习家庭教育知识的程度,远不能满足对子女教育的实际需求,因而导致其教育能力不高,直接影响亲子之间的沟通,影响家庭教育的效果。正如有些家长反映,孩子前段时间还好好的,这段时间突然特别难相处。就是因为家长没有将孩子看成是不断发展的。还停留在原来对孩子的了解之上,教育方法没有跟随孩子的成长进行更新。儿童阶段是人这一生生长与发育最快的阶段,如果家长没有跟随孩子一同成长,那么教育就会滞后,发生矛盾在所难免。家庭教育指导帮助家长不断成长,在不断学习教育知识的同时与儿童一同成长。

3. 家庭教育指导对学校的意义

(1) 家庭教育指导让家校合作更深入、更高效

在学校寻求的众多合作力量中,家长是最重要的一股力量,家庭和学校是并肩作战的合作者的角色。随着家庭教育重要性得到认可,越开越多的学校重视家校合作。开展家庭教育指导的首要任务是教育家长,从教育观念、教育能力、教育行为等方面采取多元化渠道对家长进行教育。与教育学生的不同之处在于,学校对家长的指导不仅是"传道授业",更是帮助家长解惑,提升家长的教育素质。通过学

校主动的家庭教育指导与服务,家庭与学校联系更紧密,联系内容更丰富,有助于拓宽家校合作的内容,进一步加深家校合作的效果。

(2) 家庭教育指导有助于提高学校的教学质量

家庭教育指导的"家长主体"原则,增强了家长参与学校教育的主动性和积极性,为学校提供了丰富的教育资源,有些高知或特长的家长可以作为家长教师、志愿者将自身的知识带给学生,让学生拓宽视野,让学校整体受益。多元的家长教育素质层次所发出的不同声音和需求,为学校的发展提供了丰富而宝贵的建议。学校真诚地帮助家长提升教育素质的同时,学校自身的教育效能也得到了增强。家长教育素养的提高最直接的好处就是促进学生的发展,学生的发展与水平的提升也在不断提高着学校的整体办学水平。

二、教师与家庭教育指导的关系

厘清教师与家庭教育指导的关系是有效开展家庭教育指导的前提。帮助教师定位好自身在家庭教育指导中的角色,对于提高家庭教育指导工作的效率与水平有很大帮助。

(一) 家庭教育必离不开教师的指导

家长的家庭教育理念和方法基本来源于两个方面。其一,大多数家长的教育方法、教育理念来自世代相传,即他们的父母如何教养他们,他们就会沿袭父辈的教养理念和方法,并用之来对待自己的孩子。其二,中国社会的信息化使得各类教育信息和资讯异常发达,相当一部分家长工作之余从教育书籍、杂志、网络上学来教育知识,使用在自己的孩子身上。一般而言,从网络上学习育儿往往存在一些问题,比如缺乏科学性、系统性,面对纷繁复杂的育儿信息家长往往无从下手,同时他们也容易被各类媒介中的错误信息、模糊信息和虚假信息所误导。

教育是一件系统而专业的工作,家庭教育指导帮助家长从更专业的视角了解教育、了解孩子。帮助家长从具体的教育细节中抽身,站得更高一点看孩子的表现和自己的教育行为。例如面对初中生的叛逆与对抗,许多家长认为是孩子太不听话,甚至有些归结在自身太宠孩子,但从专业角度讲初中生的叛逆与对抗正是他们这个年龄段的重要特征,是他们走进青春期的重要表现,对其独立性与发展自我意识有重要帮助。一旦家长从更专业的视角了解了孩子的发展与表现,在应对孩子的时候就不会措手不及。

儿童进入学龄期后，特别是初高中阶段，与其他媒介相比（杂志、网络等），家长与学校的关系更为密切，家长对学校的信任度也更高，因此，学校从现代教育理念出发开展家庭教育指导，有利于帮助家长转变观念，确立现代教育观，真正理解教育不是把孩子培养成为应付考试的"两脚书橱"，而是尊重孩子的个性发展，适应社会主义市场经济的竞争性、开放性、创造性。

（二）教师工作无法游离于家庭教育
首先，家庭教育指导工作亦是教师重要的工作内容。

能够承担家庭教育指导者重任的人员众多，包括一些教育专家、一些家长领袖。但不可否认的是，那些接触孩子较多的专业人士（教师、社会工作者、医护人员等等）则是当仁不让的家庭教育指导者。其中与孩子接触最紧密，家庭教育指导条件最便利的非教师莫属。

从国家政策看，2012年教育部颁布《幼儿园教师专业标准（试行）》《小学教师专业标准（试行）》和《中学教师专业标准（试行）》。《专业标准》是国家对幼儿园、小学和中学合格教师专业素质的基本要求，是教师实施教育教学行为的基本规范，是引领教师专业发展的基本准则，是教师培养、准入、培训、考核等工作的重要依据。教师专业标准分专业理念与师德、专业知识和专业能力三个维度。在幼儿园、小学和中学的三个学段的专业标准中，"与家长进行有效沟通合作""协助学校与社区建立合作互助的良好关系"这两条都明确规定为教师的"沟通与合作"能力。

从教育实践看，柳华在《如何正确处理教师与家长的关系》中指出，指导家长是教师的责任，处理好与家长的关系是做好家长工作的前提条件。中小学教师尤其是班主任教师在家庭教育指导工作中承担更多。教师是承担家庭教育指导工作的主要角色，首先，源于教师是家长在教育方面最信任的人，信任让家长更乐于接受老师的意见与建议，这是教师家庭教育指导的"特权"。其次，教师在每日的教学工作中了解每一个学生，在做家庭教育指导工作时有较强的针对性与持久的关注度，在工作中可以根据需要随时联系家长，这是教师在做家庭教育指导工作时得天独厚的条件。最后，教师在多年的教育工作中积累了丰富的教育经验，了解各年龄段的孩子的特点，指导方式也更专业、更真实可信。

其次，教师不能越过家长做家庭教育。

家庭教育是在血缘基础上，以亲子关系为基本关系的一种教育，实施教育的主体是儿童的父母或者长辈，而教师要做的是帮助家长提升家庭教育的水平，所以家庭教育指导的对象是家长而不是儿童。上海市教科院李洪曾老师的文章《家庭教育指导的目的、任务、性质、渠道》中,对家庭教育指导的性质作了阐述:家庭教育指导是整个国民教育体系中的一个组成因素,它是主要以家长为对象的一种成人教育,但必定又是一种业余教育,作为为家长提供对子女进行有效教育知识和方法的家庭教育指导又带有师范教育的性质。教师不能越过家长直接实施家庭教育,因为家长的教育角色是不可替代的。教师在做家庭教育指导时有必要提醒家长重视家庭教育的重要性。

最后,学校教育与家庭教育相互配合才能取得最好的育人效果。

培养健康、快乐的儿童是学校教育与家庭教育共同的育人目标。而实现这样的培养目标,需要学校、家庭、社会三位一体合力育人。

教师在做家庭教育指导时要注意儿童所在家庭的家庭教育状况,采取有针对性的措施进行指导,这样才能事半功倍,例如一位儿童的家庭是一个重视家庭教育的书香世家,那么给予家长教育方法上的多样化指导是合适的,否则一直从观念上强调家庭教育如何重要,让家长如何关注孩子的成长就非常不合时宜了。家庭教育也应配合教师的家庭教育指导,积极汲取教师在家庭教育方式及方法方面的指导与建议,并根据实际情况具体实施在自己的家庭教育中。

三、教师的家庭教育指导能力

与教师的看家本领——教育教学能力相比,家庭教育指导能力较容易被教师所忽略。同时,由于家庭教育指导是面向家长的成人教育,教师开展工作面临着许多不可控的因素,因而目前教育实践中也的确存在着一些共性的问题,针对教师群体的家庭教育指导专业培训的量也较少、质也不高。从学校有效推进家校合作的角度,提升教师家庭教育指导能力是亟待加以解决的教师专业发展新问题。

(一) 学校开展家庭教育指导的问题

学校教育与家庭教育有本质区别。家庭教育独立而有个性,而学校教育集体性较强。学校家庭教育指导多从学校教师的立场出发,从帮助儿童成长的角度提升家长素质。

1. 指导对象缺少针对性和层次性

家庭教育指导的针对性是指,教师针对儿童的具体情况而对家长的个别化指导。家庭教育指导的层次性,则是指教师根据家长及家庭的特点,对家长分层分类进行指导。

目前,学校教育在班级教学的现实条件下,无法完全做到面对家庭的"因材施教"。学校家庭教育指导是"集体指导"与"个别指导"相结合,并以"集体指导"为主。每次的集体指导都有一个共同的主题,主题内容由班主任及学科老师决定,家长集体参与学习研究共同的话题。集体指导便于组织,也有助于家长相互之间交流经验,却由于缺少针对性,家长的实际教育问题不能得到很好的解决。

家长的教育背景、文化程度等都有差别,不同的家长对自身教育能力的信心不同,不同的家长对学校家庭教育指导的需求也不同。比如,文化程度低的家长以学习接受者的角色迫切需要学校的指导,而文化程度高的家长以教育合作者的角色需要学校教育的开放和支持。因此,学校的家庭教育指导者对家长的指导较泛化,缺少层次性,没有照顾到不同教育素质层次家长的不同需求。

2. 指导观念与指导实践不合拍

从改革开放至今,上海市家庭教育指导的观念随着社会的发展与时俱进。20世纪末,上海市编制并发布了《上海市0—18岁家庭教育指导内容大纲(试行)》,家庭教育指导的观念渗透到包括学校在内的各个实施家庭教育指导的机构中。就学校而言,上海市在600多所学校设立了家庭教育指导实验基地,科学的指导观念逐渐播撒在学校的办学理念中。

但是真正的改变非一朝见成效。在基础教育综合改革的浪潮中,学校教育在探索中前进,一方面需要改革现行的课堂教学理念与模式,另一方面也希望改革的理念能得到家长的理解与支持。尽管学校把家庭教育指导摆在了议事日程上,但往往受制于各种因素而将之放在靠后的位置上,学校对家庭教育指导的实践是心有余而力不足。从教师层面来说,科学的家庭教育指导理念,真正贯彻体现到每一位教师的家庭教育指导实践中,也还有很长的路要走。

3. 指导内容的单一、狭隘

能够承担起家庭教育指导重任的场所很广泛,学校是学龄儿童家长接受家庭教育指导的主要场所。学校家庭教育指导的优势在于:其一,教师与家长有较长一段时间的"交往"与"共事",教师可以随着儿童成长的不同阶段给予家长具体的指导,这样的指导就完全不同于有些机构的一次性、随机性的指导;其二,学校作为教育公共服务机构,教师家庭教育指导的公益性让与指导者与被指导者有着高度统一的目标——培养儿童健康成长。但是,学校家庭教育指导的特色也衍生出了学校家庭教育指导的一些不足。比如,学校家庭教育指导的关注点集中在"儿童发展",较少关注"家长成长"。即便聚焦"儿童发展"主题,很多学校常常重"儿童学习能力"发展,轻"儿童社会性及道德情感"发展。家庭教育指导内容的单一、狭隘严重影响到家庭教育指导的实效。

  4. 教师的指导往往受困于家长自身存在的问题

  家庭教育指导的对象是家长,即已经形成固定思维习惯和行为模式的成人。改变成人的教育观念,改进他们的教育行为往往是非常困难的。此外,教师面对的家庭教育指导对象多元复杂、层次不一、差异悬殊。比如,家长对子女的期望过高就会导致家长重视智育而轻视德育的倾向,因而大多数家长更加关注教学质量、孩子的学习成绩;有的家长对家庭教育不重视也不投入,往往是孩子遇到问题的时候才开始重视家庭教育,后期干预比较多;家长忙于工作而忽视儿童的成长,隔代教育现象比较多。如若家庭教育指导效果不佳,有时候不能单方面责备教师的指导不力,家长自身存在的问题往往是强大的破坏力。这也会影响教师实施家庭教育指导的主动性和自我效能感。

(二) 教师家庭教育指导能力的不足

  1. 教师职前教育中基本缺失家庭教育指导内容

  准教师在走上讲台进行有效的教育教学之前,首先应具备一定的知识和技能,这一过程主要在职前教育中完成,即通常意义上的师范教育。目前,我国师范院校开设的公共教育类课程主要是普通教育学、普通心理学,而有关家庭教育方面的课程相对较少。即使开设,这些课程也大多以选修的形式让部分感兴趣的学生选修。这种情况导致师范学生在走上工作岗位前,不具备基本的家庭教育以及家庭教育指导方面的理论知识。职前教育中的准备不足,让很多教师走入学校,开始自身的职业生涯时,与学生家庭进行沟通和指导时往往会措手不及。一些祖籍外省市的教师,面对海派家庭文化,他们开展家庭教育指导时也常有"水土不服"的文化冲突现象出现。

  2. 教师职后培养中较少专门涉及家庭教育指导内容

  上海市教科院家庭教育研究与指导中心曾开展过一项上海市中小幼教师家庭教育指导能力与培训现状的调查。调查结果表明:在受访的教师样本中,约有四成教师在职前学历教育中,完全没有接受过任何家庭教育指导方面的课程学习;而在职期间,教师接受最多的相关培训是校本培训,只有较少部分教师参加过市级和区级的专题培训。目前,教师职后教育的任务大多由区级教育学院这一机构来担当。区级教育学院的师训部门针对本区域教师开展专门的、有较长学时(比如一个学期或一个学年)的家庭教育指导专业培训相对较少。从教师角度来说,"学校教学及管理任务比较繁重,精力有限"是影响教师参加家庭教育指导培训的最主要因素,其次是"培训激励机制不够完善",再次是"培训内容和个人需求不对口"。

3. 学校对教师开展家庭教育指导缺乏足够的支持

学校教师是学校家庭教育指导工作的直接实施者,他们为学生家长服务,提供各类指导。但教师个体在开展这项工作的时候是需要学校的组织支持和校园氛围的。一些学校对于这项家庭教育指导工作是"有虚无实"的,比如典型的支持不力就是学校还没有把家庭教育指导工作作为教师业绩考核的范畴。这也就表明,学校根据相关的教育政策法律法规,要求教师参与家庭教育指导工作,但是教师是否指导、指导情况如何校方并不关心,使得这项工作渐渐沦为教师的个人行为。即使学校对教师开展家庭教育指导工作有一定的要求,如果缺乏监督与管理意识,在实际过程中不对这项工作进行考核,不给教师提供相应的培训机会,易导致教师步履维艰、孤独地承担这项工作。

4. 家庭教育全员指导实施效果不理想

从全员育人的角度,学校所有的教师应该都有职责做好家庭教育指导工作,全员包括学校里的校长、副校长、班主任、科任老师和所有工作人员。但实际上,学校开展家庭教育指导主力军是班主任、德育教导及部分分管的行政领导。目前,大多数学校没有专职的家庭教育指导教师,班主任承担了大量的指导与服务家长的工作,不仅时间长、任务重,更重要的是教师的指导素养跟不上。很多年轻教师本身就是独生子女,缺乏与家长、学生沟通的技巧,难以应付层出不穷的问题。尤其,面对学生叛逆、厌学、早恋等一些心理问题的时候,对家长给予有针对性的专业指导并不是每个教师都能提供的,因此,学校需要给予班主任教师适当的专业支撑,比如学校设置专业的人员、打开校门引进区域内的专家资源,以解决资源不足的情况。

注释:

[1] 费孝通. 生育制度[M]. 天津:天津人民出版社,1981:70
[2] 陈桂生. 教育原理[M]. 上海:华东师范大学出版社,1993:273
[3] 马和民,高旭平. 教育社会学研究[M]. 上海:上海教育出版社,1998:445
[4] 邹强. 中国当代家庭教育变迁研究[D]. 华中师范大学博士学位论文,第10页
[5] 黄河清. 家校合作导论[M]. 上海:华东师范大学出版社,2008.9:24
[6] 胡杰. 将家庭教育指导纳入政府公共服务体系的研究[D]. 上海:上海交通大学,2011
[7] 李洪曾. 家庭教育指导的目的、任务、性质与渠道[J]. 山东教育,2004,(Z3)
[8] 李洪曾. 家庭教育指导的目的任务性质和渠道[J]. 幼教园地,2004(1)
[9] 杨宝忠. 大教育视野中的家庭教育[W]. 社会科学文献出版社,2003

第二章

高中生家庭教育指导：教师要做好哪些准备

我们不命令家庭：你们要这样做，要绝对按照我们的要求去办。问题恰恰在于，我们和家庭作为并肩工作的两个雕塑家，有着相同的理想观念，并朝一个方向行动，要知道，在创造人的工作上，两个雕塑家没有相互对立的立场是极为重要的。

——苏霍姆林斯基

高中生年龄一般在15至18岁,这一阶段的青少年在生理、心理、个性意识、情感以及社会性方面快速发展,个体之间的差异性增大。本阶段,他们将面临人生最重要的考试——高考。努力把握家庭教育的规律性,做好高中生家庭教育指导工作,是新时代对教师的新要求。一方面,教师要能够正确把握高中生的身心发展特点,及时发现他们在生活与学习中遇到的困惑与问题,予以指导;另一方面,还要多方面了解家长的家庭指导的需求,可以有针对性地对那些需要指导的家庭予以观念、方法上的指导,和家长共同陪伴孩子顺利度过这一段人生中最重要的成长时光。

一、科学把握高中生的身心发展特点

只有了解了高中生成长发展的特殊性及其表现,教师才能在教学与指导中及时发现问题,做到有的放矢。总体上,高中生的身心发展呈现出如下特点。

1. 理性思维与批判性思维发展迅速,对外界事件有自己的独立判断,父母的权威性日益下降。

从生理与神经系统的发育来看,高中生认知结构的发展趋于成熟,抽象逻辑思维占了优势地位,辩证思维和创造思维有了很大的发展。观察力、有意识记能力、有意想象能力迅速发展,思维的目的性、方向性更明确,认知系统的自我评价和自我控制能力明显增强。

处于该年龄阶段的青少年,看问题能够从多方面考虑,能同时注意到事物的多个角度,对世界的看法比以前更为抽象,更加深思熟虑。他们思维活跃,经常提出问题,不再盲从,对父母的权威经常发起挑战,不喜欢父母的观点强加到自己身上。

2. 自我意识、独立性增强,需要得到认同的需求增强。

根据埃里克森八阶段理论,高中生处于"自我同一性和角色混乱的冲突"的阶段。他们自我意识进一步增强,已能完全意识到自己是一个独立的个体。要求别人了解、理解和尊重自己,希望社会认同、接纳自己,自我评价比初中时更全面、客观。但也会出现自我与社会的冲突,有些个体自尊心过强,自我中心突出,遇到挫折容易出现问题。

这个阶段孩子有较强的自尊心,对于外界的肯定、赞赏或者批评都比较敏感。从这一特点看,要尽量尊重孩子,不要把家长意识强加于孩子,非得按家长的意识要求学生一定要怎样,这样可能产生抵触情绪而适得其反,家长对自己的孩子的表现认为不妥的地方要通过耐心的引导来实现。

3. *情绪、情感发展趋向理性、自制,但还不够稳定,容易冲动。*

高中生在情绪情感方面,以外显为主向以内隐为主发展,和初中相比,他们更趋理性,能够克制自己的情绪,但是还不够稳定,有的时候比较容易冲动。他们的情感体验能力大大提高,并能够感受、识别这些体验,但自我调适的能力还不是很好,仍然存在易于情绪化的倾向。

在该时期,高中生会具有比以往更丰富多样的情绪体验,包括积极的情绪,如快乐、喜悦、欢喜等,也包括消极的情绪,如失败感、伤心、郁闷等,这些消极情绪如果得不到及时的化解,累积起来就会造成严重的心理问题。所以教师和家长都应该细心留意孩子的情绪变化,及时化解他们的消极情绪。

4. *社会交往范围扩大,同伴交往的需要更强。*

根据埃里克森的理论,该年龄阶段的任务是人格同一性发展。在这一阶段,孩子最明显的变化就是他们希望从社会交往中获得认同,同时交往范围逐渐扩大。这个时候,虽然父母仍旧是他们获得安全感和支持的最重要的后盾,但是,处于该年龄阶段的孩子往往表现出寻求同龄人支持的需要。他们希望能交一些志趣相投的朋友,愿意跟这些朋友敞开心扉交流。

孩子有了自己积极向上的"朋友圈",有助于缓解他们沉重的学习压力,树立信心,保持心理健康向上。所以,教师和家长一定要引导孩子正确交友,告诉他们什么样的朋友是值得"交"的,如何与同学、同伴形成和谐融洽的关系。

5. *青春期性发育趋于成熟,出现早恋现象增加。*

随着身体的成长和性生理成熟,高中生很自然地会对性的问题感到好奇,对异性感兴趣,喜欢接触异性,喜欢在异性面前表现自己,并希望得到自己喜欢异性的认同与回应。

在这一阶段,和初中生相比,高中生早恋现象增加,但很多学生并不知道如何正确处理与异性交往的问题,尤其是与喜欢的异性交往不顺利的时候,容易心情低落,有的学生可能因此而影响学习。教师和家长要关注孩子是否早恋,并能够合理引导他们如何和异性正确的交往。

二、深入了解高中生家庭教育指导需求

青春期之后,父母对孩子的影响力逐渐变小,原来的以父母为主的圈子被打

破,孩子开始认识新的朋友,建立自己的新世界。这个时候,父母如何继续扮演好孩子成长道路上"引领者"与"陪伴者"的角色,是需要不断学习的。调查发现,家长们对专业的家庭教育指导的需求正越来越多。针对这些需求,教师要在以下方面开展指导。

1. 指导家长和孩子共同适应高中阶段的生活。

对刚刚结束中考的学生而言,升入高中不仅是人生的一大转折,在学业要求方面也有很大的变化。学生在学习进度、方法、习惯、心态等方面都有一个逐渐适应的过程,家长也需要了解高中学习生活与初中生活的不同,以便更好地陪伴孩子一起适应高中生活。

新高考背景下,孩子步入高一就要为高考做准备,比如选科以及选择这些科目的考试时间,都成为让学生和家长十分焦虑的问题。因此要引导家长帮助孩子认识高中与初中学习、生活的差异性,指导家长从孩子的实际出发,给其一个适当的定位,并不断调整自己对孩子过高的期望值;指导家长经常与孩子沟通交流,掌握孩子的学习情况、思想动态,保持与学校的密切联系,了解孩子可能遇到的适应问题并及时解决问题。

2. 帮助家长正确认识孩子的独立要求,建立和谐的亲子关系。

"关系大于教育",良好的亲子关系是家庭教育的根本基础。其中亲子沟通是父母与孩子之间信息交流的过程,也是一种实现家庭教育功能的重要方式。孩子进入青春期后,自主意识增强,不太"听话";有时还故意与家长和老师"唱反调";在很多关键选择方面,比如高一选科、高考志愿选择等,父母与孩子之间可能会存在差异而导致亲子关系紧张。

要指导家长加深亲子之间的相互理解,掌握亲子沟通的技能和艺术。引导家长倾听孩子的心声,试图理解孩子,学会换位思考;指导家长学会欣赏孩子,让孩子获得和感受自信;指导家长看到孩子的成长,相信孩子有独立处理事情的能力,尽可能支持他们,在他们遇到困难时,给予安慰和鼓励;指导家长尊重孩子的人格,不使用过分严厉的手段去维持在孩子面前的权威。

3. 引导家长帮助孩子建立和谐的人际关系。

良好的人际关系涉及孩子的自我认识、交往技能、对他人的尊重和对他人帮助的感恩等方面。父母的人际关系及家庭关系对孩子建立健康的人际交往具有潜移默化的教育作用,家庭中的相互尊重、相互合作、平等交流是对孩子进行人际关系教育最重要的环节。

教师要告知父母,要在家庭中营造和谐的氛围,要做到夫妻和睦,家庭和睦;要引导家长支持孩子多参加学校组织的集体活动,在人际交往中学会与人合作;教会孩子学会尊重他人,会正确处理人际交往中的冲突,对人要真诚,以平等的态度对人;如果孩子在人际关系处理中的困惑,父母要及时与孩子沟通交流,帮助孩子分析问题,解决问题。

4.引导家长正确看待孩子的异性交往,帮助孩子学会正确地与异性交往。

高中阶段的学生性意识增强,渴望接近异性、了解异性、欣赏异性,并由此引发各种心理和行为困扰。大多数家长并不反对异性交往,但对"早恋"却小心提防,担心早恋影响了学习,更怕早恋酿成苦果。孩子的秘密家长们想窥探,孩子的行踪家长想掌控。但孩子却很讨厌这些,如果逼得太紧,很可能会发生不可控的事情。这让很多父母都觉得很棘手。

教师要引导家长对孩子与异性交往不要过度敏感,更不能以"关心"孩子为理由偷听孩子电话、翻看孩子日记等,这些做法容易伤害孩子的自尊,而无益于问题的解决;要指导家长帮助孩子认识到高中阶段的主要任务是学习,使孩子认识到早恋对自我发展的不利影响,正确进行异性交往;指导家长抓住日常生活中的相关事件,对孩子进行青春期性生理、性道德教育,包括抵制毒品和防止艾滋病等教育。

5.引导家长加强"珍惜生命"的教育,培养健康人格。

高中阶段的生命教育着重于帮助和引导学生形成科学、合理的性生理、性心理和性道德观念,学会尊重他人、理解生命、热爱生命,提高保持健康、丰富精神生活的能力,培养积极的生活态度和人生观等。父母的人格和生活方式会对孩子产生直接影响,科学良好的家庭生活方式是热爱、珍惜生命的具体体现。学习负担"过重"(主、客观)与学习适应不良、理想期望与现实能力之间的差距会造成心理困惑、各种心身疾病(焦虑症、疑病症、神经衰弱、考试恐惧症等)。面临即将到来的高考,家长会不知如何来缓解孩子的情绪。

要引导家长积极营造乐观健康的家庭生活氛围,让孩子感受家庭的温暖和幸福,感受到亲人的爱;家长应该对生活持有积极的态度,敢于向命运挑战,并引导孩子正确面对困难和挫折。家长不仅要关心孩子的学习,更要关心孩子人格的健全发展,要教会孩子怎样做人。

6.和家长合作指导孩子在网络面前不迷失自我。

沉迷网络已经被列为高中生常见问题之一。网络与信息技术在革新高中生学习生活方式的同时,也带来诱惑,轻者影响学习成绩,重者造成逃学辍学,甚至走上犯罪道路。高中阶段正是为高考奋战的重要关头,人生观价值观逐步形成的关键期,但很多孩子的自控能力较差,较容易沉迷于网络游戏,引起家长们的忧虑。如何引导孩子正确利用网络资源、培养网络道德,提高自控能力应当成为现代家庭教育的重要内容。

预防高中阶段孩子沉溺网络的最有效方法就是要多与孩子互动、沟通,营造温馨和谐的家庭关系及亲密的亲子感情,充分了解孩子的心理需求,并给予关怀;家长要以身作则,在上网时间、上网地点、上网内容、上网方式等方面为孩子作出榜样;家长要在引导孩子把电脑当成学习工具的同时,积极为孩子的课外活动提供条件;家长要关注孩子的异常表现,及时发现孩子在上网方面存在的问题,冷静对待,切忌采取随意粗暴的方法,要着眼于培养孩子的自律能力。

7. 引导家长及时缓解孩子升学带来的压力。

进入高中,孩子的学习压力增大,尤其是新高考政策后,自进入高一起,学生就面临着高考升学的压力。很多学生感到学习竞争激烈,压力大,心情紧张。因此,在这一阶段家长既要关心孩子的学习成绩,更要学会疏导、缓减孩子的心理压力,尽量减小学生的思想压力和心理上的波动,让学生轻松地学习,快乐地学习。

但是很多家长意识不到孩子因为学业紧张产生的心理压力,更有家长还会额外对孩子提出各种各样的学习目标和期望,安排各种课业辅导。这使得孩子更是不堪重负。这就要求高中教师要及时对家长进行指导,帮助他们正确看待孩子的学习压力及其带来的各种可能的问题,使他们能够学会缓解孩子的各种压力。

8. 引导家长适应高考新政,共同指导学生恰当选科。

高考对每个孩子来说,都是一个非常重要的转折点,在这一阶段他们将面临人生最初的也是最重要的选择。上海高考改革后,不再分文理科,选考科目由1门变成了3门,并实行统一高考与高中学业水平考试结合的综合评价方式。在这种情况下,选择考试科目与大学专业,不仅对每个学生而言是巨大的挑战,家长们也普遍忐忑不安,亟须指导。

在这一阶段,教师要和家长保持沟通,共同研讨孩子的选科问题,教师要帮助家长全面认识自己的孩子,分析孩子的学科学习特点及兴趣点,让家长意识到要尊重孩子的意愿,尊重孩子的选择,并支持孩子为了自己的选择去努力奋斗,帮助孩子树立信心,不断地让孩子感受成功。

9. 帮助家长正确引导孩子报好高考志愿,树立远大理想、合理规划未来。

选择院校和专业一直以来都是家长的一个纠结点,如果学生成绩足够好,当然是选择名校的强势专业,但是当鱼与熊掌不可兼得的时候,就需要针对自身情况进行分析,再做决策。选得好皆大欢喜,选得不好,孩子怪家长一辈子,家长也会内疚。

首先,教师要引导家长树立正确的成才观,明白并不是非要上名校才会有好的前途,才能成才;其次,教师要指导家长正确看待孩子的成绩,对孩子高考志愿有一个合理的预期,同时,引导孩子确立远大目标并正确处理社会需求与个人追求之间的关系。

三、高中生家庭教育指导工作需要重点关注的问题

无论是班主任还是任课教师都有承担家庭教育指导工作的责任。对于家庭教育指导工作的内容、方法以及需要注意的问题应有清晰的认知。总体来讲,高中教师应该重点思考的问题有如下几类。

1. 了解家庭教育指导包括哪些基本内容。

学校家庭教育指导工作涉及面广,内容非常丰富,而且随着时代的发展以及家长对孩子教育期望不断提升而变化。主要包括几个方面的工作:组建学校三级家委会的方式与流程,家委会成员的选拔及其功能与职责,如何真正发挥家委会参与学校民主管理、促进学校教育教学工作的作用;如何利用家长会、家访等多种家校沟通方式,及时沟通家校信息,积极互动;如何组织各类家校活动,如何整合、利用家长资源,积极鼓励家长参与学校教育等。

2. 能够针对不同的家庭情况,进行分层分类指导。

当前的家庭情况比较复杂,一个自然班有不同类型的家庭情况,如完整的家庭、再组合家庭、单亲家庭、单亲家庭与祖父母同住、家庭经济困难、父母重病(残疾)特困家庭、父母健全但孩子独立生活等。不同的家庭对孩子的期望值不同,亲子关系不同,家庭教育指导的需求也不同。面对多元化的家庭教育指导需求,教师应该深入思考如何对家长进行分层分类指导,以达到在有限的时间内取得最好的效果。

3. 在家校合作与沟通中,获得家长的信任与配合。

获得家长的信任与配合是家校有效合作以及家庭教育指导工作顺利开展的必要条件。尤其是当某些家长针对班主任提出质疑或责难时,班主任该如何应对?班主任与家长的良好沟通对于学生的发展有着积极的作用,那当家长与教师在教育理念有所不同的情况下,班主任该如何应对?学校作为学生学习的最重要的场所,当面对突发事件时,班主任该遵循的处理原则有哪些,该如何与家长方沟通?这些问题都是每一个教师在工作中会遇到的问题,需要不断去思考并创新如何解决的途径。

4. 既要解决共性的家庭教育问题,还要进行个别化家庭教育指导。

以往的家庭教育指导工作多是针对家庭教育中的共性问题,方法多是以家长

会、家校活动等活动,对家长群体进行指导。当前,随着社会的发展,面对家庭教育需求的多元化,只是以家长群体作为家庭教育指导对象已经远远不能满足家长们的需求,必须要开展个别化的家庭教育指导。面对当前层出不穷的个性化家庭教育问题,提升教师的家庭教育指导的意识与能力,培养家庭教育指导教师骨干力量,扩大学校家庭教育指导队伍,都是当前学校要着力解决的课题。如何让全体教师成为合格的家庭教育指导者,教师的积极性及指导能力如何提高,应该是教师专业能力培养与培训的重要内容。

总之,家庭是孩子的第一个课堂,父母是孩子的第一任老师。广大家长要肩负起家庭教育的责任,不断学习、提升自身素质和能力,系统掌握家庭教育科学理念和方法,增强家庭教育本领,用正确的思想、方法、行动教育引导孩子。广大教师的责任就是引领、指导家长都能够成为称职的、优秀的父母。

第三章

开放与沟通：如何开一场成功的家长会

没有家庭教育的学校教育和没有学校教育的家庭教育,都不可能完成培养人这样一个极其细微的任务。

——苏霍姆林斯基

家长会是学校与家庭面对面沟通的重要方式之一,是家长了解子女所在班及子女学习情况的窗口,也是班主任班级管理和班风建设的重要途径和有效拓宽。成功的家长会可以很好地促进家校之间的沟通与理解,能够设计、规划、组织一场让所有家长都有获得感的家长会,是班主任以及教师的基本能力之一。家长会怎样开,并没有具体的固定"模式"。本章主要结合案例说明一般家长会组织的基本环节以及应该重点关注的一些问题。

一、成功家长会的基本要素与重要环节

家长会作为传统的家校合作方式,仍是教师和家长间交流学生情况、共同寻找教育方法的有效途径。各年级每学期至少要召开一次家长会,以双向互动为纽带,架起学校与家长、家长与家长之间沟通的桥梁。成功的家长会以三个"有利于"为特征,也是家长会的目标,即它有利于学生身心健康发展,有利于增进家长对学校的了解和支持,有利于老师与家长、学生的相互交流与协作。

成功的家长会没有固定的模式,但包括一些基本的要素,比如在长时段内,对家长会的组织有一个整体的规划,具体到某一次家长会,则应该有明确的目标设定、有清晰的主题设计,还要认真设计整个家长会的各个环节,这样才能保证整个家长会的效果。

(一) 长程设计家长会内容

建议班主任从整个学年甚至扩展至整个高中时期的教学任务以及学生不同阶段的成长需要,在一个较长时间段内设计家长会内容。

每次家长会,我们都应该让家长有所收获,作为老师我们不但要把眼光放在班级的管理上,更应该为孩子的长远发展而考虑。对于班主任而言,虽然每个学期开的家长会次数并不多,但是每一个班主任最好能够根据高中三年的学习任务,并考虑到每个学年、学期不同的学生发展要求,系统规划、整体设计每一学期、每一学年的家长会。班主任要对每一学年、每一学期的家长会要解决什么问题、达到什么目标有清晰的定位,具体到每一次的家长会,则必须有明确目标。

【案例分享】

"万变不离其宗"

期中考刚结束,学校就通知要开家长会。新班主任小王老师犯了愁,思来想去她还是决定跟语文备课组的"老法师"张老师讨教一下:"家长会到底该跟家长说点啥呢?"张老师笑着回答:"知己知彼百战百胜。""啥意思?张老师给我们都指点指点呗!"办公室里的年轻班主任们听张老师这么一说,连忙放下手中的事情凑了过来。

张老师继续开讲:"首先,做家长的需求分析是家长会一个必然选项。要做好家长的需求分析,第一,班主任要明白在家长会上讲话的对象是家长而不是学生。如果是对学生说的话,可以在上课期间对学生讲。因此,班主任选择的主题应该是面向家长、基于家长的话题。第二,班主任选择的主题应该是家长关注的共性话题,而不是关于少数家长的个性问题。第三,在共性话题中,你觉得家长最想知道什么,或者你最想引导家长去做什么,这样的话题就可以确定为家长会的主题。"看着平时总是悠哉悠哉、工作生活两不误的张老师,大家都不约而同地竖起大拇指:"厉害!老法师一出手,就知有没有!"

这时,大家才注意到悄悄走进来的年级组长刘老师,她笑着补充道:"你们别忘了从高一到高三的家长会,班主任大体上要有一个规划,不同的阶段选择不同的家长会主题,三个学段加起来就形成了高中阶段一个比较完善的家长会主题体系。"

"没错!"张老师继续说道:"以我带的这届学生为例吧,从高一到高二上学期,总共召开了六次的家长会,主题分别是:共舟共济、分享、成长、方向、积极、分析。

"第一次家长会的主题是'共舟共济',之所以选择这个主题是因为学生刚由初中升入高中,班主任在第一次家长会上应该传递给家长一种信息:学校和家长是一体的,目标是一致的,只有形成家校合力,才能更好地为学生的全面发展服务。

"第二次家长会是高一上的期末家长会,主题是'分享',就是分享学习经验。学习是家长关注的核心问题,高中学习更是要遵循学习规律、注重方式方法。因此,我安排了几名学生分别介绍各门功课的学法,也安排了两三名成绩优秀的学生家长介绍了家长应该如何帮助孩子提高学业成绩。

"第三次家长会是高一下的期中家长会,主题是'成长'。确定这个主题的背景是:第一,我想告诉家长,成长不仅仅是孩子的成长,更是孩子和家长的共同成长。家长要更好地教育孩子,必须与孩子一起成长。第二,高一下换了数学老师,引起了一些波动。我想告诉家长,经历,尤其是困难与挫折可以锻炼学生的学习适应能力,促进他们更坚强地成长。

"第四次家长会是高一下的期末家长会,主题是'方向'。高中已经过去了三分之一,即将步入不稳定的高二过渡阶段。我从学生目标(学习目标、特长目标、体育目标)、班级目标(学业与活动)和家长目标(团结一心、大力支持)三个方面谈了对未来方向的把握。

"第五次是高二上的期中家长会,主题是'积极'。之所以把'积极'作为主题,是因为我想引导家长对于孩子的学习表现、教师的教育教学,都要用积极的眼光去看待。只有积极面对,才能够真正解决各方面的问题。

"第六次家长会是高二上的期末家长会,主题是'分析'。我想引导家长对于孩子的学习问题要务实,要学会用数据做分析。在家长会上,我用数据重点分析了学生的优势,也简要地指出了学生的不足,最后提出了行动计划,包括学生行动和家长行动。"

"万变不离其宗!我们只要记住:家长会的对象是学生家长,家长会的目的一方面是通报学生在校的相关情况;另一方面也应考虑家长想知道哪些信息,这样家校才能更好地合作,携手促进孩子健康、快乐成长。张老师,你说是吧?"小王笑着问。"嗯,孺子可教也!"张老师高兴地拍了拍王老师的肩膀称赞道。

【点评】

本案例关注的是如何确定家长会的主题。家长会到底该跟家长说什么?首先明确工作对象的定位,积极把握家长需求。另外,案例中的一位资深班主任给出了建议:第一,班主任要明白在家长会上讲话的对象是家长而不是学生,班主任选择的主题应该是面向家长、基于家长的话题;第二,班主任选择的主题应该是大多数家长关注的共性话题,而不是关于少数家长的个性问题;第三,在共性话题中,觉得家长最想知道什么,就可以确定为家长会的主题。

总之,以学生的成长规律和班级建设规律为主线,只有对家长会的主题进行整体的规划、长程的设计,才能真正使家长会发挥家校沟通的功能。

(二) 确立清晰的目标与主题

每一次家长会都应该具有清晰的目标与主题。班主任应该从三个"有利于"出发,设计每一次家长会的主题。一场家长会可能有一项内容,也可以有多项,但每一项内容都是在班主任的预想构想之中的。

1. 以促进家校沟通为主题,让家长对学校校风、班级班风有深入的了解。

孩子升入高中的第一次家长会特别重要,因为这是班主任与家长的第一次见面。班主任要在这一次家长会上向家长介绍学校的教育理念与办学思路。同时还要向家长阐述自己的工作思路、班级管理目标。通过第一次家长会,达到家长对学校办学理念的理解与认同,这有利于接下来三年内的持续的家校合作。

2. 以促进亲师交流为主题,让家长了解孩子的情况,促进班主任(教师)与家长的互相了解。

班主任可以在家长会上介绍班级常规事项,例如班级活动、班级管理、学业成绩、家长支持等,以及反映学生的进步以及存在的问题。对班主任而言,家长会也是一个很好的窗口,可以通过观察家长的穿着、谈吐、礼仪,据此了解家长的文化水平、家庭教育观念等,从而有的放矢地对那些需要帮助的家庭给予针对性的建议。

3. 可以邀请学科教师参加家长会,让家长了解学科教学情况,更好地配合教师做好教学工作。

班主任可以邀请学科老师参加家长会,请各学科老师介绍本学科的教学重点、难点,学生的学科学习情况,以及需要家长协助完成的有关事项,让家长能够及时了解孩子的学习成绩以及如何配合教师,共同促进孩子的学业。

4. 以家庭教育辅导为主题,提升家长的家庭教育观念与意识。

班主任可以提前根据本班家长的家庭教育需求,如选科指导、学科指导、高考志愿填报等问题,由自己或者家长邀请专家,为家长开设相关家庭教育主题的讲座。也可以邀请家庭教育咨询师,为家长提供具有针对性的问题诊断与指导。

5. 可以成为优秀家长的经验分享会。

家长会可以邀请一些优秀学生的家长现身说法,介绍他们的经验和做法。实践证明,这是一种非常受欢迎的家长会形式。因为同一班级的学生家长的经验对其他的家长来说会感觉更可信、也更可学。

【案例分享】

家长会的烦恼

期中考试后,几家欢喜几家愁。考好的喜笑颜开,特别是这次的"黑马"小周,更是踌躇满志,逢人炫排名、晒分数,还总去老师办公室里求夸奖,老师和同学都有些纳闷小周为什么会显得如此志得意满?没考好的同学愁眉苦脸,尤其是小俊,虽然不是考得最差的,但却是情绪最低落的,好几天愁眉不展,满腹心事。一次考试失利怎么会把他打击成这样?和他谈心后,我才明白他最大的烦恼是几天后的家长会,他害怕家长会上老师会报这次考试的成绩和排名。因为小俊爸爸一直很看重他的成绩,以前每次家长会后只要成绩退步了就要打骂他。我问小俊最怕的是挨打吗?他说不是,最怕爸爸失望。我说相信这次肯定不会,他将信将疑。

看来学生对待考试成绩的态度与家长有很大关系。小周想必也是这样。在和小周聊天时证实了我的看法。小周觉得父母不爱他,因为他不优秀,作为大学老师的父母整天津津乐道的都是同事同学家的孩子多么优秀。小周一肚子委屈,一旦聊起来滔滔不绝。我想到之前家访时他父母都说小周越大越不爱说话,可原来他心里憋了这么多话。静静地听他讲了一个多小时,我明白他为什么那么喜欢到处炫耀成绩了,原来他内心是那么渴望被欣赏和肯定。他自嘲自己过着"苦逼的人生",我告诉他:"苦逼的人生也可以逆袭。比如,你这次考试不就证明了自己的实力吗?再说不能以成绩论英雄,真正的优秀不是秒杀别人而是超越自己。"聊天过程中他反复强调希望本周的家长会上当众宣布考试成绩和排名,我问他这么做是为了谁?为了自己吗?他承认是为了父母,说他们从未因他而骄傲,做儿子的希望能给父母挣回面子。我告诉他放心,他们肯定会以你为荣。

和他俩谈过后,尤其是和小周深聊后,我才发现被自己一直当成孩子的高中生,他们的内心世界是那么丰富、成熟甚至深刻,真希望自己今后能更有智慧,可以真正帮到他们。那就从帮小俊和小周解决家长会的烦恼做起吧!

且慢!他俩的要求是不是正好相反呀?而我好像都答应了啊?怎么办?而且召开这次家长会学校对班主任的重要要求就是向家长汇报期中考试成绩,许多家长来参加的主要目的也是为了了解成绩和排名。可我又答应了小俊不读成绩和排名,家长会不会变成我的烦恼吧?

家长会那天,家长们扇形围坐在教室里,面前课桌上放着自己孩子的几样东西。一是学校统一发放的学生成长手册,里面成绩栏贴着这次考试所有科目的成绩和排名,后面是家长寄语。我虽然不喜欢家长会开成成绩发布会,但也认为家长有知晓学生成绩的必要性,以便及时了解孩子目前的学习状况,知己知彼,心中有数。二是班费买的一套学业心愿卡,上面有学生写的高中第一次大考后反思和举措,还有高中阶段总的学习目标及下个阶段的分目标。我之前看了一遍,发现同学们的总目标都是考上理想大学,还有好几个直接写着考上一本。退步最多的学生家长看了也觉得心有安慰,因为孩子的目标和进取心就是对家长最大的鼓励。准备家长会的过程中我明白了高中三年对家长们也是一场考验,同样需要鼓励和支持。三是一张高中三年成绩曲线图,横坐标是三年内所有的期中期末考和最后的高考,纵坐标是年级排名。上面已经有了学生标的第一个点,图的下方是我的一句寄语:"起点和终点不是一个点,愿你起于勤奋,终于辉煌。"家长看了会明白这次考试,甚至高考前的最后一场考试都不是这三年的那个终点,没必要纠结在这一点上,而是要从中看到趋势、对策和未来。

家长会分两大板块进行的,先是班级和每位同学在德育方面的表现和成绩展示,接着是家庭教育方面做得好的家长分享经验,然后是各位家长之间与老师之间沟通问题,交流经验。之后,才是期中考试成绩分析。我特意把学校给这段时间进步显著的几位同学的奖状留在此时颁发给家长,让家长在掌声中上台领孩子的奖状,我知道这比他们自己的荣誉更让他们骄傲。我特别表扬了进步最大的小周同学,我看到小周爸爸妈妈露出了惊喜的目光。我还传达并宣读了各科任老师及班主任对各方面表现突出的学生的表扬。受到批评的同学我没有点名,只是就事论事,泛而谈之,但请各位家长看学生成长手册,上面老师寄语一栏中有班主任和科任老师对该生的建议,比如,小明同学手册上就有数学老师的一句寄语:"如果要实现自己的雄心壮志请先改掉抄作业的坏习惯。"我以为家长会不能开成报喜不报忧的表扬会,更不能开成当众批评大会,家长会是家庭、学校共同关心学生健康成长的一种教育形式,是班主任、学生、家长互相沟通的一个桥梁。最后,我用网上的一段话作为家长会的结束语:

"每个孩子都是种子,只不过每个人的花期不同。有的花,一开始就灿烂绽放;有的花,需要漫长的等待。不要看着别人怒放了,自己的那棵还没有动静就着急,要相信花都有自己的花期,细心地呵护自己的花,慢慢看着他长大,陪着他沐浴阳光风雨,这何尝不是一种幸福。相信孩子,静等花开。也许你的种子永远不会开花,因为他是一棵参天大树。"

家长会后小周家长主动留下来想和我再谈谈,我也请小俊爸爸留了下来,和他们分别聊了聊。他们也许都不善于和孩子沟通,表现出来的责之切,根源都在于爱之深。我告诉小俊爸爸,小俊是班里最懂事最勤奋的孩子之一,但考试时常常发挥不出平时水平,甚至会晕场,究其原因是学习动机过强,导致自我期望值太高,这是非常危险的。现在小俊不欠揍,不缺骂,甚至不需要苦口婆心地督促,他自带发动机,而且马力过强。希望家长和老师一起多帮他放松精神,慢慢放下包袱,享受学习的过程,从容应对考试。和小周爸爸聊时,他说小周再考不好可能就要精神崩溃了,我告诉他小周太需要得到你们的肯定和表扬了,他甚至怀疑你们爱的不是他,而是优秀。"数子十过,不如奖子一长",希望家长能多发现小周各方面的优点,多加鼓励和表扬,并和他推心置腹地谈一场,帮他早点找回自信和对家长的信任。

那晚家长会后,我收到了小俊小周夸我没食言的信息,看来家长会的烦恼似乎解决了。

【点评】

很多时候家长会是以向家长反馈学生成绩为主题的。如何反馈,既要让家长清楚地了解孩子的学习成绩以及在班级的位次,还要照顾考得不好的学生和家长的自尊,也有人不这样认为,因为家长最关心的始终是学生的成绩,有对孩子成绩和排名的知情权;还有人提出,家长也是需要当众表扬的,孩子进步的成绩和优异的名次是对家长莫大的鼓励。见仁见智,作为班主任的我们该如何是好?

本案例中的老师能在家长会之前充分倾听学生的心声,关注学生的需求。在家长会上,对于进步学生给予积极表扬,批评只针对现象而不针对个人。同时老师还在家长会后进行了个别的反馈沟通,对家长提出了指导性的建议,不失为一种有效的做法,值得班主任借鉴。

(三)周密设计,精心准备

1. 周密设计家长会的程序。

班主任是会议的组织者,家长会的程序要认真研究、周密设计,以充分调动家长参与的积极性,更好地达到预定目的;设计程序时可考虑以下几个方面:开场白说得自然、有启发性,切入正题要自然。主要议题由浅及深,要使大家积极参与,营造出一种民主气氛。

2. 做好准备工作,灵活确定家长会的时间。

包括准备课件、发通知,印制相关需要发放给家长的材料,以及向家长汇报、展示的各种材料、家长意见反馈单等,班级的会场要布置得井井有条。必要时,可以动员学科教师、家长和学生做好相关准备工作。

(四)及时反思,深入总结

家长会结束以后,班主任要及时反思本次家长的效果,可以通过会后与家长交流和学生沟通,了解家长们的反应。另外,对于家长会提出针对学生情况的问题,也要及时关注。

【案例分享】

那一年的家长会

高三学校重新分班,我也又重回高一带上了新生。大约过了半个多学期,我拿到了原带班级获得区先进班集体的证书,我拍了照发到原来的班级群里,作为对奋战在高三的孩子们的一种鼓励。他们看了纷纷吐槽:这是迟到的荣誉!我对他们说:"那一年你们辛苦了,希望这一年你们再接再厉,笑到最后。"娃们却说:"老师,那一年最辛苦的人是你啊!"班长小璐说:"家长会就开了八次,每次开完老师嗓子都会哑掉!"那一年的确是我做班主任以来家长会开得最多的一年。

那一年我们班召开了学校统一要求的两个学期四次家长会,按惯例都是开在每学期的期中和期末考试后。还有四次不是定时的,是根据我班自身情况和有关家长协商召开的,不是面向全班,劳师动众的,而是小型的,范围仅限于几个家长。比如那一次,我到现在还是记忆犹新。

那是针对三个沉溺网游的男生召开的一次家长会,我和三位家长约了周五放学后在我办公室里召开。那天放学我留下了这三个身在学校心在网上的家伙。他们最近下课常在一起聊游戏,放学虽各回各家但常约在网上一起打游戏,第二天上课注意力不集中,打瞌睡,作业完成情况也越来越差。家长一听我要谈这个事,都表示非常必要,小明爸爸还说不让小明玩游戏他就发脾气,打骂都没用,快管不了。

家长陆续到齐后,我先客观陈述了高二的学习压力,各科会考的时间,以及我们学校往年的本科率。然后,继续客观描述了三位同学最近在校的学习状况。接着,我请家长聊聊三个孩子每天放学回家后和周末的情形,果然都是主要玩游戏,抽空做作业。我依次问三位同学来上高中的目的是什么?他们都说考大学,我补充了其中两位当初心愿卡上写着的还是一本,我问他们:"你们觉得现在自己的学习状态一年后能如愿吗?"他们脸有愧色,没回答。我换了个问题:"坦白说游戏影响到学习了吗?"他们说是,我鼓励他们继续说说心里话,他们说:"明知影响学习,可是忍不住,越玩越不想学,学不好就更想玩。"我问他们有试着戒过吗?他们中有人戒过,但失败了。"那你们想把自己从游戏瘾中拔出来吗?暂时别玩或者控制时间少玩,不能让它影响学习,等考上大学后,想消遣时,有空再玩。你们都是男子汉大丈夫了,愿意先干正事吗?能保证吗?"他们说:"愿意,但不敢保证。"我和三位家长说:"看来道理他们都懂,但知易行难,改掉坏习惯更难,现在他们需要我们的帮助。"家长都表示愿意帮助孩子,监督孩子。然后,我拿出了"蓄谋已久"提前做好的"戒游戏瘾监督卡",上面写着:"我愿意戒掉游戏瘾……请×××作我的证明人,请×××作我的监督人和惩罚人",我发给三位同学,让他们请在座除了他家长外所有人签名,做他的证明人,再请家长做他的监督人和惩罚人,一一签字。

之后,我不定时和三位同学和家长沟通这事的后续进展。这三位同学天资都不错,心放在学习上,进步自然大,有两位后来还拔尖了。不久前听说三人都考上了不错的大学。不知他们坐在大学宿舍打游戏时还会不会想起那张"戒除游戏瘾监督卡"。

那一年的家长会虽然辛苦,但好在都比较有效。学校统一召开的,在期中期末考试后,乘热打铁,便于家校更好地了解沟通学生各方面情况,形成教育合力。以班级为单位小范围的家长会,为了解决遇到的实际问题而专门召开,这类专题型家长会由于短小精悍、主题明确、针对性强、有的放矢,开完后注意跟进,同样效果显著。

【点评】

家长会什么时间开好?家长会何时召开最有效?有人说学期初,便于尽快取得家长支持,实现家校沟通,达成教育共识;有人认为期中期末考前召开目的性强,最有效;也有人支持期中期末考后开,有的放矢,针对性强。

兵法曰:兵无常势,水无常形。家长会也应结合学校和班级的实际情况,定期不定期相结合,因事制宜,因时而化,不必拘泥。召开家长会的时机,应该由班主任主动决定,而不是被动地等待学校的安排。许多学生成长发展中的问题与现象需要及时解决,用时效换取实效。案例中的老师,针对学生的实际情况,开展了主题明确、有的放矢、短小精悍、回馈及时的家长会,及时解决了学生的问题,使教育落到了实处。

二、班主任(教师)在家长会上应该注意的要点

一场成功的家长会对班主任的要求非常高。在家长会上,班主任作为学校的"形象代言人",应该做到尊重每一位家长,注意自己的姿态、礼仪,要自信而且还要赢得家长的信任,还要善于应对家长会上一些突发的事件。

(一) 尊重、理解每一位家长

首先,应该尊重每一位家长,对每一位家长都心怀敬意;其次,教师要真心理解每一位家长对自己孩子的爱护之心,理解他们一切为了孩子的"父母心";第三,要平等对待每一位家长,无论这位家长的学历、收入、社会成就如何,从一个人的角度,老师和家长都是平等的,决不能歧视任何一位家长。

(二) 注意自身形象,用语礼貌、恰当

家长会上要有良好的形象与姿态,着装应得体、大方、优雅,不可太花哨以及暴露较多,态度要和蔼而谦逊。在语言方面,要用词恰当,语句流畅,语气温柔而不失

幽默感。要多用正面语言,尽量不用"不能""不要""不行"等消极性语言对家长提出的意见要做出积极回应,说话要把握好分寸,对于一些敏感的问题要慎重,对于学生的评价应该以鼓励为主,勇于面对工作中存在的问题。

(三) 体现专业自信,但又不能高高在上

在家长会上,无论面对什么样的家长,一定要体现出自己的专业自信。要以自己丰厚的专业知识和工作经验,为家长分析当前高中阶段孩子的发展特点,尤其是在新高考政策下,他们要面临的各种选择与挑战。同时,在体现自己专业性的同时,也不要以教育专家自居,或者在交谈中使用过多的专业术语。教师最好能用通俗易懂的语言与家长真诚地交流,让家长觉得亲切、可亲,这样才能得到家长积极地理解、支持和配合。

(四) 营造民主氛围,切忌不能成为"一言堂"

传统的家长会是校方的"一言堂",教师一股脑讲述很多内容,而家长只是长时间被动听讲,会上家长基本上没有机会发表意见,实际能听进去多少是个未知数。在这样的家长会上,班主任是绝对主角,家长没有多少发言的机会,双方相互交流研究问题不多。所以,班主任要营造民主和谐的气氛,不能让本应相互协调沟通的家长会变成班主任的"一家言",家长会不应是班主任的独角戏,而应该是大家共同的交流场。

【案例分享】
三方互动打破"一言堂"

每学期的家长会都是班主任与家长交流的好机会,但开家长会前,有些特别需要交流的困难生家长各种推托不来参加;开家长会时,若提问台下家长问题,有时得到的是一片安静的回应,出现老师"一言堂"的局面。班主任老师该如何改变家长会由老师点名数落学生,让家长感到尴尬难看的局面,使家长会听起来亲近、贴切,容易接受,将一言堂的家长会变为群言堂呢?这是我经常思考的问题。这一次家长会我改变了策略。

家长会开始前,我指定的四名学生早早来到了教室。小余开门见山地问:"王老师,有什么需要帮忙的?"我回答:"桌上有整理好的各任课老师需要发放的资料、班级纪律考核量表、期中考试复习范围和成长手册,你按照座位顺序帮我整齐地摆放在每位同学的课桌上。""好嘞,没问题。"小余抱起一摞资料一溜小跑去了教室。

"老师,那我干什么啊?"腼腆的小杨小声问道。"你看,我列了几条家长须知。你帮我写在可移动的那块黑板上,另外一边放小贺做好的欢迎PPT。""嗯,没问题!"小杨拿着写好须知的纸条走开了。"那我现在没事了吧?"鬼马的小贺吐着舌头问道。"怎么会没事?PPT你和小汤排练过了没?她主持的时候你知道哪里切换么?""呃,还没对完!""那你俩还傻站着,不去准备?"我故意虎着脸说道。"老师,我们现在就去,您放心吧!"小汤拉着小贺朝教室走去。他们都离开后,我心想:孩子们还挺有分寸,知道提前这么长时间从家里过来准备,看来他们很在意这次家长会的表现。

这次家长会前,我在班级进行了一次无记名调查,结果80%的学生提到:家长会上担心老师告状,更担心会后被爸妈批评。想想当学生时,我也很怕开家长会。当老师后才知道其实老师也烦开家长会,在家长会上批评家长其实不会起什么实质性的作用。高中生家长一般不太会体罚孩子,但总免不了批评一顿。第二天学生的状态反而会更糟糕,而接下来家长有可能都不愿意来参加家长会了。所以,这次我决定转变思路,让部分学生参与进来,协助我完成家长会的前期准备工作并在家长上介绍班级状况和同学们的学习生活情况。学习情况汇总和考试复习要求则由我和各个任课老师跟家长具体讲解。后进同学的家长,会后再留下来个别交流、加强沟通。

"王老师,我们准备好了。您来看看吧!""行,我马上过来!"一进教室,我就发现今天教室打扫得特别干净,小学和初中的家长会让值日生们也身经百战,知道家长会马虎不得。再看看黑板上工工整整的家长须知,学习委员小杨果然不负年级书法达人的称号。"别忘了在须知最后写上落款啊,要让你妈妈看看宝贝女儿的粉笔字。""啊?我妈肯定说我写得不好!"小杨有点扭捏。"那我随便你写不写啊。"我故意回答道。"那我还是写上吧!"小杨红着脸写上了自己的名字。"小贺,你PPT的欢迎页面做得不错嘛!""那当然,我专业制作PPT很多年!"小贺一脸得意地回答。"您好,是小杨的母亲么?请先签到,然后我带您去他的座位上。"光顾着说话的我还没注意到已经有家长进入教室了。从小学到初中一直担任班长的小余头脑果然活络,他不等我交代就开始热情招呼起家长来。其他的三位同学也马上各司其职,我们班的家长会会前准备工作就这样有条不紊地进行着。面对全班33位家长,我没想到这几位同学能和家长们说笑交流,招呼、签到、服务、接受家长咨询,他们办得妥妥帖帖。这使得我们班的会场井然有序并且一扫以往的沉闷气氛,显得轻松而活跃。

接下来的家长会中,这四名同学还作为班干部和学生代表就班级荣誉、纪律管理、学习情况等各个方面进行介绍发言。作为文艺委员的汤同学把班级取得的各项文体比赛成绩一一展现给家长们。小贺尽职尽责地播放着PPT和视频,台下的家长看得津津有味,在活动中仔细寻找自己孩子的身影。更是不时有家长拿起手机拍照或摄像。小余作为班长,主讲班级管理与量化考核。这是以往家长们不太感兴趣的内容。但这次小余的发言基于自身的理解并举出一些实例进行说明,如"迟到早退等不但影响班级整体的考核分,而且影响学生个人的学习和发展。在学校这个小社会中也要努力培养对自己负责、对集体负责的责任心"。看着讲台上的孩子讲着大道理,家长们一方面在好奇心驱使下听得津津有味,另一方面可能也在讲话中寻找着自己孩子与其他学生的差距。讲话结束后,家长们纷纷表示愿意积极配合班级管理工作,共同促进学生进步。

作为学习委员的小杨讲的是家长们最感兴趣学习情况。她的发言没有按成绩按排名来介绍学习情况,而是按学习表现与状态将学生分成九种情况。如"学习踏实,听课认真,思维敏捷,课后努力的""爱问问题,能跟上老师节奏,但课后练习时常出现困难的""一直很踏实,本学期更加努力,进步较大的""基础差,但能认真学习的",等等。通过这种介绍,家长们能清楚地了解到孩子目前的学习表现和学习状态。小杨还告诉家长们:"上周的班会,要求同学们写出各自学习的理由,大多数同学提到了这样两条:为了让父母高兴;为了让自己和家人过上好日子。"据此,她提出:"孩子们是懂得感恩的,家长可以成为孩子的动力;家长应该给予孩子鼓励,不管孩子是进步还是退步!"

这次家长们明显比以前听得用心,各自都若有所思,也对同学们的表现赞不绝口。到了家长与学生代表们交流的环节,情形更是与以前不同。家长们急切地询问孩子在学校的各方面表现,而与他们的孩子朝夕相处的学生代表更是有话可说,叙说着家长关心的方方面面。

【点评】

长期以来,家长会通常采取的是"家长+教师"模式,因此往往成为"一言堂"。班主任在家长会上的"一言堂",造成了单向沟通的局面,影响了家校沟通的效果。如何不让家长会变成班主任的"一言堂"?

本案例中的家长会,班主任老师打破常规,让部分学生也参与进来,协助自己完成家长会的前期准备工作,并在家长会上介绍班级状况和同学们的学习生活情况。最终家长会如这位班主任所愿,取得了出人意料的成效:学生们的发言有很多地方比教师更具创造性;他们能提供给家长的某些情况,是教师从未掌握的;他们能站在孩子的立场上与家长展开探讨和交流;家长们也乐意从学生口中获知自己孩子各方面的具体表现。总之,学生的参与在家长中产生了强烈的反响,这次家长会取得了较以前更为理想的效果。

(五) 尽量兼顾普遍性与个别性问题

为了提升家长会的效率,教师应该在家长会上清楚地介绍班级管理、孩子的学习情况、今后的工作安排等这些所有家长都关心的问题。

同时,教师也要能够在家长会上反应部分学生的特殊问题或个别学生的个性化问题。因为家长来参加家长会,更想了解自己孩子在学校的具体情况。

【案例分享】

今天,我来开家长会!

新高一第一次全体的家长会被安排在期中考试之后的一个星期,徐老师的笔记本上记得满满当当的工作安排。按照一般的家长会日程,先是学校领导做总的汇报,尤其是第一次家长会,要向家长介绍学校的办学特色和希望目标;接着是分管领导做年级的分析和安排;然后再是班主任对这半个学期来的观察和反馈,穿插着期中成绩的分析和班级情况的综述,还有些学生的特殊情况,再加上个别家长的接待,林林总总。望着笔记本,徐老师叹了口气,唉,看来10点钟也不一定能结束,而且这么多混杂的信息,对家长而言,很难辨别针对性,效果也不一定好。

果然,那天家长会结束得很晚。有的家长开完会就急匆匆地走了,完全没在意刚才老师讲的典型就是自家的孩子;有的家长围着老师问长问短,也没意识到先前的总体情况介绍中,班主任老师都已经讲到了。

怎么办呢? 如何在家长会上向家长反馈普遍性和个别性问题,使信息的传递更顺畅更有效率? 徐老师想,应该有更好的方法。

第二天下课时——

"老师老师,我想参加下次的家长会!"小 A 从边上突然冒了出来。

"啊,为什么呀?"

"昨天我妈回去就说我上课不认真、作业不认真。还说徐老师说了,我们这个组都不怎么投入学习。我和她说了半天,说不清楚……"

"你妈妈误解了吧,我是说班级里有不认真学习的情况,并不是说你呀。"

"我也是这么和她解释的,她非说就是我。下次开家长会我坐在她边上,我要补充发言!"

"行,很乐意邀请你来参加家长会,而且我有了个更好的主意!"徐老师高兴地说。

第二次家长会前，徐老师组织班干部围坐在一起。

"我想请你们来组织家长会。"徐老师微笑地看着同学们。

"啊？"

"想请大家从各个侧面来反映我们班真实的情况。体育委员可以说说这次体育运动会的战况；团委谈谈这次组织活动的想法；班长要总结一下这半学期的情况……"徐老师胸有成竹地布置着。

同学们面面相觑，"老师，我们不一定讲得好……"

"不怕，主要是通过大家让家长们认识到自己的孩子，关注大家的成长。没事的，但要有理有据哦，表扬和批评都得言之成理才行。"

"我想可以做个PPT，把几个板块分一分。"班长跃跃欲试。

"可以，你们商量吧，做完给我看看，我再出出主意。"

"好！"

随后，徐老师又去了任课老师办公室，请各位任课老师从自己学科的角度分层挑选典型学生，掌握对应的作业反馈、上课状态和测验综述。由学习委员牵头，请课代表各自准备，将任课老师反映的班级情况列表，将重点红字突出，尤其表彰学习态度和学习习惯端正认真的学生。

这一次的家长会，徐老师胸有成竹。

学校领导发言结束后，在家长们诧异的眼光中，徐老师带领着学生们站在讲台上。由班长作班级主题发言，总述班级情况并指出现状中普遍性的问题；各位班委成员分别从各个角度反馈这半学期来班级的各项工作，并能用照片、视频等多种形式加以证明；各学科的课代表也从三个层次分析学习情况和师生交流畅通的重要性，并提出学习典型，展示优秀作业和研究性小报。班级的每个同学都在这个汇报中出现，有积极的鼓励，也有善意的批评；有长处的展示，也有缺点的披露。同学们从自身出发，立场中立客观，既反馈了普遍性的问题，也兼顾了个别性问题，家长们听得很入神，频频点头，徐老师带头鼓了掌。

家长会本身就是个沟通的平台，由于特定的时间限制，班主任很难将普遍性和个别性的问题都表达清晰，让信息有针对性地传递给家长，让学生来做主角，就调换了主体位置，吸引家长反思，个别性问题往往能够得以解决。

【点评】

如何在家长会上兼顾普遍性问题与个别化问题？作为家校沟通平台的家长会，常常因为时间的限制、任课老师的缺位和家长关注点的不同而产生焦点模糊，班主任老师往往顾此失彼。常常只能着眼于普遍性问题,而对个别性问题放置一边,长久以往,部分家长很难在家长会上收获到针对性的信息和指导。作为班主任,应该如何有效地利用家长会来反馈情况呢?

本案例中的老师,意识到如果自己像往常一样开家长会,可能不能解决本次家长会要达到的目标。于是,老师将自己从台前转向幕后,充分发挥学生的主体作用,让学生自己介绍,使家长会成为学生自我分析、自我展示、自我教育的良好平台,让家长们都有满满的收获。

(六)新老师开好家长会的"要诀":态度胜过技巧

每年都有很多刚刚踏上班主任岗位的"新手"教师,对他们来说,新的岗位、新的班级、新的学生、新的家长,常常会由于经验不足以及缺少自信而导致一些问题,如难以获得家长信任等。针对新教师或班主任如何开好一场家长会,尤其是职业生涯的第一次家长会应该注意的问题,提出如下建议。

1. 用真诚的态度赢得家长的信任

第一次组织班级家长会,新手班主任非常容易紧张。有些新手班主任担心因为自己资历低、经验少而"应对"不了家长。这个时候一定不能勉强自己"逞能",如以自己的班主任特殊身份,想在气势上"压住"家长,最好的做法是,向家长"真诚敞现"自己,用自己对学生的爱心、对家长的诚意赢得家长的信任。

新手班主任不妨坦白地告诉家长自己工作经验不足,但同时也要让家长感受到自己对学生的爱是一点也不少的,并且让他们相信在未来的日子里自己会不断提升专业能力,与家长真诚合作,共同帮助孩子度过最为关键的高中时期。

2. 关注细节,做足功课

新手班主任可以通过向家长呈现班级管理以及学生在校学习生活的各类生动的细节。因为家长非常关注孩子在学校的表现,如果班主任能把很多细节呈现给他们,他们会非常感兴趣,而且通过这些细节,能够体会到老师的用心与细心,觉得班主任认真负责、有能力。那么几次家长会后,家长对班主任的信任就逐渐建立起来了。这就需要班主任提前做足功课,要在日常的班级管理中,做一个有心人,能够关注到每个学生的成长变化,并能够记录下来。

【案例分享】

新·心·信

"下周四召开第家长会,请大家做好相关准备。"年级主任在办公室做了全员通知。

"啊——家长会,我该怎么办?"我思绪被自己的徒弟小马打断了,"任老师,怎么办?我该说些什么?家长会不会提很奇怪的问题?同样是45个人听我讲话,可是他们是家长呐,万一我说错话怎么办?他们会不会觉得我很幼稚?"一连串的追问,满脸的焦虑让我看到了小马的不安。

"没关系啊,他们是家长,又不是审判官儿。再说了,新生暑期家访的时候,你都见过家长了呀,一回生两回熟了,以后你们多见见就是朋友了么,不要紧张呀,呵呵……"我非常轻松地回答道,但是显然,小马依然对接下来的这个艰巨任务感到无从下手。

是啊,新的岗位、新的班级、新的学生、新的家长,对于小马来说,的确需要适应的有太多,刚开学的2个月里,学生对于新的老师、新的同学、新的环境、新的要求同样茫然不知所措,而这个时候班主任就是唯一的依靠,小马的忙碌、小马的焦虑、小马的努力大家有目共睹,面对家长会,自然是2个月来的一次大考。我想起自己曾经的"第一次"也是那么的茫然、紧张。

"如果你是家长你最关心什么?""孩子在学校表现怎么样?老师好不好、认不认真负不负责?同学关系怎么样,人缘好不好?老师对孩子有什么期待和要求……"小马脱口而出,说了一堆。"所以我该怎么办呢?"

"敞现",我给了她2个字。"敞现?""对,敞现!"

什么是敞现?就是真诚地展现,大方地展示,公开地表现。"家长会我来敞现?敞现什么呢?"小马依然一头雾水。"当然是敞现家长关心的问题咯!"小马主动要求回家先认真地思考一番。

第二天,小马拿出了一份颇为正式的家长会"教案",在和她的深入讨论和探究中,我们明确了一些基本的维度和内容。

核心关键词:敞现。

1. 敞现诚意

和家长的沟通,不论任何时候,都需要表现诚意,不是说要送见面礼,但是必须有礼,礼从何来?礼从我们的教室开始,走进教室,能否让家长看到我们对孩子的诚意?对家长的诚意?这不仅仅是冷冰冰的"欢迎家长",还有家长会前面对初来乍到的家长们,有没有贴心的指示?有没有精心布置的教室?有没有明确的位置安排?这些看似虽小,却是诚意满满。礼从我们自身而来,一身落落大方的服装,略加修饰的妆容,这不是讲究,而是尊重,因为每个家长我们都很重视,我们都很欢迎,外在的这些是最最起码的尊重。

2. 敞现班级

"两个月的时间可以发生多少事?"小马纳闷地看着我,"我们没有什么问题啊。"发生多少事不是问有多少问题,你知道么,2个月,鸡妈妈可以孵出3窝小鸡;一颗种子可以发芽,生根长成小树苗;小蝌蚪可以长成大青蛙。所以2个月对于新生来说完全雏形已定,自然,家长想要知道发生了什么,"我的孩子"怎么样了。你准备怎么"敞现"呢?

"活动照片、资料,同学表现的情况?"当然可以,问题是怎么敞现? 照片中能不能让所有的家长找到自己的孩子? 同学们的表现是谈优点还是缺点? 除了照片、资料我们还有什么? 小马陷入了沉思。

我的个人建议是,敞现不仅仅要让图片说话,更要让学生说话,完全可以通过录制音频、视频、邀请到现场等各种方式来敞现学生的生活,所有的人,都有一种存在感,这是老师尊重、关心每个孩子的起点。说学生的话,学生的发言自然比我们的话语更生动活泼。

3. 敞现团队

班级不是只有班主任,我们还有还任课老师,我们是一个大的团队,家长主要担心新教师什么? 其实就是怕自己的孩子不好好学,这个时候就需要着重介绍我们的团队,我们同进退,提高各位家长对班级的认可度,自然信任就慢慢就产生了。

让家长们和孩子们一样都能浸润于"用心"的体验中,使他们真正地爱上这个集体,把班级当作成自己另一个温馨的"家",有爱的地方总是充满了力量,更充满了活力与希望。

【点评】

本案例以"新老"班主任对话的形式,说明了新手班主任在开第一次家长会的时候应该注意哪些问题。本案例以"敞现"为关键词,来解决新教师面对家长会的茫然和紧张的问题。"敞现诚意"为了表达足够的坦诚;"敞现班级"体现的是教师对班级情况的全面把握,是教师专业能力的良好体现;"敞现团队",反映的是教师对家校合力的努力和渴求。每一次敞现,让教师和家长都充满了信心。

本案例也说明了,家长不是洪水猛兽,更不是蛮不讲理,对于新手班主任,他们也不会故意刁难,如果我们用心准备,那么家长自然会感受到我们的诚意,"交心"就是最好的方式。在与"师父"共同的探讨中,小马也开始慢慢领悟。她认识到,想要表现更棒就用实力、用真诚、用信心换来信任、合作与成长,每个年轻的教师都是这样一步步成长起来的。

三、别开生面、不拘一格的家长会组织方式

一直以来,家长会作为家校沟通的常规途径也在新形势下悄然发生着变化。家长会的功能是多元的,形式也应该是多维的。交流分享式、讲座式、咨询式、研讨式、三维互动式……家长会也面临着从单一到多元的选择。实现家长会传统角色和方式的转变,从单纯的老师主导转变为家长和老师平等参与,由单向说教转变为双向互动,正成为家长会的新趋势。

(一)交流分享式

交流分享式家长会,重在教师与家长、家长与家长之间的互动、分享。班主任老师可把社会生活中的一些有关教育方面的热点问题及较敏感的教育现象等,或者从学生的问题或家长的需求出发,提出家长们都关心的一些问题,放到家长会上进行讨论、分析,最大限度地引起家长们的"观点碰撞交锋"。

尤其是当临近选科、填报志愿的时候,可以多召开这一类的家长会,引导家长共同讨论、共同分享心得体会,形成共鸣和共振。由于这类话题都是家长感兴趣的,家长参与的积极性也会非常高,效果也会大大提高。班主任也可以邀请科任老师谈谈学生学习本科目的兴趣、态度、成绩怎样,又可以请家长谈谈对教育问题的认识,谈谈他们有意义的学生时代、谈谈工作感受、谈谈生活的艰辛与幸福……都是很好的教育形式。

(二)成果展览式

家长会也可以做成展示会。可以展览孩子的作业、作品、获奖证书或学生现场表演等,让家长在班级背景中了解自己的孩子。比如,在家长会上,让所有学生到场,让他们把自己的最好的一面展示给家长。如某一次成功的作业,某一次满意的成绩,某一篇在全班朗读的作文,某样自己的小发明小制作,某一张书画作品等等,让家长感受到,自己的小孩在某一个方面做得很棒。

(三)专家报告式

就学生入学后某个阶段或某个共性问题,请专家做报告并现场答疑,以提高家长的教育素质、解决家长的困惑。比如,专门请某一个教育专家来做一次讲座,谈谈关于家庭教育和学校教育应怎样有机联合,让家长学到一定的知识;临近高考时

可以请心理专家辅导家长如何做好学生的心理疏导,减轻孩子的心理压力。

(四)亲师生联谊式

教师、家长、学生相聚在一起,用表演等欢快的形式,共同营造和谐的气氛,增进感情和了解。还可以以丰富多彩的"亲子活动"的形式,通过双方的亲身体验,为家长和学生之间搭建一座沟通交流的桥梁。

【案例分享】

小话题大情怀

晚上六点半之前,L老师环视了一下教室,许多家长已经就座,这次家长会的时间恰巧是在学农之后。投影已打出来本次家长会的主题词——尺牍传情,沟通无限。

在学农期间父母子女互写家书是学校的传统,回想当时,全年级同学一起写家书的场面可谓壮观,全场一片寂静,学生们认真的神情不亚于正在经历一次重要的考试。到后一天分发家长来信给学生,过了一会儿,L老师细细观察学生的神情,看到有的学生已然动容。家书无疑是亲子沟通的一个极好的平台。

L老师开始了今天家长会的开场白:"问:你幸福吗?答:我不姓福。这样的状况在亲子交流中无可避免也会出现,这种沟通的现实困窘相较于陌生人间交流带来的伤害更为严重。有人说,亲子关系是最密切的纽带,但是常常因为太过熟悉了,反而会有苛责、误解,我无数次收到过来自学生的'控诉',也听闻了来自家长的悲叹。今天,我们来看看几封家书,是否能给我们带来些思考。"

事先征求过家长们的意见,接下来,几位家长交流了学农期间写给孩子的信的片段。

S家长:"台灯下,坐在你的位置,提起笔,感慨良多。儿子,你真的长大了,开始懂事了,学会思考了,许多问题有了自己的思想和见解,也有许多困惑和迷茫,我也曾经有过,所以我经常用晓之以理、动之以情的方式疏导你,我不敢说自己的思想和方法都对,但至少要把我经历过的事,我的经验教训,对人生的一些理解告诉你。一个青春期的儿子遇到一个更年期的老妈,我们经常会喋喋不休,唇枪舌战迸发出无数火花,但细细品味,这不就是生活吗?一切都源于浓浓的爱。儿子,十六年来,你给妈妈带来了无限的欢乐,看着你一天天地长大,在成长中不断取得成绩和进步,让我感到由衷的高兴和自豪,妈妈的辛劳与付出——值!儿子,你善良、正直、真诚,你阳光、帅气、睿智,你在妈妈心中真的好棒,虽然我已抱不动你,但每天能亲亲你胖嘟嘟的小脸，你知道有多欣慰、多幸福。虽然我不能再把你当小孩一样哄着、捧着、夸着，但请相信妈妈是天底下最爱你的。"

G家长："女儿，人的一生会遇到很多事，有高兴，也有痛苦；有得意，也有落魄，每个人都是这样一步步慢慢走过来的。你长大了，爸爸妈妈却已经老了，关于你的未来，我们什么也帮不了。人生很短暂，如果今日不努力珍惜，明日会发现生命已经远离你，任何人也帮不了你。"

Z家长："因为有你，我的生活充满快乐，你的成长，让我与你共同成长。因为有你，使我的回忆里充满快乐，想起你小时候的种种，我的脸上有了发自内心的笑容。因为有你，使我学会了感恩；因为有你，使我有了面对生活困难的勇气与精神。我有的只是对你来到这个这个世上做我儿子的感激，有的只是对你对我的宽容的感激。记得你小时候的种种，你对我依赖，给我的无限赞赏，让我想着有人欣赏我，感觉很好，等你稍长大时，我有时遇到事情会发火的时候，是你宽慰的语言，让我发怒的心情好转，多少次，我遇到一些事，而迁怒你的时候，是你的宽容使我能冷静地去想一些事情。从我与你相处的过程中，我体会了种种的快乐，学会了与人相处之道，我只想说，谢谢你，儿子。"

……

质朴的话语中蕴含着浓浓的爱，听着其他家长重读家书，一些家长也感同身受，频频点头，湿润了眼睛。

L老师接着又给家长播放了学生朗读的部分家书。

H同学："有些难以启齿的柔弱，在孤单夜里会流露。你们对我很关心，总会问我今天吃什么，在学校怎么样，和同学有什么不愉快。天冷了为我添衣，热了提醒我少穿点，一切的一切都为我安排好了。我想买双鞋子，买件衣服，你们二话不说总是微笑掏钱，可我也长大了，我想一个人出去走走，哪怕一小步，我不再是那个连上厕所都要通知的小男生了。之前也是写家信，初一时写的，那时候并不知什么是独立，什么是坚强，只不过喊喊口号。但现在我开始有点明白了，我想尝试，试着一步步靠自己走。"

P同学："没有我每天在家里捣乱，家里是不是很冷清呢？虽然每次外出活动回来后问你们是否想我，你们都说不想，但我知道其实我不在的时候你们是很想我的。即使嘴上说着不寂寞。但其实我不在你们身边的时候，你们还是很孤独的。"

T同学："爸爸妈妈，你们在家里过得还好吗？别天天只吃些泡饭、面条和剩菜，你们也要烧点好吃的给自己吃啊，不用每次都为了我特地去买我爱吃的菜。对自己好点，不用太担心我。"

……

虽然已经读过孩子的信了，但是在此刻，听着孩子们的心里话，不少家长还是动容了。

接下来的一个环节是家长们的自由交流，大家分享了通过家书交流和平常生活中的交流的不同，家长们感慨良多：在家书中，满满的都是赞美的话语、充满温情的表达、包容的胸怀，体现了相互接纳和理解。平日不便表达的内容，互相倾诉的话语，都可借此娓娓道来。

L老师感叹道："一点时空的距离创造了父母与子女之间更多静心回顾、审视自我的机会，表达了互相体谅的态度。苏格拉底曾说过一句有些俏皮的话：自然赋予了我们人类一张嘴两只耳朵，也就是让我们多听少说。沟通的三大秘诀是真诚、自信；换位思考；尊重他人。而今可见，倾听、理解、包容又一次成了搭建良好亲子关系桥梁的核心。"

将状似私密的家信公之于众，形成了集体式记忆，在动情的交流氛围的强化下，拨动了所有人的心弦。L老师听到了家长们的喟叹："孩子比我们所理解的要懂事啊！"

L老师认为，在信息传播渠道日益丰富的今天，传统的家书并不应就此而没落，尺牍虽短，一笔一画流淌着浓浓的温情，恰恰搭建起了一个无障碍的沟通桥梁。高中的家长会不是简单地传递某一教育理念，而是提供切实有效可生成的策略。它不是单次孤立的存在，往往可设计为序化推进的过程，由此建立起一个较完整的体系。

【点评】

家长会的形式除了专题报告外，还可以采用短片欣赏交流、焦点问题访谈、家长主题论坛、朗读会、个案探讨等形式集中呈现班级学生的共性问题，通过学生—家长互动、学生—教师—家长互动等方式来给所有教育活动的当事人提供可思考的方向，搭建育人的实践平台。

案例中的L老师利用家长会，进行集体式的家书交流。用家书这一传统的方式，搭建起学生和家长的情感桥梁，通过共读家书实现了学生、家长、教师的三维沟通，使得普通的话题尽显朴素宽厚的情怀。家长和学生在书写家书、表达家书的过程中，重新审视自己、并更深入地了解彼此，这一做法，是对传统家长会形式的一次创新突破。

（五）主题沙龙式

有的老师很怕开家长会，因为经常有家长提出一些尖锐的问题或质疑校方的某些举措，使得班主任无所适从，大费脑筋。为了缩短和家长之间的距离，使家长会真正解决一些学生的具体问题，从而起到家庭教育指导的效果。有的班主任把家长会开成了"主题沙龙"。这样的家长会往往是有教师引领的，一部分家长自愿参加，定时开展，每期都有不同的主题。这样的家长会形式不仅气氛宽松，而且在班主任引领下，学习到关于家庭教育的相关知识与技能。

【案例分享】

"体验式家长沙龙"——家长会的新模式

一、主题确定

在召开"体验式家长沙龙"家长会之前，我发给部分家长"代表证"，家长代表在领到"代表证"后一周，可以凭借"代表证"确定日期到学校对班级管理情况进行观察，或进入班级听课，做好记录并讨论学生学习生活中或是班级管理中存在的一些问题，从而确定该次沙龙议题，譬如，对于刚进高中的学生而言，能大方、大胆地与异性交往是迈向社会的第一步，但是大部分家长对于班主任提出的早恋问题大多予以否定，觉得班主任小题大做了。所以，我把"我们和孩子共成长系列——呵护情感的萌芽"作为高一第一学期期中的家长沙龙的主题。

二、组织与过程

在体验式家长沙龙"我们和孩子共成长系列——呵护情感的萌芽"引入中，我运用"击鼓传花"这个游戏形式，让家长自我介绍，然后进行分组。这是一个很好的方法。"击鼓传花"的游戏中，有的家长介绍时大方、语言流利，有的家长介绍时腼腆、声音细小，有的家长介绍时未听其声、只见通红的脸庞，但班主任与家长在轻松的氛围中熟悉，彼此以孩子作为沟通的焦点，有了良好的交流开端。在这个简单的游戏中，家长们体验到了自己角色的重要性，对如何同异性交往有了深刻的体验、感悟、反思，从自身做起，和孩子共同成长。

接下来，为了消除孩子和家长之间的对于情感问题的隔阂，我带领家长及学生开展了亲子游戏，运用团体心理咨询的技术，安排了不同层面的沟通环节，从随机生成的代际沟通延伸到亲子沟通。在轻柔的背景音乐中，每个学生先和一些大朋友——自己的同龄人的家长沟通，随后每个学生和自己的家长沟通。在沟通中，家长和孩子先后扮演倾听者和诉说者角色，彼此在角色转换中体验了浓浓的亲情，很多家长和孩子流下了感动的泪水，这样，在不知不觉中消除了学生和家长由于对情感问题意见不一而产生的隔阂。接下来,我给家长看了一段学生自己扮演和制作的视频《不能到最后的牵手》,家长看完视频后反响很不一样,我看出很多家长有话要说。

这时,我把预先设计的导学案发给各位家长,要求家长选导学案上的三个问题,然后交流分享。如:在高中阶段,如果别人对你的孩子萌生爱意或者你的孩子遇见了仰慕的他或者她,你怎么办?视频中的他们该怎么办?作为家长,写一段给视频中的他或者她的话等等。

家长们很认真地研读导学案,写答案,每个家长都把自己的心得写在上面,在分享环节上,气氛非常热烈。家长们在讨论中交流,在交流中学习,有自己的无奈,也有自己的独特经验。

讨论接近尾声,也为了下一阶段的沙龙的顺利开展,我适时地向家长推荐一些教育书籍和给学生阅读的书籍,如尹建莉的《好妈妈胜过好老师》,海姆·G.吉诺特的《孩子,把你的手给我》等。

当然,为了提高家长参与"体验式家长沙龙"的积极性,我还表彰了上学期积极配合班级工作的家长,同时也对担任班级的优秀助教员和周末活动指导员的好家长表示感谢。

最后,我向家长发放家长沙龙的《活动回访表》,家长填写《活动回访表》,我对本次家长沙龙做简单的整理并分析,为今后撰写家庭教育案例保留素材。

三、反思与效果

在本次的体验式家长沙龙中,家长们体验着学生们日常的游戏活动,感受着很久没有感受到的学生般游戏的乐趣与专注,感受到需要给予孩子更多的自由空间去不断探索、学习……通过活动,家长们都颇有感受,孩子的教育要靠家长通过不断的学习,才能正确地去面对孩子日常行为的特点,用正确的态度与解决方法,去引导孩子的行为特点。

有家长这样说道:"以前,我特别反对老师说孩子早恋,接触到这个问题就很头疼,今天的家长沙龙教会了我很多解决问题的方法,也改变了我很多以前对孩子教育上的误区。家庭、学校是学生活动的两个最重要的场所,'体验式家长沙龙'使我可以了解孩子在校的各方面情况,也能和其他家长或老师共同商讨家庭教育中存在的问题。'体验式家长沙龙'融化了隔在学生、老师和家长之间的那些冰山,比以前的老一套的家长会有意义多了。"

对班主任而言,体验式家长沙龙,使我能够不断提升自己的业务能力和家校的沟通能力:(1)知识到用时方恨少。组织这样的活动不仅需要大量的相关知识,还需要很强的调控能力。这种驾驭会场能力我还需要不断地学习和磨炼。(2) 在家长讲得好时,我会及时地鼓励他们,让他们体验到被认可的喜悦。通过组织家长沙龙练就自己敏锐的判断能力。(3) 当两个家长说同样的做法,但他们的理念不同时,我会采用比较的方法,目的是促进他们的思考。

【点评】

新学期、新老师、新家长之间是陌生而有距离的。据此现状,寻找一个适合的机会让他们在体验中感悟如何进行有效交往就成为首要任务。为了缩短和家长之间的距离,促进家长之间的相互了解,本案例的班主任大胆创新家长会形式,尝试以"体验式家长沙龙"的形式来召开班级的家长会。

案例中的班主任老师所开展的体验式家长沙龙,其实质是对家长进行的一次有效的团体辅导活动,她充分利用了心理团体辅导中的破冰、结构式活动、团体讨论等方法,使家长沙龙主题鲜明形式丰富,激发了家长的情绪体验,提高了家长会的科学性和有效性。这样,家长沙龙不仅为家长提出的一些较为敏感的问题找到了较好的解决方案,而且增加了教师和家长对孩子教育问题上的默契,使家长会真正地解决一些学生的具体问题,从而起到家庭教育指导的效果。

(六) 分类家长会

随着社会飞速发展,当前的家庭情况比较复杂,一个自然班有不同类型的家庭情况。传统的把所有家长都召集在一起的家长会很难满足各类家长的个性需求。所以,家长会可以针对不同家庭分类、分组召开,如把具有相似需求的家长召集在一起开几个小型的家长会,这样分组召开更有利于解决家长的实际问题。

【案例分享】

分门别类家长会　各取所需好处多

"徐老师,我们佳佳怎么还没到家?学校今天几点放的?你们老师留人了吗?"这是佳佳妈妈的电话,开学第一周已经3次了,每次语气都很紧张。

我很诧异。一是因为,作为高一新生,佳佳的表现非常出色,军训期间被同学们无可争议地评为优秀,常规更是无可挑剔,对老师有礼貌,和同学相处也很好,反馈上来的作业有质量,是个让人放心的孩子,也是班干部的重点考察对象;二是家访时,佳佳妈妈给我留下很深刻的印象,她是少数家长当中明确表示孩子到高中了,要放手了,给她自主权的"民主"家长;三是因为佳佳家离学校很近,大约20分钟左右的路程,走走就到了,也不存在其他隐患,为什么佳佳妈妈总是放心不下呢?

在接下来的几周里,我总是接到佳佳妈妈的电话,不是问放学时间就是问昨天上学的情况或者和同学的交往,很琐碎也很繁杂。虽然每次也都耐心地回答了她,但我心里总有些隐忧。

"我妈妈就是那样的,只要我晚到家2分钟,她就以为我去玩儿了,初中老师都知道的。"佳佳一边说,一边摇头。

"那你怎么不和她交流?"我问。

"没用的,她不会改的。从小到大都是这样,"佳佳无所谓地说,"无论我表现得怎么样,她都是不满意的。"

"那你在家总归要和她说说话的呀,女儿和妈妈的关系应该最好了。"

这个平时一直笑嘻嘻模样的小姑娘沉默了许久,说,"没有,没有什么好关系。"

10月中旬,家长会。

"徐老师,我们佳佳上课认真吗……"

"徐老师,我们佳佳和谁一起玩儿啊……"

"徐老师,我们佳佳回家作业很少的,你能多布置些吗?"

……

佳佳妈妈前前后后多次地打断我和其他家长的交流,只顾她的关注点,有的家长脸上露出无奈的神色,有的家长早已不耐烦地离开了。但佳佳妈妈却毫不在意,或者说即使意识到也不在乎,她始终在提问。我理解她对女儿的关心,却不太认同她的某些做法。

静下心仔细思考,我想还是先将家庭分类,常态家庭和非常态家庭,后又根据家长对于学生自我的管束,派生三大旁支,步步为营派和放任自由派,以及中间的心有余而力不足的形态,我想每次家长会请一种类型的家长汇集在一起,分别指导其家庭教育是不是会更有效。

佳佳妈妈是属于"步步为营派"的中坚力量,针对时间和金钱的计算来"盯"住孩子,一刻也不放松。我采取建立家校联系手册的方法让家长放心,让佳佳和她妈妈商定"合约",以信任为前提展开教育,疏导家长给予高中生适当地放宽尺度。

"心有余而力不足派"是时间、精力确实不够,内心很着急的家长,我想先采取电话督促,和学生本人谈心,提高学习积极性和主动性,家长尽力配合,关键时候"盯"一下;而放任自由派本身数量就少,学习普遍处于中下游,采取"硬上"态势,要求作业尽量在学校完成,做通学生的思想工作。各类家长的需要不同,和他们配合的方法也是不同的。

11月开展了第一次"分门别类"家长会。针对"步步为营派"家长内心比较焦虑、行为上较急躁的特点,我请家长们围成圈,相邻而坐,每个人既是主角,也是听众,可以畅谈家庭教育的体会,交换心得,诉说心里的困惑与期望,也可以有针对性地请老师解答某项问题。

我鼓励佳佳妈妈先说,谈谈我们的约定,孩子和她关系的改变等等。

"我现在可放心我们佳佳啦,进高中后,长大很多了!现在我们有一本家校联系册,小姑娘每天都写的,主动地给我签名,还告诉我她想考华政,我放心多啦……"

这开了个好头,好几位家长都说了自家孩子的改变,包括自己想法的变化、对教育的理解。我想,每个家庭都有其特有的文化背景和形成原因,每个孩子都有其不能挑选也不能回避的家庭背景。家长会要传递教育理念,更要区别不同家庭的个体需求,家长也需要学习,学着做家长,学着和孩子共同成长。看着佳佳妈妈的笑容,我想,佳佳的成长会更顺畅的!

【点评】

传统的家长会是家校共育的重要桥梁,但难以满足各类家长的个性需求,学生需要因材施教,家长也要因势而导。当前的家庭情况比较复杂,一个自然班有不同类型的家庭情况,如完整家庭、重组家庭、单亲家庭、家庭经济困难、父母重病(残疾)特困家庭等。面对错综复杂的家庭关系,如何对家长进行分层分类指导,让各类家长都有所得,有所思?

案例中,班主任老师根据学生家庭的不同情况,分类召开家长会。这一工作虽然加大了教师的工作量,却大大提高了家庭教育指导的针对性,满足了不同类型家长的教育需求,使家庭教育的指导内容更聚焦,指导成效更显著。

第四章

倾听与交流：如何与家长进行有效的沟通

教育的效果取决于学校家庭的一致性，如果没有这种一致性，学校的教学、教育就会像纸做的房子倒塌下来。

——苏霍姆林斯基

著名教育家苏霍姆林斯基指出:"学校和家庭是一对教育者。""家庭是学校重要的合作伙伴"。只有家校合作,才能共同唱好教育的交响曲。本章的主题是教师如何与家长进行沟通的问题,与家长会不同,这是指教师与家长一对一的沟通。这样的沟通可能是教师先发起,也可能是家长先发起,其目的是共同帮助孩子解决成长中遇到的各类问题。

一、教师与家长沟通的原则、内容与方式

与家长沟通,需要教师站在家长的立场,认真倾听家长的问题,了解不同类型家庭的家长需求,尊重家长愿望,学会换位思考,想家长之所想,急家长所急,共同探讨教育孩子的最佳方法,有针对性地予以建议。

(一) 沟通的原则与策略

1. 接纳尊重,真诚平等

"接纳尊重,真诚平等"是教师与家长沟通第一原则。"接纳尊重"指的是无论孩子家庭和家长的情况多特殊,他们的教育理念可能有多么不"科学",多么违反"常理",教师必须能换位思考,以父母之心理解家长,理解家长是出于对自己孩子的关心,不带任何偏见去接纳家长,并以真诚平等的态度开展与家长的沟通。

2. 善于倾听,换位思考

成功的班主任往往是一个很好的倾听者。他们善于倾听来自家长的声音,借助家长的力量,提高教育教学的有效性。在交流的过程中,教师要能换位思考,设身处地为家长着想、与家长一起寻找解决孩子问题的有效方法。

3. 了解家长,形成合力

不同的家庭拥有不同的风格,家长也是如此。因此与家长沟通时,我们要了解家长的特点,以便家校合作,营造教育的双赢。面对"溺爱型"的家长,我们要肯定孩子的长处,寻求与家长的共鸣,同时委婉地指出学生潜在的缺点,让家长意识到老师对孩子的关心、爱护,从而寻求一种双方都认可的方式对孩子进行教育;面对"甩手掌柜"型的家长,我们要多报喜,让家长从"自我"的世界里走出来,更多争取到家长给予孩子的关注目光,让孩子感受到家长的爱。

4. 提升自身，赢取信任

要赢得家长们的信任，班主任就要努力提高自己的教育教学能力。既要不断充电，勤于反思教学的得失，找出适合不同班级的管理方法，又要不断提高自身综合素养，提升个人人格魅力，做一个让学生、家长、领导放心的好"主任"。

（二）沟通的主题与内容

一般而言，教师与家长沟通的目的主要是围绕以下三个维度开展：一了解孩子个体发展经历、个体特点和发展需求，二了解孩子的家庭教养状况和原生家庭背景，三传递给家长孩子的在校情况，包括学习状况、在校活动、与人交往情况、出现的问题等。

为更好地同家长开展有效通畅的沟通，对上述三个维度，以下具体内容可供参考：

- 孩子的学习成长经历，如是否存在多次转校，有什么学科特长，获奖经历等。
- 孩子的兴趣爱好，如是否有才艺特长，孩子的兴趣爱好形成原因和培养过程等。
- 孩子的社会活动经历，是否参加过志愿者活动或特色夏令营、冬令营、特训营等，从中得到的收获体验。
- 孩子是否有干部经历，及具体负责开展的某些令人印象深刻的事件和收获体验。
- 在孩子成长过程中比较有影响、有意义的，除父母以外的人或事件。
- 孩子家庭教养的核心和原则，父母的分工，谁有家中的话语权。
- 家长的教育理念，包括对自己孩子的教育教养观念，对整个教育大环境的看法观点等。
- 父母对孩子成长的分析、期待和近期、中期和远期远景。
- 进入青春期后，亲子沟通中出现的困惑和问题，家庭中各个成员的应对方式。
- 关于家庭教育给予一定的方式指导或建议。
- 孩子的原生家庭是否存在特殊性或特殊要求，如父母离异、意外丧失家庭重要成员、是否需要学费补助等特殊情况，这些都需要在今后的学校教育中配合关注。
- 家长感兴趣的如学校教育特色、班主任等德育工作、学校学科教学等。
- 孩子在一段时期内的学校具体表现、特定事件、呈现的问题、班主任对孩子的评价和孩子在校状况相关的内容。

- 孩子学习情况分析,科任老师或班主任对孩子的评价等,孩子的近期学习成绩怎么样,跟往常相比是否有波动,以及造成波动的原因,需要家长协助的情况。
- 孩子的课上表现,让家长更深入地了解孩子的学习习惯,如需改正,需要家长与工作者共同努力引导。
- 孩子在家开展学习的状况,如时间自我管理、课外补习等。
- 针对进入青春期的孩子,还可了解孩子对手机和电脑的使用状况,孩子周末或休假中的同伴联系等情况。
- 需要家长配合共同关注的问题。

(三) 沟通的方式与途径

沟通的形式包括:家访、邀请家长来校单独交流、电话等传统的沟通方式,也包括 QQ、微信、学校专辟网站家校互动版块,某些 APP 如"晓黑板"等新媒体沟通方式。教师可根据孩子和家庭的实际情况和需求、所沟通内容等采取适合而高效的沟通方式。

二、用真心叩开家长的心门:家访

教师只在学校一个场景下是难以全面了解一个学生的,通过家访与家长直接面对面,真诚交流,获得家长的信任与支持,拉近教师与家长的距离,更能让教师全面的了解学生的成长环境,促进家校合作,共同承担起教育孩子的责任。教师要充分运用好这一家校联系方式。

(一) 真诚接纳每一个家庭

教师的真诚而且能够让家长体会到这种真诚,是亲师交流顺利、有效的根本。家访中会遇到各种各样的家庭,并不是每一位家长都信任老师,愿意向老师敞开心扉。尤其是一些特殊家庭,比如离异家庭,孩子本身问题很多的家庭等。这个时候就需要老师去主动联系家长,真诚、认真地和家长就孩子的问题进行沟通,让其体会到老师都是为了孩子好。这样家长就会在家访中愿意向老师打开心门。

(二) 用心观察、感知受访家庭环境

家访可以让教师直接面对学生成长以及家庭教育发生的现场。教师要充分利

用家访的每一分钟,细心观察家庭布置,留心家长的每一个行为、每一句话,从这些细枝末节来客观评估孩子的成长环境,这样在与家长交流的时候更加能够从他们的家庭实际情况出发,为学生着想,从而让家长觉得老师真的是用心关心自己的孩子。

(三) 耐心倾听家长,避免主观判断

学会倾听是教师与家长沟通技能中的第一课。只有耐心倾听家长说话,才能深入地了解这个家庭的背景,了解孩子的成长环境以及造成孩子问题的原因。很多教师在判断学生时多凭在学校自己的亲眼所见,然后做出判断,这样很容易陷入教师自说自话的误区。而耐心倾听家长讲述自己的状况,再加上自己的判断,可以让教师更全面地了解学生的成长环境,更好地理解家长,也能促进和家长携手共同帮助孩子解决他们的各类问题。

【案例分享】

"三心二意"筑桥梁

班级里有个叫小宋的女孩,突然在同学面前透露出"读书不好没关系,去做模特儿一样可以赚很多钱"的想法,在学习上也变得消极起来。为了找出问题的症结,我决定上门家访。

小宋的家位于学校附近的二层老式私房,走在狭窄且吱嘎作响的木质楼梯上,我产生了一种仿佛回到了五十年前老上海的错觉。当我再一次来到那不超过十五平方米,只放了一张大床、一张小床、一张八仙桌及两个简易衣柜,就连转身也显得有些困难的房间,我突然觉得自己好像理解了小宋为什么急于赚钱养家的心情。

八仙桌上,女孩的父亲准备了茶水,但显得有些不耐。"老师,我知道你是为什么来的,我家小孩成绩不好。我反正也没时间管她,下个星期我要去北京。""发生什么事情了?"我诧异地问。"我们这里的房子要拆迁了,隔壁人家还没我家面积大,可以拿两套房子,我们只拿到一套,何况,我们家还是'门面房',你说这是不是太不公平了!不瞒你说,我已经去过北京两次了,我还要去!""那你离开了,孩子怎么办啊?"我问道。"这个不用担心,她自己会照顾自己,她自理能力很强的。""那她的学习怎么办呢?""不是有学校帮我管着吗?"她父亲反问道。"小宋爸爸,我倒是觉得,你有一个好女儿,她小小年纪,就能自己照顾自己,还会考虑能够为家里做些什么。你知道吗,班级里的同学都知道,她想毕业就去当模特儿呢。""是吗,她倒是

很会想嘛!"小宋爸爸看上去似乎有些得意。"可是小宋爸爸,孩子才是我们最需要关注的重点,孩子有出息,比几套房子来得重要!""哎呀,老师,她是女孩,再有出息也没用的!你别说了,我很忙的。"明显的,家长在对我下"逐客令"了,我只好悻悻而归。

这次家访给我带来了些许的挫败感,但是作为班主任,绝对不能这样就放弃。我发现小宋和我一样,都喜欢小动物,对我家的两只宠物狗非常感兴趣。于是,当我决定进行第二次家访时,带上了我的秘密武器——我的小贵宾狗和两本由成功家长撰写的书籍。我先将小狗交给了小宋,让她陪着小狗在一边玩耍,然后拿出了两本书放在八仙桌上。我先从孩子的进步说起:"这段时间,小宋的学习成绩有了进步,学习积极性也有所提高,这一定是你教育的结果。"小宋的爸爸松了口气,可能他本来以为我是去"告状"的吧。"老师,孩子进步我很高兴,也不是我不管孩子,实在是我精力有限,你说我该怎么办啊?""我觉得,你先要让孩子愿意听你的话,你有没有和小宋谈过呢,你知道小宋她最喜欢什么吗?""她啊,就想养条小狗,我们家的情况老师你也晓得了,人都养不好,还养什么狗呢?"看着和小狗玩的小宋,小宋爸爸不以为然地说道。"一个喜欢小动物的孩子肯定会是个有爱心和耐心的孩子。狗养不了的话,实验室倒是有小白鼠,孩子也挺喜欢的,可以让孩子领养两只呢,饲料和笼子我提供。""哎哟,小老鼠啊,长不大的对吧,不会很臭的吧?"看得出来,他的口气有点松动了。"其实只要好好打理,不存在这些问题,我也会帮她的。另外,这个年龄的孩子开始有自己的想法,我们可以多陪孩子去户外活动,找机会多陪她说说话。""哎呀,老师,有什么好说的啦,小宋她也不愿意和我说的,她吃饭的时候也闷声不响,我问她学校里发生了什么事情,她总归跟我说'没啥事情'!""其实小宋是个很有自己想法的孩子,她喜欢和小动物说话,每次周记内容也丰富多彩,和她交流,相信你可以重新认识你的孩子。一开始不一定要说学习的事情,就从她最喜欢的小动物开始好了,对于喜欢的东西,肯定会多讲的!""那我试试。谢谢老师啊!"小宋爸爸的态度似乎有了转变。我随后拿起桌子上的两本书籍,"那这两本书你抽时间先看着,有什么事情我们保持联系!"在和谐的气氛中,第二次家访结束了。

过了几个月,我在批阅小宋周记的时候,发现她描述了双休日和父亲去花鸟市场给小白鼠购买饲料的经过,但是孩子描述的口吻显得那么欣喜。我立刻又电话联系了小宋爸爸:"你好啊,我是孙老师,孩子最近变得开朗了不少,有你很大的功劳啊!你知道吗,孩子对于你陪她去买老鼠饲料感到很开心呢!""是吗,老师你要帮我多管管她啊。""你最近还忙不忙呢?""哦,老师你知道吗,他们答应让我挑一套面积大点,楼层比原来好的房间了!""小宋爸爸啊,你想着换房子,无非是想给孩子换个好点的环境,其实房间大小不是最重要,创造良好的学习氛围才是重要的,中国古代不是有'孟母三迁'的故事吗?这不,你多和孩子沟通,让孩子感受到你对她的关心,马上就看到效果了呢。"小宋爸爸慢慢改变了想法,努力和孩子沟通,小宋自身也在努力,又加上小宋和她爸爸搬到拆迁分到的新家,学习环境有所改善。接下来的一次期终考试中,小宋脱离了班级后十名。对于她来说,这应该是一个新的开始。

为了让家长能够理解并配合好班主任的工作,认识到家庭教育的重要性,首先要让他感觉到你的"诚意"。诚意可以打动家长的心,使家长们愉快地与我们合作。像小宋爸爸这样孩子表现不算太出色的家长,大多时候挺排斥与班主任老师沟通,要用诚意让家长体会到班主任和家长的目标是一致的,都在努力为孩子的一生做好奠基。

其次,班主任与家长沟通是需要"主意"的一门艺术。要寻找适合与家长沟通的地点和时间,以达到拉近与家长的距离的效果,还可以准备些"小道具",小白鼠和小狗成了我的"小道具",两本书籍作为"小礼物",来敲开家长的防备外衣。在与家长交流时,先表扬学生的特长,也适时提出建议,让家长参与督促孩子认真学习,容易让家长接受合作教育的理念。

然后,就要发挥"细心"的工作方法了。出自于不同家庭的不同孩子,接受的教育方法是完全不同的,对于很多问题都存在着不同的价值观。正因为家庭原因,小宋才会固执地认为赚钱对她来说是最重要的事情。要细心地发现小宋身上的问题,组织婉转的语气告诉小宋爸爸为了孩子必须改变某些固习,阐明孩子对家庭的重要性,希望他能够分出一点时间来和老师一起进行教育……告诉家长们在更多的时候,他们的言传身教、潜移默化对孩子的影响极大。

当然教育的效果不可能一天就反映出来,所以作为班主任,还需要的就是"耐心"。这包括在每次与家长联系时,耐心地从家长的言语中获得有用的讯息:孩子的教育背景,家长的教育理念、教育方法等。这在对孩子进行针对性的教育时,往往可以达到事半功倍的效果。也包括同家长一次沟通并没有达到很好的效果的时候,继续"三顾茅庐",使他们理解从而愿意去配合一个真诚而又耐心的班主任的工作。

有时候,我会"将心比心"地假设:我是一名家长,在班主任那里希望得到什么帮助呢?如果我是小宋家长,在自己遇到了很多不顺心的情况下,孩子又不努力学习,班主任老师又不断地指出孩子的表现很差的话,肯定会反感多于支持。在"将心比心"后,小宋爸爸需要的是被认可和可操作的建议而不是一味的批评。

在班主任的工作中,我努力做到"细心""耐心""将心比心"和有"诚意"有"主意",用"三心二意"架起与家长沟通的桥梁。

【点评】

班主任希望通过和家长的交流来解决孩子身上存在的一些问题,故而约谈家长,但是家长往往害怕会受到老师的"批评"而采取回避的态度,在交流中会流露对孩子教育的不以为然或茫然无从。如何让家长愿意和班主任老师交流,改变家长一些错误的观念,并接纳班主任在孩子教育上的建议并付之于行动,是需要教师付出"真心"与智慧的。

本案例的家长比较排斥老师上门家访,但老师凭着自己高超的专业品质和一切为了孩子的满腔真诚叩开了家长的心门。她"细心"地观察学生的家庭环境,"将心比心"地理解学生和家长,"耐心"地等待教育结果,用"诚意"消解家长的敌意,用"主意"开展有效指导,架起与家长沟通的桥梁,最终收获了良好的效果。

(四)及时承认、补救自己的过错

教师或班主任在班级管理中,由于所获得的信息有限,或者由于不恰当地对一些平时"调皮捣蛋"学生的刻板印象,而发生一些错误的判断,从而引起学生和家长的误会。当这样的情况发生时,班主任一定要勇于向家长道歉,求得学生和家长的谅解。

你听,花开的声音……
"是谁拿了文曲星?"

去年9月,我迎来了我任教以来的第三届学生:一群涉世未深的孩子。第一次见到小强,就在新生报到的那天,在众多清澈透明的眼神中,他那双眼睛让我有点措手不及,眼神里写满了对这个陌生环境的小心翼翼!这样的学生,肯定满腹心事,很难让人靠近。

果然,开学没有多久,就发生了一件很棘手的事!

那天,班里一个同学的文曲星不见了,鬼使神差,我的第一反应就想到了小强,想起他那双让我措手不及的眼睛。于是,我没有多考虑,就把小强叫到了办公室,其实我只是循例问问情况,言语中并没有流露出他拿文曲星的痕迹,可是在和小强交流的过程中,我分明感到了他对我的"敌意",我知道他误会了!而我也意识到,我的这个无心之举已经深深地伤害了他。

于是,我决定先到他毕业的学校去走一走。原来,小强在学校里就是一个"风云人物",逃学,打架,还沉默寡语,不和老师有任何沟通!他父亲中年得子,对他十分宠溺,几乎会满足他所有的要求。

"是我错怪了你"

下班后,我决定去家访!走进一条狭小的小弄堂,弄堂里难闻的霉味夹杂着垃圾的臭味扑鼻而来,我不禁皱了皱眉头,心中有些犹豫。可我是他的班主任,我有责任去了解任何一个学生,更何况是小强!

来到一个斑驳的门口,我轻叩门,并用很温柔的语调轻声问道:"小强在家吗?"

门吱嘎开了,探出一张苍老的脸,可是眼神却充满了不欢迎,还没等我开口,就听到一个声音在我耳边:"你作为一名教师,连调查都不调查就说我儿子是小偷,你有没有职业道德?"短短几句话还伴随着很短促的关门声,我这才清醒:我居然被一个家长拒之门外!我傻眼了,转身就走,我觉得自己遭受到了前所未有的尴尬!我有点委屈,鼻子顿时酸酸的。

迎着风,骨子里那股不服输的劲头上来了,我不能轻言放弃,更何况我是小强的老师,所以,我又转身回到了那个斑驳的门口,再次敲响了小强家的门。

门再次打开了,看到门外满脸笑意的我,小强的父亲有点意外,还有少许的尴尬。我知道,他根本就没有料到我会再次出现在他家门口,还面带微笑,充满了友善和真诚。"老师?你……有话说?""那就进来再说!"我知道我已经迈出了第一步,我清晰地听到小强的爸爸叫我"老师"!我激动地心都快要跳出来。

终于看清楚了这个12平米不到的房间布置!简陋的家具中,一张书桌却整整齐齐,上面摆满了小强学习用品和辅导书。我暗自窃喜,小强的父亲在学习上对他还是有要求的,这样的父亲,只要对儿子有要求,应该可以沟通!

我把事情的来龙去脉详尽地跟他说了一遍,并且为当初不合适地处理方式向他道了歉,我真诚地对他说,是我没有经过仔细调查,可能对小强造成了伤害。他逐渐平静的心表示能够理解,并且告诉我,询问小强也是调查的一部分,他还说,他真的觉得很意外,因为从来没有一个老师会如此真诚,还说我是个好老师。我的心顿时乐开了花。

我微笑着走出小强的家,我很清楚,我也已经走近了小强的家。

"是我自己不小心"

没过几天,小强在体育课上不小心摔破了头,血流不止。办公室的老师对我同情不已,他们以为小强的父亲肯定会"大做文章"。

我把一切的猜测、不安全埋在了心里。怀着忐忑的心情，敲开了小强家的门。小强爸爸微笑着把我迎进门，书桌旁的小强微笑着跟我打招呼："李老师，你来啦！"

我的担忧顿时消了一半，还没等我开口表示歉意，小强爸爸先开口了："老师，我知道，这个年龄段的孩子调皮好动，磕磕碰碰很正常，没啥！"我惊呆了，怎么会？一句看似很普通的"没啥"，居然从小强爸爸的嘴里说了出来，小强也在旁边说："老师，是我自己不小心，我没事。不信，我给你翻个跟斗。"我赶紧阻止了他，激动坏了，我真的做到了，仅仅是因为一个普通的微笑和当初的一份坚持！

"是你让我们进步"

随后的日子，我对小强格外的关心，每次家访和他爸爸交谈时，我先肯定他的优点，对小强在校的良好表现予以真诚的赞赏和表扬，然后再适时指出他需要改进的地方。我多报喜、少报忧，使他认识到孩子的发展前途，激发他对孩子的爱心与期望心理，吸引他主动参与对孩子的教育活动。在随后的教育小强的过程中，我也得到了他的配合，虽然也有过几次争执，但是最终他还是能够很好的配合我，找到合适的方法，因为他越来越明白我是全心全意为了他的孩子！

"老师，是你让我们进步！"这是小强爸爸经常跟我说的话。

"是你们让我成长"

一个学期过去了，当初那个充满小心翼翼的眼神早已经不见了。小强越来越阳光，成绩也有了大幅度的提高。至于他爸爸，还在小区弄堂里宣扬我们学校。

而我，也在这件事中收获多多，成长不少。它让我明白了微笑的魅力，坚持的力量，它们就像巨大的磁铁吸引铁片一样让人无法拒绝。无论在多么尴尬的场合，都能轻易度过，赢得家长的好感，体现自己的宽容大度，从而最终消除误解和矛盾。

原来，花开也有声音，你听到了吗？我听到了！

【点评】

这是一次班主任"错怪"学生之后的家访。老师"错怪"了学生之后，不仅引起了学生的不满，还不可避免地引起了家校矛盾，在家访中遭到了家长的"冷遇"。正如案例中的老师，因为一开始不小心冤枉了小强，在第一次家访时吃了闭门羹，但她能够承受责怪，再次去敲门，用诚恳叩开家长的门。误会一旦消除，家长也更加接受了老师。老师也进一步用真诚、关爱和奉献赢得了家长的大力支持，直至听到了花开的美妙声音。

"人非圣贤,孰能无过?"教师不是圣人,也会犯错,但只要及时、真诚地表达歉意以及设身处地向家长提出孩子在成长中的问题以及对家长的建议,最终,依然能够用自己的真诚换来家长的信任。

(五) 新入职班主任如何做好第一次家访

第一次家访是新入职班主任和家长单独见面的宝贵机会,在这次接触中,如何将自己的职业精神、专业能力展现在家长面前,赢得尊重,争取支持,显得尤为重要。第一次家访往往发生在学期即将开始之前,首先新手班主任需要充分准备,用心研究每个学生的档案,包括之前的学习经历、家庭背景等信息。在进入学生家门的时候,除了问询相关问题,也要基于自己对学生的了解阐明自己的看法。这样给家长的印象就是班主任虽然是新手,但却是一个具有专业能力且认真努力的班主任。

【点评】

与家共舞——新入职班主任如何做好家访工作

走出这条漆黑的小道,我知道有一条无形的线已经在我和这个家庭之间埋下了……

小敏家是我当天家访的最后一站,带着一点歉疚,我按响了他们家的门铃。出来迎接的是一家三人,说实话,我感到有一点"受宠若惊"。因为在上一家的拖延,和他们联系的时候已经将近八点半了。短信里我小心翼翼地试探:是不是要改时间?得到的答复是这样的:老师,没关系,我们多晚都等您。

"我们",这个词吸引了我的注意,这会是一个怎样的家呢?作为新入职班主任,我试着从这些信息里,探寻一点端倪。"铜墙铁壁",我的脑中闪现出这样四个字。

大门徐徐开启,我看到了一个宽敞明亮的客厅,家里灯火通明,每个人都盛装以待。这让我有点不好意思,我想起我读高中时有两年我接待自己班主任时候,都穿的是同一件睡衣。

家访在严肃的气氛中展开,小敏的妈妈先开口:"其实,我们这次中考发挥得并不理想,会进到你们学校也是没想到。"我有点尴尬,心里暗自庆幸,还好刚才婉拒了他们的茶水。还没等我接话,小敏妈妈又开口了:"不过呢,我们还是和她那些优秀的中学同学保持联系,拿一些题目,比较一下大考成绩。再说,我听说,你们班应该也是不错的班级。"我端起自己的水杯,咽了一口茶水。"是的,从成绩来看是这样。我们的任课老师每一个也能独当一面。"听了我的回应，小敏妈妈眼睛一亮，随即看了一眼小敏："快，把你的假期作业给老师看看。"只见茶几上早已垒起来一摞厚厚的作业本，放在最上面的是我所任教学科的作业。小敏有点羞怯，她拿起一本作业，打开给我看。整个过程像演一出默片，看得出来，这个 15 岁的大姑娘还有点尴尬。我笑笑，还是不知说什么好。捧起她递给我的作业本，我看到的是一行行整齐的字迹，一列列用心的布局，但似乎少了那么几分灵动。"平时爱看书吗？"我问得很随意。"嗯……还好。"小敏有点支吾。"书我带着她看了不少，假期里我们还会一起去博物馆、科技馆。"一直坐在一边默默微笑的爸爸适时地插入了这段对话。我抬起头望向他，他做在一把沙发椅中，身体却并不下陷，保持着一种庄重的姿态，两腿交叠，两手交叉放置在大腿上。我想他大概比我还紧张——只不过我紧张的是我的工作，他紧张的是女儿。

  时间一分一秒地过去，我开始走神，我到底要留多久？开始家访的时间已经是晚上八点半超过了。如果提前结束，会不会给这家人留下我怠慢他们的感觉？在我的迟疑和他们的寒暄中时间一分一秒的过去……

  终于到了临别的时分，我穿好鞋，准备出门，转身看到妈妈拿着一样什么东西冲到门前。"老师你收下！"我定睛一看，是一个红包加上一支口红。我吓了一跳，身体向后倾。她似乎没有预料到我的神色，又不想惊扰到女儿，于是和自己的丈夫一个侧身也钻出了门口。门掩上了。"老师，你收下！这个不贵的！"我只好往电梯里躲闪。在这一推一搡间，电梯运行到了一楼。期间口红掉到了轿厢地板上，我没有去捡，我的心情有点复杂。

  每个家都有自己各自的舞步，家访是离一个家最近的时刻，是顺应这个家的律动，加入这场舞蹈，还是让这个家能熟悉你的节奏，对于新入职班主任来说是将面临的第一个挑战。

  在小敏这个家里，我们可以看到一个典型的独生子女家庭，非常重视孩子的教育，或者说是孩子在智力上的发展。很显然，他们十分爱自己的孩子，同时，这份爱的背后还有很多别的内容，比如担心。其中一个担心，就是担心班主任老师是不是喜欢自己的孩子，加上孩子比较内向，不善于表达自己，在这种情况下，送礼好像是一种方法。另外就是对年轻老师旁敲侧击："你们校长我认识……你们班级情况我早有耳闻。"其实也是一种试探。

  我在大学读书的时候，校园的大道尽头是块石碑，上面刻着四个大字"身正为范"。现在想来，身正为范不单是一句"警句"，更是一帖"护身符"。对于新入职的班主任而言，细心观察，用心体会一个家的氛围，从一些细枝末节中看出一个孩子发展的伏笔,是一种专业基本功。而谨守职业道德,树立职业自信,是成功的不二法门。

【点评】

新入职班主任往往会因为年龄、阅历等各方面的原因,自身缺乏自信,还可能受到家长的"试探"。那么,作为新入职班主任,在第一次家访时,会遇到哪些实际的困难呢?又应该怎样应变处理,做好这第一次家访呢?

新入职班主任由于年纪轻、阅历浅、经验少,容易受到家长的质疑。不过,这属于人之常情,新班主任也不需要过分敏感和焦虑。只要新入职班主任牢牢抓住"一切为了您的孩子"这一契合点,谨守职业道德,用心用情用智慧,在与家长沟通中就逐渐能获得家长的理解、信任、支持和敬重,从而不仅能与家长共舞,更能与家长共情、共鸣。

三、主动发现问题,及时与家长沟通

所谓主动发现问题,就是指班主任教师要在平时的班级日常管理中做个有心人,能主动地发现学生的问题,第一时间和家长沟通,而不是等着家长向教师反映了才被动地去关注、解决。

(一) 善于观察,及时发现"端倪"

高中生阶段,学生担负着沉重的学业负担和升学压力,在这种情况下,有不少学生的心理、情绪等方面易产生各种问题,而这些问题可能又会导致学生成绩退步,而成绩退步又可能加重学生的心理焦虑。这些问题都会在学生的日常学习生活中反映出来,教师应该善于观察,尽量关注到每一个学生,及时发现他们身上那些会影响他们学习成绩、心理健康甚至会影响到人格发展的各种"端倪"。并及时与家长沟通,家校双方共同寻求真正解决这些问题的有效方法。

【案例分享】

"没头脑"的责任心

高一新班级刚开学,小田就引起了我的注意。在我的课堂上学习情绪低落、心不在焉,其他学科的课堂上偷看小说,有时干脆就睡觉。课堂学习的态度尚且如此,而他对作业的态度可以用"很差"这个词来概括,作业要么不完成,要么只是随便地涂上两笔。若被我逼得紧了，虽然这一天完成的质量很高，但那毫无疑问是抄袭的。不单单英语作业如此，其他学科的作业也是同样，副科作业更是从来不交。针对这种现象我找他谈话，希望他能够遵守学校各项规章制度，以学业为重，改掉自身的不良习惯，做一名合格的中学生。但经过几次努力，他只在口头上答应，行动上却毫无改进，有时甚至为了逃避学习不惜以装病为代价，经常迟到早退，甚至缺席。

看到他仍然是不思进取的学习态度，我想到把他的父母找来做一番工作，期望他能有所改变，谁知他父亲给我的回复让我大跌眼镜：孩子比初中时无论学习态度还是行为规范已经进步很多了。他初中四年早上都是妈妈拖他起来的，没有一天是不迟到的。老师是天天告状，就差没把他带回家教育了。高中他变了很多，希望老师多给他鼓励，给他多指派点工作，培养他的责任心。

苏霍姆林斯基说：世界上没有才能的人是没有的。问题在于教育者要去发现每一位学生的禀赋、兴趣、爱好和特长，为他们的表现和发展提供充分的条件和正确引导。想着这句话，我平静了很多，告诉自己要寻找每个孩子的闪光点。于是我尽可能地给小田安排简单、力所能及的工作。他家离学校近，我安排他每天早上为同学开门，一方面培养他的责任意识，一方面改掉他赖床迟到的毛病。结果刚过一个星期，每天全班同学都不得不在教室门口等他，或去门卫处借备用钥匙，而他的钥匙，也在一个月内连续丢了两次，我把我的备用钥匙借他回去配，我的钥匙也不翼而飞了。为此，我又找他谈心，和他一起探讨问题所在，让他自己做出保证。可效果一般只能持续一周时间，之后他的老毛病又会重犯。东方绿舟国防教育期间，他的床永远是最乱的，内务检查他一个人的床铺可以被扣五分！下雨雨披穿出去，到食堂脱下，他就忘了拿回寝室。回食堂找了一圈，没找到，他就没事人似得回来了。我为他着急，叫他去主动询问食堂阿姨，找回了雨披。学校发成绩单，交饭钱，他永远是最后一个。

回忆他的过往，其实不难发现，他喜欢集体生活，喜欢和同学在一起。他的问题在于缺乏责任心，过于依赖老师和家长。在一次次与他爸爸的交谈中，我渐渐感觉到，他爸爸经常用他职业习惯潜移默化地影响着孩子。当我叙述孩子在学校的种种表现时，他经常询问我是否是别的学生的坏习惯影响了他的孩子，存在仿效的心理？是否你们学校的学生学习成绩都比较好，使他产生了压力，所以他想逃避？通过一次次深入交流，我还了解到，他的妈妈身体一直不好，日常生活主要由外婆照顾他，外婆很少询问学校的事情，一旦有事情后，也时常用一种"我家小孩不能吃亏"的想法灌输给他。而他爸爸为一家生计忙碌，当他妈妈一生病他会更忙，对他的教育就没有足够的关心。

当我了解了这么多情况后,我问自己:"我能做什么?我该怎么做?"经过反复思考,我决定争取得到他家长的配合,跟他爸爸达成一种共识:在校无论发生什么事情,只要他不强词夺理为自己辩解,我就表扬他,期末品德等第为"优";在家即使家长听到他有不好的表现,让他自己好好反思,正确地引导他,教他处理问题的方法。

通过一段时间的尝试,的确改变了他"没头脑"的毛病,高一下学期的学农中,他的被子叠的平平的,也不需要室友一遍遍地催他起床了。记得临近期末,班长提出:考试临近,我们班有一部分学习有困难的同学怎么帮助他们?大家开始认领帮助对象,而小田同学的数学成绩很不错,尤其擅长解难题,我就说:"小田啊,你既然数学不错,就留下来帮帮小徐同学,辅导辅导小徐的功课,或者教教小徐同学难度稍高的题。"就这样,只要有空余时间,小田都主动留在教室里,将他认为有难度的题目与小徐同学交流。从此,他有了动力,他把主要精力放在了学习上,他变成了一位善于提问的学生,变成了一位追在老师后面,询问是否需要他帮忙的学生。当班级的数学课代表提出,她的工作比较多,是否能够减轻她的数学课代表的工作量时,全班同学一致提议增补小田同学作为数学课代表。

【点评】

每一个班级总有一些学生还没有养成良好的学习习惯,这对于即将面临高考的高中生来说,是一个大问题。在此案例中,老师发现了一位同学积累已久的问题——"没头脑",丢三落四,缺乏责任心。这一不好的习惯若不改正的话会严重影响学生的学业成绩。一方面,教师及时和家长沟通,合作共同制定培养学生责任心的详细"工作方案",并一以贯之地执行;另一方面,发现学生的闪光点然后在学习中给予孩子培养责任心的机会,经过家校合作的努力,孩子身上终于发生了可喜的变化。

心理学家认为"爱是教育好学生的前提"。对于小田这样的学生及其家庭,老师付出的正是满满的爱。

(二) 指导家长建立融洽的亲子关系

高中生处于青春期,高中生家长则大部分进入"更年期",当青春期遇到了"更年期",不少家长会面临亲子关系紧张,从而导致了亲子沟通障碍与家庭矛盾。想要纾解这个矛盾,教师首先要了解学生的家庭状况、家庭模式,同时也需要掌握并运用沟通技巧,如信件方式来引导双方有效沟通。

最重要的是,要从源头上引导家长了解高中阶段孩子的身心发展特点,比如可以通过推荐相关书籍的方式,让他们知道随着孩子年龄增长,独立意识增强,一定要改变与孩子沟通相处的方式。

【案例分享】

《学生手册》引发的"家庭大战"

新年刚过,我收到了一条来自学生家长的短信,原以为是新年祝福,打开却吓了一跳,内容竟是:"老师,小林今天在家大发脾气,我和他爸爸都无法劝阻,他甚至要对我们动手……"

我感到很诧异,因为小林在学校一向彬彬有礼、待人友善,与人相处融洽,短信中所言的情况实在令人难以想象。

约见了小林母亲后,我才了解到,在小林家中,这种充满火药味的针锋相对已经发生过多次,而这次,家庭矛盾已经从原来的争吵险些上升为拳脚相加,而这些争吵的起源基本是因为《学生手册》。

我感到更加诧异。小林的综合排名在年级属于中上,理科十分优秀,是物理课代表。小林母亲却认为小林向来喜欢理科,在初中一直名列前茅,成绩好是应该的,而他对文科学习一直很怠惰,能拖就拖,不能拖就马虎应付,以至于语文成绩一向拖后腿。她对此十分不满,过年前看到《学生手册》上刚过60的语文成绩,勃然大怒,在假期里,又见他只埋头于感兴趣的物理,却不复习语文,于是常常念叨,引发了数次争执。新年时小林去爷爷奶奶家拜年,长辈问起小林考得怎样,小林母亲当众指责他语文成绩不佳,引发了小林回家后的大爆发。

新学期开学,我约了小林恳谈。小林少了平日里的开朗,沉默半晌之后,只是愤恨地说了一句:"他们除了成绩,什么都不管我。过年的时候,一点面子也不给我。"我忽然觉得心头十分沉重。

小林的父亲是长期戍边的部队人员,常年不在家中,母亲在外地教小学,假期才能回家。小林从小由爷爷奶奶抚养长大,初三时小林母亲为了儿子中考请了长病假回上海"陪读"一年。这一年里,她以"纠正不良学习习惯"为目标,给小林制定了详细的《学习计划》并要求他严格执行,不允许他参加任何休闲娱乐甚至体育活动,对于小林最薄弱的语文更是每天严格限定时间陪他看书做题。一年后小林确实以不错的成绩考入了重点高中。小林母亲回外地继续工作,除寒暑假之外,双休日偶尔回家看望一下儿子。

小林在高中伊始主动担任了物理课代表,认真负责,不仅协助老师,还主动规划了班级午自修,为同学讲解物理作业中的难题,深受同学欢迎。同时,他还申报了校园志愿者,隔周为街道外来务工人员子女进行学科辅导,在校篮球赛中也有优秀表现。但每周末回到家中,在学校的收获、困扰,都无人倾诉。母亲有时双休日回家,第一句话总是:"学校最近考试了吗?你成绩怎么样?"小林想与母亲分享心情的热忱总被这询问熄灭,最终只以沉默相对,然而沉默却更激发母亲的追问甚至指责,怀疑他隐瞒了不佳的成绩,结果导致针锋相对。

没人分享心情,所有努力抵不上一个分数,小林因此对家庭充满怨愤,尤其是过年时被伤害自尊,小林愤懑到扬言要对母亲动手,之后两人关系直线下降,见了面或互不搭理,或讲不了几句就开始争吵。更年期的家长与青春期的孩子,双方之间的沟通存在严重阻碍,平时不是处于"冷战"便是一言不合就"开战",家庭关系越来越恶劣。

为缓解小林家的矛盾,我约见了小林母子,希望他们能心平气和坐下来说说心里话。

会谈在僵局中展开,小林沉默不语,他母亲略显尴尬。为了打破僵局,我换了个方式——让他们分别在纸上写写对方最大的优点和最不足的地方。小林很快就写了"辛勤"和"专横"。而小林母亲的答案则是"喜欢研究"和"自控力差"。

随后我让他们先分别谈谈优点。小林提到母亲在初三陪读和长年独自操持家务之事,直言父亲因工作很少回家,母亲持家实属不易。小林母亲似乎有些动容,开始叙述儿子对理科的喜爱,甚至谈到过去他为钻研一道物理难题而深夜不睡,在催促下装睡而后又偷偷爬起来直到做出题目的事情。小林的母亲陷入回忆,对我流露出倾诉的情绪,语速越来越快,言语中也难以抑制地流露出对儿子的欣赏。小林听到后显得有些惊讶与羞涩。两人的情绪从冷场对立有了些微妙变化。

解释缺点一词时小林母亲提及了小林的薄弱学科语文,说他从不主动学习语文,刻意回避缺点,做题拖拉,在规定复习语文的时间常去做别的事情,如打篮球,她认为这是自控力差的表现。小林则讲述了母亲从不考虑自己心里的想法,只用自以为对的方式来管教他,对于任何不符合她心意的想法都严厉阻止。这个正值青春期的人高马大的男生此时展露出极其失落、挫败的神情,他最后说:"我已经高中了,你还是像管小学生一样管着我,不让我打球看电视。除了你看重的成绩之外,我无论做什么你都不在乎。"

会谈后我感觉到小林的问题在于与家长缺乏有效沟通,未能心平气和表露内心真实想法,加之不懂合理减压和心理调适,导致了以争吵甚至暴力来宣泄负面情绪的状况。但问题的关键还是在于小林母亲,于是我与她恳谈,指出她基于职业习惯,对儿子采取了不符合年龄特征的教育方式,处理家庭关系缺乏"沟通"与"尊重",在对儿子的评价标准上过分重视成绩,忽视了青少年健康成长发展的多元性。最后告诉她小林在志愿者工作和学校活动中的优秀表现使之获得了学校"热心服务奖"和"为校争光奖"两个奖项。希望她能不仅仅关注成绩,而要看到孩子的全面成长。鼓励和了解沟通要比"严格规范"更能帮助孩子客观地认识自己、规划人生,也更能维护双方的心理健康。

小林的家庭矛盾暂且告一段落,然而事情真的就这么简单地能解决了么?我反思整件事,发现矛盾源头在于家长与学生对学校生活的理解和关注点存在差异,而双方又缺乏有效沟通。家长因为时代观念、自身经验,或受到"攀比"心理影响,关注的往往是《学生手册》上的"成绩表",而不是孩子的全面发展。学生则更关注丰富多彩的学校生活,成绩是一个组成部分,而社团活动、课外阅读、研究性学习、社会实践等,也都是校园生活的各个组成部分。学生希望得到老师、同学、家长对自己各方面收获的肯定,而非只关注学习成绩。

于是我作了新的尝试,在发放《学生手册》的时候同时发放了精心设计的《家校沟通书》,其中反馈了学生在社团活动、社会实践、志愿者活动和校园文体活动中的表现,也包含了集体评价和教师寄语。使家长在关注成绩的同时,也能看到孩子在其他方面的收获,了解孩子在集体中被认可的程度和教师对其的期望。学生们拿到《家校沟通书》的时候,流露出惊讶、喜悦与期待。一段时间后,家长反馈也不错,他们能够多渠道了解孩子的在校表现,在沟通时也多了话题。小林家中再没有因《学生手册》引发大战。

【点评】

"更年期"与"青春期"的矛盾,常常导致亲子沟通不良,尤其是当孩子的成绩家长感到不满意时,经常会引发激烈的亲子矛盾,甚至让孩子的心灵受伤。作为班主任老师,我们应该怎么做呢?

本案例中的老师可贵之处不仅在于她让关系紧张的小林及其母亲通过在纸上写出对方最大的优点和最不足的地方的小技巧引导出血浓于水的亲情,缓解双方对立关系,更在于她敏感地意识到家长对孩子片面的评价标准与学校全面发展育人理念的冲突并改革《学生手册》,全方位展现学生的成长和进步,引导家长正确和全面地认识自己的孩子,使"更年期"和"青春期"和谐共进。

(三) 引导家长正确看待孩子的学习成绩

高中生的成绩直接关系着将来能够考上什么大学,家长自然非常在乎孩子的学习成绩。他们会直接数落孩子,他们没有意识到这样的话语其实是非常打击孩子的自信与自尊的,并不利于他们成绩的提高。教师要意识到这个问题,针对这样的家长,首先要引导他们认识到自己的这种错误做法给孩子带来的负面影响;其次,正确看待孩子的考试成绩,帮助孩子分析考试没有考好的原因,家校携手共同制定具体的计划,帮助孩子提高成绩。

另外,教师可以以班级或年级为单位,与心理老师、学生会合作,使家长在关注成绩时也能看到孩子其他方面的收获,了解其行为习惯和心理需求、其在集体中被认可的程度和教师的期望,从源头上引导家庭正确认识学生成长的多元要素与生活的意义。

【案例分享】

模拟考试之后

2007年我担任高三的班主任。第一学期的十一月模拟考后的一天,我接到一名家长的电话,语气十分着急:"刘老师,阿拉屋里厢小人成绩介差,考大学个希望还有哇?"

在稳定了家长的情绪之后,我了解到:打电话的是我们班加试物理的小 H 同学的妈妈。小 H 同学是刚分进我班的一名男生,学习基础相对薄弱。他乐观开朗,学习也十分努力,但由于以前"欠债"较多,在接连三次的模拟考中,成绩很不理想。一个学期眼看就要过去了,孩子的成绩毫无起色,家长的心情可想而知。于是在电话里,我首先肯定了他的长处,比如学习非常努力,心态良好,抗压能力强等;之后,我客观地给家长分析了造成小 H 学习现状的原因,主要是由于以前学习不努力,底子薄导致的。接着,我就学校高三教学安排以及高中男孩学习后劲足等情况和小 H 妈妈继续深入交流,安抚焦躁的家长,让她对自己的孩子以及学校有信心。最后,我让她安心做好"后勤"保障工作,期待学生的上佳表现。半个多小时过去了,电话都有些发烫了,小 H 妈妈心情平静了许多,感觉自己的孩子还是很有希望的:"刘老师,那麻烦侬帮我多盯盯伊。"

打完电话,我又抽时间及时和小 H 做了交流,希望他不要灰心,继续努力,用行动回报家长的关心。在随后的日子里,对于小 H 的点滴进步,我都会和他家长"汇报",渐渐地,电话里又传来他家长爽朗的笑声。最后的高考,小 H 一鼓作气,考入上海第二工业大学。成绩出来的那天,小 H 妈妈特地给我打电话表示感谢,还给校长室寄来对我的表扬信。

【点评】

我们经常会看到,有不少家长当孩子考得好的时候,满心欢喜,当孩子考得差的时候,则失望透顶,焦虑满怀,会直接数落孩子"考得这么差,什么大学你也考不上"。情绪波动比孩子还要剧烈。他们不知道这样会多打击孩子的自信。

案例中的老师在面对家长的焦虑以及学生成绩的不如意时,既能耐心倾听高三家长焦急的倾诉,缓解她的焦虑,并能理性平和地帮助家长分析孩子遇到的问题以及家长应该采取的正确态度。另一方面,又和家长一起商议如何提升学生成绩的各种办法,携手家长一起实施,最终取得了皆大欢喜的好结果。这位老师细致到位的家庭教育指导值得借鉴。

(四)帮助、指导家长处理孩子的早恋问题

早恋对高中生而言,已经不是个别现象。对那些自我管理能力较强的学生而言,早恋一般不会影响他们的学习生活。但大部分早恋的学生并不能正确处理恋爱交往与学习之间的关系。一旦家长知道孩子早恋并影响了学习,很多家长的处理方式往往是不恰当的"堵",很多时候效果并不理想。这时候就需要班主任与家长一起面对,在充分沟通、深入分析之后,采取适当的方法,引导孩子能够处理好与异性的交往,顺利完成学习,升入理想的大学。

【案例分享】

孩子早恋之后

高二上学期我发现班里有两位成绩不错的同学关系比较亲密:每天两人一起进校门,一起离开;有时上课两人还进行眼神交流。坏了!这两人可能在谈恋爱。为了不"打草惊蛇",我在上课的时候和他们的家长通了电话,了解到他们的孩子最近有些反常:作业不像以前那么认真了,总觉得好像有心事;接电话避开大人,短信很多等。于是,我比较谨慎地对他们说:"你们的孩子谈恋爱了。"

于是我简短了说明了这两位同学的情况,同时也说明高中谈恋爱可能带来的危害,希望家长配合,共同解决这一难题。于是我们商定家长在家进行"外围"教育,让学生意识到他们"暴露"了,之后,我找了个时机,与他们聊"感情"这一话题。谁知我还没怎么深入下去,这两人已知道我要讲什么了。

"刘老师,别说了。我们爸爸妈妈在家唠叨已经够了。我们知道谈恋爱不好,

可我们就是互相有好感嘛。""最近家长给了很大压力,而且成绩也受了很大影响,但有时情不自禁就想联系。""你们没有想过找一个既不影响感情,又不妨碍学习的方法?""有吗?""何不试着把这种好感暂时冷藏起来,如果高考结束后,这种感觉还在的话,可以试着交往。""这个行吗?""不试怎么知道啊?你们考虑一下吧。"

过了几天,他们两个过来说,接受老师的建议,把重心放在学习上,以后再谈感情。与他们家长的联系也证明了这一点,我有种如释重负的感觉。

【点评】

高中生早恋是需要引起教师和家长及时关注的。案例中的老师及时发现了孩子"早恋"的火苗,和家长一块予以恰当的引导,并及时提出了应对的方法:(1)向家长告知孩子早恋可能给孩子学习上、情绪上以及身体方面的各种可能的负面影响;(2)和家长一起商议具体的"干预"计划,一方在"中心"(学校),一方在外围(家庭),一起行动。

作为一名"老道"的班主任,刘老师与家长沟通时所表现的沉稳、理性、诚恳的品质都是值得学习的,其灵活、变通的方法也是有效、值得借鉴的。

四、协调、处理班级学生家长之间的关系

在学校同学之间发生摩擦是经常会发生的事情,有时候因玩笑而起,有时候是因为各种意外,但是每个孩子都是家里的掌上明珠,很多时候,家长也常常因为掌握的信息较为局限,容易做出主观判断,从而导致两个家庭之间的矛盾。这个时候,教师不仅要合理处理孩子之间的纠纷,还要能够正确处理家长之间的矛盾。

(一)引导"偏袒"自己孩子的家长

青春期的学生比较容易冲动,控制不住情绪,有时会由于一些琐事引发不愉快的事情,通常他们都会自行处理。但有个别的学生家长因为信息掌握不全,觉得自己孩子受欺负了,吃了亏,家长就会找到学校,甚至找到相关孩子的家长,从而引发矛盾。

首先,教师应该从多个途径了解事件的真相,尤其是孩子自己的想法,以掌握"事件"的来龙去脉;其次,了解"偏袒"家长的家庭状况,设身处地去理解家长的一些看起来"蛮不讲理"行为,知道他们为什么这样做,这样有利于找到针对性的应对方法;第三,要用各种方式把事件发生的实际情形告知家长,让家长了解真相,从而

得到对整个事件的正确判断;第四,要在整个事件的过程中,有意识地让家长认识到自己在教育孩子方面自己的问题所在。

【案例分享】

正确方式打开"爱"

我们班有着一群率真、善良的孩子。却在高一某个周一的放学时间发生了一件并不快乐的事情。宣宣和鹏鹏在做值日生时两人便用扫把打闹了起来。这时,宣宣的母亲正好走进班级来找孩子,见自己孩子被同学拿扫把打,旁边学生还在起哄,便径直冲到鹏鹏面前,一把抓住鹏鹏的衣服进行教育:"干嘛拿扫把打我儿子?好欺负是哇?"高中的男生血气方刚,见到这仗势,鹏鹏挣脱了宣宣母亲的拉扯。脸红脖子粗地说道:"你自己问问你儿子我欺负他了哇?"说完,一个迅速的转身,嘴里还带着一些不满的唠叨。

宣宣是一个从小在母亲羽翼保护下长大的孩子,见妈妈如此气愤,他一时都不敢开口说话了,满脸通红地站在那里,手足无措。此时的宣宣母亲,看着学生们都在帮鹏鹏说理,她更恼火,说道:"我儿子我还不了解吗?脾气那么好,你们也没少欺负他,只是他人好,什么都不说而已。把你们班主任找来,我要问问你们班主任,都教的什么学生啊!"

学生把我从办公室叫了出来,我粗略了解了情况后向教室走去。宣宣母亲见到我依旧愤怒地吼道:"吴老师,你来得正好,你看看你教的好学生,放学不回家,都在学校里干嘛?"见宣宣母亲依旧怒气冲冲,我不急于与她理论。先安抚了激动的学生们,让他们理书包回家。而后我把宣宣母亲请到了办公室,"宣宣妈妈,我能了解你一个做母亲的心,坐下来,我们一起听听孩子的解释。"

在我的介入下,宣宣与母亲讲明自己和鹏鹏确实是两个人在玩耍,不存在谁欺负谁,但愤怒的母亲依然执意认为自己孩子是太善良、太单纯所以他才会那么说。那天放学,虽然在自己儿子的解释下,宣宣妈妈带着儿子回家了。但离开前她依旧坚持说:"吴老师,这次我不追究了,但我肯定的是,他们就是欺负我儿子。"我知道,今天我是无法说服这位母亲的。宣宣母亲走后,我和鹏鹏聊了聊事情的经过,在安抚好他的情绪后我回家了。我知道,这件事不能草草了结,我需要处理好学生之间的情绪,宣宣和母亲的情绪。

于是,第二天一早,我找到了宣宣,想听听他的看法。他说:"老师,由于我妈一直很宝贝我,初中时同学们就经常会笑话我,说我是'妈宝',不愿和我玩。所以,在我妈妈的脑海中班级同学都没有人值得交往,他们都会看我好欺负就欺负我。我每次和妈妈解释,妈妈都觉得我是太善良想帮同学解围,说我傻,所以她也不会相信我。她就只坚持自己的想法。没有办法的老师。所以我昨天才不知道说什么好。"

宣宣的话给了我太大的震撼了,一个从小被妈妈保护着的孩子,一个自我意识那么强的母亲,我需要用什么方法去开导他们呢?我给宣宣的母亲打去了电话,隔了一天,显然情绪稳定多了,但她依然坚持:"老师,你别来说服我了,昨天事情我认了,他们欺负也欺负了,希望以后你们学生别再欺负我孩子。""宣宣母亲,你为什么这么说呢?昨天你孩子陈述的事实你怎么就不信呢?""他是善良,他想大事化小。"她继续说道。"那你怎么看待你孩子的善良呢?"我追问。"老师,现在社会善良有用吗?你看电视上报道,一个老人摔倒了,一个小伙去扶她结果老人让小伙赔医药费,你说善良带来什么?"听到她母亲说到这么一个话题我觉得契机来了,这个案例,可以给孩子们讨论。于是,我说:"宣宣母亲,谢谢你给我提供了一个非常好的话题,你的疑惑,我想让孩子们告诉你,特别是让宣宣来做做选择。"

挂了电话后,我利用班会课的时间在班级开展一次辩论赛的活动。辩题就是宣宣母亲所困扰的问题:看到有人在马路上摔倒了到底要不要扶起来?我把宣宣安排在了裁判员的位置,想看看他站在一个中立的角度怎么看待这个问题。作为裁判的宣宣完全沉浸在了这场辩论赛中,辩论赛后,我问宣宣:"今天的辩论赛你作为一个参与者,从中体验到了什么?"宣宣说:"同学们说的都没错,我们需要考虑的是用哪种方式是帮助摔倒的人更好,而不是去考虑要不要帮助。每个人都应该有一颗善良的心。如果那个摔倒的人是我们的亲人,我们肯定也希望得到别人的帮助。""很好,一场辩论赛让你在倾听同学观点的同时有所思考,说明你的内心深处是善良的,你能把今天你所思所想回去和妈妈探讨探讨吗?"宣宣点了点头。

当天晚上我收到了宣宣母亲的一条短信:"老师,谢谢你。让我在孩子面前维护了一个妈妈的形象,我的想法确实自私了,但你却给了我一个那么好的台阶下来。宣宣跟我说了你说的这些话,确实我也意识到了,我对宣宣的爱差点就害了他。我想把他交给你教育我真的很放心,也为我自己那天的冲动向孩子们道歉。"第二天,宣宣找到了我,他如释重负地说道:"老师,我妈妈说她想表达的就是你说的那个意思,但她却固执地用她认为对的方式来表达。她没能好好表达她的爱。"看到宣宣露出孩子天真俏皮的笑容和语气时,我想一切都是值得的。

这"爱",是老师去体谅一位母亲的爱。在与宣宣母亲的情感交流过程中我用心去倾听,让家长体验到被尊重的感觉。当家长提出"善良就是傻"时,即使我很吃惊,很想反驳她的观点,但我依然尽可能地平复自己的情绪听她说下去。当一个人开始敞开心扉真诚地与你交流时,其实她自己内心也做了很大的思想斗争。作为教师应有同理心,真正地走进她的内心,无论家长的想法正确与否,我们需要向家长传递这样一个信息——老师尊重你的话语权,愿意站在你的角度听你说话。所以,当我这么做的时候,我收获了家长的真诚。

【点评】

"舐犊情深"是人之常情,"护犊子"则是父母对孩子的一种不恰当的爱的方式。在这些家长眼里,孩子总是受欺负的那一个或者自己的孩子肯定不是过错的那一个。面对这样的家长,教师需要用"正确的方式"去引导。

本案例中,面对一个"护犊子"的家长,她不急于说服这位被偏袒蒙蔽双眼的家长,而是以一颗"同理心",换位思考,用心去倾听家长的心声,真正走进家长的内心,收获家长的信任。之后,老师借助班级辩论赛的形式,巧妙地将宣宣带入其中,既和宣宣讲清了道理,也维护了宣宣母亲在孩子心中的地位,终于使宣宣母亲体会到了老师的良苦用心。这个案例告诉我们,当我们遇到再难"搞定"的家长时,我们可以试着去了解我们面对的高中生有哪些特点,对症下药用正确的方式去打开父母对孩子的"爱"。

(二) 指导家长正确看待孩子之间的交往

有时,在孩子看来原本并无不妥的相处方式可能在家长眼中已经有些过分;有时,同学间的打打闹闹在家长眼中却成了伤害自己孩子的行为。教师要引导家长正确认识高中生的交往特点,引导他们认识到这一阶段的孩子有自己的独立意识,不要对孩子管控过严,要相信他们可以自己处理好与同学的关系,而且他们也是在这种同学交往中慢慢成长的。

【案例分享】

同学发生矛盾之后

送走高三(11)班,我迎来了高一(6)班。在全体师生的共同努力下,该班在校各方面表现都很突出,高一下学期,该班被评为区先进班集体。然而,这个荣誉的取得也并非一帆风顺。

小S是个比较特殊的男生,特别爱说话,无论是自习课还是正式上课,还时不时地违反班规,是个不让人省心的孩子。一天中午,班里的小G家长气势汹汹地闯进了办公室。"哪个是班主任老师?我们孩子被打了,还管不管啦?"一时之间,我一头雾水,怎么回事?"这位家长,你先请坐,有事慢慢说。"之后,这位愤怒的家长机关枪似地说明了一切,还要求给个说法。了解了情况后,我这么说:"小G家长,孩子伤得厉害吗?有没有去过医院?"渐渐地,家长情绪好了点。"那倒没什么,只是脸上有块瘀青。""好在孩子受伤不严重,只是皮肉之苦。小G家长,你看这样行不行?我先了解一下情况,核实清楚后再给你一个说法"。"那好吧,要尽快,对于打人的同学,你们要严加管理。""你放心,无故打人肯定不对,我们决不姑息!""那好,我等你的消息。"说完,小G家长走了。

当天我就找了两位当事人谈话,一开始,两人谁也不说,都低头不语。"既然你们不想说,那就每人写份深刻的检查,说明事情的经过。""老师,我说。"于是,两人你一言,我一语地说起了事情的经过。原来,小S为人"嚣张",爱说脏话。小G看不惯,于是课间打起了口水仗,被同学拉开后,约定放学后见"真招",结果小G脸上挂了彩。"今天小G家长来过了,要求讨个说法,你们看怎么办啊?""老师,我错了,不该动手打人,以后我关好自己的嘴巴,再也不打架了。"小S说道。"老师,我也有不对的地方,不该讽刺挖苦他。"小G接着说。"那这事怎么办呢?要给家长一个交待啊。""老师,算了吧,我回家和我爸爸妈妈说。"小G连忙说道。"这件事给班级带来了负面影响,破坏了班级的和谐气氛,也让家长很担心,我希望你们能够意识到自己的错误,并在班级表态。""老师,我们一定改正!"

事后,我在班会课上对此事做了处理,俩人当堂握手言和。晚上,我打电话给小G家长。"老师,谢谢你呀,事情的处理情况我们孩子和我们讲了,而且小S家长也来慰问过了,希望班级更加团结。"正如小G家长说的那样,之后班级更加团结,各方面表现优异,获得了家长的认可。

【点评】

班主任经常会处理学生之间的各种矛盾。有的时候,有个别家长也会"参与"进来,而且使本来不大的事情变得复杂。这就需要班主任不仅要协调学生之间的冲突,还要疏导家长的情绪,指导家长如何看待孩子之间的冲突。

本案例中的老师,面对的首先是学生的冲突,其次是家长之间的矛盾。一方面,老师对事件的处理没有受到"被打"家长态度的影响,对"打人"学生进行严厉处理,而是坚持自己正确的价值观,引导两个孩子反思自身的行为,让孩子认识到整个过程中各自的不当之处,并引导他们要珍惜友谊。同时,老师也通过这件事的处理,很好地引导家长,让家长认识到孩子的社会交往是不需要家长过分关注的,他们就是在和同学、朋友之间的相处之中学会如何与人和谐相处的。

（三）协调学生与其他任课教师的冲突

大部分孩子在家中是"六个大人围着转"的状态,在这样的成长背景下成长起来的孩子,对人际交往矛盾冲突的价值判断往往存在偏颇,一旦与同学、老师发生纠纷,往往只看到对方的错误和不足,却丝毫看不到自己在此过程中的问题。如果这样的学生和任课教师发生矛盾时,教师可以从以下方面着手:

1. 了解事情的完整经过,尤其是要从当事学生自身、现场同学和任课教师等多方面了解情况。在此基础上,引导学生认识到自己身上的问题。

2. 积极和家长沟通,寻求家长的支持。有的家长认识不到孩子以自我为中心的问题,有的家长知道孩子存在这种倾向。如果家长认识不到的,还要告诉家长这种以自我为中心的错误思想对孩子的成长是不利的;如果家长知道这个道理的,则要和家长共同商量如何才能通过事件的解决,教孩子学会反思自身,从多个角度看待问题。

放慢脚步

小B长得胖嘟嘟的,碰到老师总会甜甜一笑,给人的感觉很随和,学习成绩名列年级前茅。做事很有原则,但是只有熟知他的老师才知道,一旦他与别人闹了矛盾,父母或老师指责他的错误,他就会"犟"起来,一点也无法承受,受不起批评,并产生强烈的对立情绪。

学农期间,由于天公不作美,两个班的同学一直是在一间闷热的会议室学习枯燥的手工编织技术。顾不过来,难免疏漏。对小B来说手工活绝对是个短板,他又离得远,看不清,听不明辅导员的指令,而每次下课前辅导员却要一个个检查大家的成品,这使他在大家面前暴露了最不擅长的一面。当辅导员要求他完成作业后才能离开时,他和辅导员发生了冲突,他不仅扬长而去,更用"绝食"来抗议他的不满,掩饰他的自卑。

他打电话告知了父母学农基地发生的情况,当然是以对他有利的一面阐述情况的。小B妈妈当下就打电话给我询问情况,觉得自己儿子受了很大委屈,甚至要马上开车把他接回家。我首先安抚了他妈妈的情绪,在花了近一个小时的电话沟通后,他妈妈渐渐平静了,也认识到了自己的冲动,承认了儿子的问题,理解了我和辅导员的工作,愿意将这件事全权交由我处理。

接下来就是怎么缓和学农基地的气氛。在这种情况下,如果我与小B直接说理,必然发生更大的冲突。我采用了冷处理的方法,给他自我反思的时间。这个处理方式很有效,他自己已意识到了错误,有所反省,还主动用行动来弥补他的莽撞,我听他的室友偷偷告诉我,他事后主动去找辅导员道了歉,之后几天的学农活动也积极主动了许多。学农回来后我找机会,借由他一次为班级服务的良好表现表扬了他,同时借机与他来了次长时间的对话,指出了他学农时的问题,分析他内心的真实想法,提出了我的期望,这次的对话很成功,收效也很明显。教育不是一时的,是一朝一夕的累积,我明白这孩子的问题不是一次谈话可以完全解决的,我希望在我的陪伴下,他可以慢慢纠正身上的问题,发扬他的优点,在人生这条路上越走越好!

曾经看过中国台湾作家张文亮的《牵一只蜗牛去散步》一文,深深触动了我,教育孩子的过程,一定是"等"的过程,只有我们学会倾听,走进学生以及学生的家庭,真正架起家校生的桥梁,才能落实教育。我们都知道,教育需要爱,爱是包容,有时需要我们放慢脚步,查找原因,制定策略。

【点评】

做班主任的都有体会,就是每个班级中都会有些孩子,他们只会看到对方的问题,无视自己的错误之处,而且受不得批评,一旦被批评了,就非常情绪化,即使自己确实有错,也不能由衷认错或道歉。一旦学生与任课老师发生冲突,班主任处理起来有时真像"老娘舅"处理家务事一样,剪不断、理还乱。

本案例中小 B"以自我为中心"的表现是这个独生子女时代很多孩子共有的"毛病"。发生"学农事件"之后,老师首先和家长沟通取得理解和支持,之后设身处地地从小 B 的角度去思考问题,给予他冷静的时间,尊重他、等待他,并抓住契机以发展性的眼光策略性地引导孩子成长,这样的教育结果必然让老师欣慰让家长放心。我们还可以建议老师将小 B 同学后一段的表现主动告知家长,让家长了解学校对事情的处理结果,也让家长切实看到孩子的成长。

五、合理利用新媒体与家长有效沟通

上海作为一个信息通讯技术发达的"智慧"城市,近年来新媒体在中小学家校协同教育中的应用也日益广泛,在区域层面,有些区也统一开发了基于信息技术的家校互动平台。同时,很多中小学校在广泛使用 QQ、飞信、微信等新媒介的基础上,也已经开始尝试利用网络平台尝试家校沟通。可以说,新媒体技术为家校沟通合作开辟了新途径。

（一）了解新媒体的种类与功能

此处的新媒体是指利用数字技术、网络技术,通过互联网、宽带局域网、无线通信网、卫星等渠道,以及电脑、手机、数字电视机等终端,向用户提供信息和服务的传播形态;终端移动性是新媒介发展的重要趋势;新媒体技术的核心传媒是互联网。

新媒体成为班主任管理班级工作及整理、宣传班级的好帮手,为家校沟通和教育信息化提供了一个全新的理念和发展领域。通过各类新媒体技术,可以打破家校互动的时空界限,让更多家长参与学校教育,鼓励家长甚至学生共同参与到班级甚至学校的建设中来,这种方式让教师、学生、家长可以进行更好的沟通和相互协作,使参与成员之间加深了解,让教师和家长更了解学生的思想,缩小彼此之间的代沟。

（二）利用微信及班级微信群进行家校沟通

在诸多新媒体中,微信成为教师最经常使用的新媒体沟通工具。由班主任担任群主、家长作为群成员的班级微信群是当前家校沟通最主要的渠道。

1. 班级微信群的功能

（1）发布信息。包括班主任传达学校要求家长完成的各项任务,及时告知学校各种活动的相关情况,收集家长对于学校任务和活动的反馈等。

（2）班级管理事务讨论,与家长进行班级管理事务的沟通。可以利用微信群和家长进行这样的互动探讨,如:孩子单元考试成绩的呈现方式、学生竞选班干部家长的想法、班级卫生岗位设置的合理性、班级规范的制定等。家长们都热烈参与讨论,提出自己的意见与计划,参与到班级的管理中来。

（3）了解学生和家长在家的动态。

2. 加强微信群管理,制定班级微信群规则

为了规范班级微信群的管理,上海市不少区域制定了相关管理办法,如《静安区中小学班级群建设公约》《浦东新区教育局关于加强学校班级微信群管理的通知》等。《浦东新区教育局关于加强学校班级微信群管理的通知》对于教师和家长在微信群的发言是这样规定的:

对老师要求：

1. 班级微信群由班主任管理员或任课老师管理,班主任为第一责任人,负责群成员实名制、聊天监管、违规提醒处理等。

2. 不定时检查群成员,不应加入人员应予以清退。

3. 老师可在群内发布有关学校或班级教育教学活动、学生的每日家庭作业,以及与教育教学活动有关教育信息等,相关信息应符合教育教学的相关政策规定。

4. 不得在群内公布学生的成绩排名或可以对比学生成绩优劣的信息,不得发布学生的负面信息。

5. 不得就个别学生的问题在群内进行讨论,探讨个别学生的具体教育问题可与其家长直接电话或当面沟通协商。

6. 不得与家长发生争执,当家长在群内出现负面情绪时,应当引导家长通过其他途径解决。

对家长要求:

1. 家长对学校、老师的意见和建议不要在群内发布,如有需要应直接联系相关老师,或来信来访向校方提出。

2. 不得发布带有煽动性、过激性的言论。

3. 不在群内发布广告、推销商品或与本群无关的信息。

4. 未经班主任同意,不得擅自邀请非本班级家长进群。

5. 因老师上课或工作繁忙不能及时回复家长发布的信息,家长可另致电老师,以便提供及时回复,确认信息。

【案例分享】

聚力·同行——我的班级微信群

"老师,我们已经建立了一个家长群,要把你加进去么?"

刚告知班级同学分班信息的第二天,我就收到了这么一条短信。"好啊,谢谢您。"就这样我这个班主任被拉进了一个已经有着39人的微信群,要知道班级一共才42个人啊,不禁感叹,"家长们真是神通广大"。这么感叹着,其实心里还是有点慌,这神通广大的背后有着太多不可知的力量,对一个初建未成形的班级而言,不知道会产生怎样的效果。

对于微信群,一直以来很多人"谈群色变",小道消息聚集地,拉帮结派的主阵营,看看现在的微信群,42个同学微信群却多达79人,作为天之骄子的一代,我们的孩子承载着一个个家庭的寄托,如果稍有不慎,那么失望的不仅仅是某个学生,而是他背后的一个家庭,所以我该怎么处理好这一问题呢?

我开始通过第一次家访的接触进行细细的"排摸"。谁建的这个群?为什么那么多人加入了这个群?如果出现不利言论我们又该如何看待?

"老师,我们要找到组织啊,心就定了。""老师,我们可以资源共享啊,多好。""老师,我们只是看看,你放心,我们从来不多嘴。""老师,有消息第一时间传达,多方便。"……瞧，可爱的家长们其实就是那么简单，没有什么阴谋论，只是简单的时代潮流而已，我能逆潮流而动吗？不行！微信群有好处吗？当然！问题是我该如何利用好这个群呢？

"严禁发表任何未经查实的小道消息""有各类通知不需要签到回复避免刷屏"，一次次的家访中，我定下了这样的基本"群规"。"麻烦您，如果在私下的小群中发现任何大家的意见，欢迎及时告诉我，良好的沟通才是高效解决问题的桥梁，你愿意做这样的桥梁吗？"在排摸清家长的情况后，我挑选了5位家长，作为班级群的小管家，他们都具有极强的责任心和热情，他们在班级中有一定的家长圈，显然，在"微舆论"时代，我们必须有自己的信息来源。

"冒昧问一下，有没有技术派可以帮忙构建班级网络之窗？"随即，我在网上发起了英雄帖，又有两位家长主动请缨，"老师，我是开摄影公司的，我们家长都希望看到更多孩子的在校情况，记录他们的点滴生活。希望我能在摄影上给孩子们提供一定的指导，让他们能积极记录每天的生活。""老师，网络平台我建议构建一个班级博客，或者微信工作号，我们及时沟通和建设。"瞧，信息化时代，网络化平台，我们谁都离不开，但是，光靠我一个人，恐怕是要累趴了。家长有知情的权利，知情的渴望，更有传情的技术、传情的能力。一加一才能大于二。

这不，开学一周，我们的网络平台就搭建起来了，微信群、网盘、博客、公众号，还成立了一只后方报道小分队。我每天带着孩子们一起生活、记录，作为前方记者，他们就是我坚强的后盾，和孩子一起编辑、发送，每天的学习情况、班级和学校开展活动的图片、学校发展大事、教育心得等家长比较关心的内容和话题都能及时上传或互动，及时分享孩子在学校的成长以及学校的发展成就的同时，也打开了一个全新的集思广益的平台。

信息的传达实现了，可是做久了谁都会腻，简单的讨论通知似乎日渐沉寂，于是我决定鼓励家长们开展一些亲情互动活动。每逢主题节日，邀请家长们共同参与班内的活动，端午节、中秋节、感恩节、圣诞节，每个活动都邀请家长们积极参与，共同见证孩子们的成长，一来二往，家长们也渐渐熟悉了起来，资源共享更多了，大家也知无不言言无不尽了。到了节假日，还有很多家长通过家长群一同出游，瞧着他们其乐融融的样子，我不禁想感谢现在的科技，让一颗颗陌生的心灵就这样走到了一起。

"学校要开展教室环境评比啦！"我将这个消息发到了班级家长群中，"老师有什么我们可以做的么？""老师我们可以提供绿色植物。""老师，我们每人交一张家庭合影，建一个爱的港湾吧？""老师……"瞧，就是这么积极热情的一大家子人，他们的出现也让我的工作充满了活力和挑战。独木不成林,有了他们我更加觉得幸福和快乐,因为家长就是我最重要的智囊团,更是我最重要的VIP客户群,我们相互依存,共同前进。

信息化的社会,我们接触沟通的方式越来越多,不断尝试,打开自己的胸怀,不断互动,不断走进学生家庭,在家长接受我的同时建立信任,最终帮助学生更好、更全面、更快乐地成长。

【点评】

班级微信群正在成为教师与家长沟通的重要平台。它可以是发布信息的平台,也是家长表达观点和意见的重要渠道。班主任应及时掌握家长的舆情动态,给予家长言论自由,但也应引导家长发言。一旦言论失控,很容易造成家长与家长、家长与教师之前的误会、纷争,甚至会导致群体性事件发生。

无规矩不以成方圆,不管是信息发布平台还是家庭教育指导平台,班级微信群的功能发挥都少不了班主任教师的引导和管理。班主任不仅要为微信群制定必要的管理规则,更要积极引导家长发言,对家长群中家长遇到的困惑和压力的宣泄给予及时干预和专业性的指导,将班级微信群建设成真正的沟通桥梁和学习平台。案例中的老师为了微信群制定一些适合自己班级的"群规",和家长共同维护班级微信群的和谐氛围。于是,通过这个班级微信群,家校沟通密切了,而且走到一起的不仅仅是家长们,由于大家的及时沟通,让每个孩子也有了更多的展现机会。互通有无中,家长们也会渐渐聚焦一些孩子成长中的共同话题,而这也恰恰为教师提供了非常好的家庭教育指导的契机。

(三) 利用班级博客促进家校沟通

一般情况下,每个班级都有自己的班级博客。班级博客栏目可以根据班级情况自行设立,如有的班级博客的栏目内容有:班级简介、班级管理、学生档案、班队活动、班级荣誉榜、晨诵读本、午读时光、暮省时分、道德课堂、安全教育、法制教育、节日教育、亲子教育、佳作乐园等。

家长通过浏览班级博客可以及时了解学校教育教学情况以及自己孩子的学习状况,栏目的内容可以根据每个学期学校开展的活动进行增减。为了能让家长也积极参与进来,班级博客管理员也可以请家长担任,让班级博客成为真正意义上的学校、家长、学生三位一体沟通平台。

（四）利用新媒体沟通应该注意的问题

首先，教师不能过度依赖新媒体，传统的家访以及面对面交流依然具有不可替代的作用，教师决不能顾此失彼，另外由于学生家长情况复杂，比如有一些家长文化有限，有些家长忙于做生意，没有时间关注班级微信，所以教师必须传统沟通方式和新媒体沟通方式齐头并进，综合运用。

其次，班主任要针对每个家庭不同的情况，选择适合他们的沟通方式。

【案例分享】

多样化的家校沟通

一个周末的晚上，我正在网上电子备课，制作我的PPT和电子教案。忽然，屏幕右下方的微信头像不停地闪烁起来。我轻轻点击头像，对话框里立即跳出一条消息："您好！我是小高的爸爸，小高今天在学校表现好吗？"

原来是小高的爸爸！我的脑海里立即闪现出小高爸爸身影：小高同学的家庭条件并不好，小高的爸爸是一名药店的营业员，他爸爸迫切希望他能考上好大学，成绩好就要啥给啥，成绩不好就一顿暴打，他父亲常说"我儿子只要成绩好就是成功，别的无所谓。"

小高同学是我们班级的一名学习较好的学生，他比较聪明，但是他经常在学校违反校规，还和别的同学闹矛盾，同学对他也很反感。我经常把他叫到办公室，对他进行教育，但是他认为自己成绩好，没半点改正意识。我打电话给家长，他爸爸也来学校多次，但是他爸爸固执地认为违反点校规没什么，老师也太小题大做了。记得我第一次因为和同学打架对小高同学进行上门家访时，家长的态度较为冷淡，父亲认为孩子打架并非是大问题，孩子认个错就行了，同时不断地埋怨同学歧视他儿子。通过这次的家访，我认为对小高同学身上出现的种种不良情况，说明他的家庭教育存在问题。小高的父亲一直以分数衡量孩子的成功，认为孩子只要能得高分就是成功。家长是孩子的第一任教师和终身教师，其作用至关重要，眼看着家访、来校等传统的家校交流方式效果微乎其微，都未有效改变小高爸爸对成功的观念，那怎么才能有效改变家长的理念呢？我不由得感到困惑。

恰在此时，我校如火如荼地开展了"家长进课堂"活动，为了巩固和完善"家长进课堂"活动成功开展，我建立了班级QQ群、微信群和班级博客，为家长和学生建立了一个平等、和谐、民主、畅所欲言的平台。

而我自己和小高爸爸也加了微信，微信的便捷省去了家长请假来校的麻烦，而且微信也没有什么额外的电话费。我经常和小高的父亲进行微信的交流，谈工作、谈家庭、谈小高同学成长经历,他爸爸像是打开了话匣子,于是我不失时机地和他交流,让他深刻认识到要和儿子建立真诚、安全、温暖的关系,和孩子要以平等的方式或者以朋友的方式进行交流,我们也再次交流了对人才的看法。人才应具备的条件是:有能力,有贡献,有价值。上大学、读名校,固然有利于成才,社会各方面的人才确实大量从大学、从名校走来,但这并不意味着所有走上这条路的人都能成才,也不意味着要成才就必须走这条路。虽然我与小高同学的父亲见面不多,但我们在微信平台上坦诚相对,畅所欲言,气氛融洽和谐,沟通的效果不亚于正式家访。

接下来的日子里,我推荐了小高的父亲加入班级的微信群。在班级的家长微信群中,我常在微信上和家长们探讨家庭教育理念,小高同学的父亲与我们班别的孩子的家长也交流和沟通如何和孩子进行情感教育,如何了解孩子的内心所想,如何倾听他的内心渴望让孩子建立自信,如何适应高中的学习。通过微信群上的交流,我发现我和小高同学父母的关系就像坚冰一样渐渐开始融化了,而小高爸爸对成功的观念也有了一定的改变。

开学两个月后,我发现小高同学对电脑很有兴趣,于是安排小高同学担任我们班的博客网管员,负责我们班的网页制作。为了让小高爸爸更多了解小高的学校生活,我建议小高爸爸经常上我们的班级网页看看。小高爸爸看见儿子制作的网页惊讶不已,尤其看到网页上孩子在学工时的劳动视频,他开心地笑了。他也看到了班级博客上很多家长的感言,他对我说他终于意识到在对孩子的家庭教育中,学习不是衡量孩子的唯一标准,学会生存、学会做人、学会合作、学会竞争,提高整体素质才是培养孩子成功的重要目标。

为了进一步加强对小高爸爸在家庭教育上的指导,我还推荐他有空上一些家庭教育的网站。

在爸爸的理念的改变下,小高同学也变了,他开始主动和老师打招呼了,有时还帮老师拿录音机等上课物品。小高同学还积极地参加了班级的各项活动,在班级的笑声也渐渐多了起来。在校运动会上,他参加了跳绳比赛,当他手拿着绳子上下飞舞时,我们班所有的学生都为他加油,热烈的加油声响彻校园的上空。看到他那红红的脸上绽放出开心的笑容,我开心地笑了。

【点评】

新媒体技术的发达拓展了家校沟通的路径与方式。任何一种新媒体沟通方式都有自身的便利与限制。作为班主任而言,必须根据家长的实际情况以及沟通需求选择最合适的方式,很多时候是多种方式的综合运用。

本案例的矛盾焦点在于传统的家长来校约谈、班主任家访等家校沟通方式无法改变家长只重成绩、忽视育人的教育理念。老师通过利用班级 QQ 群、微信群和班级博客等现代技术媒体，既方便了与家长的沟通，拉近了彼此的距离，也在分享其他家长育人理念和故事的过程中，发挥了家长教育家长的作用，在潜移默化中引导家长教育理念的正向改变。

第五章

组织与策划：如何组建一个给力的家委会

各地教育部门和中小学幼儿园要从办好人民满意教育的高度，充分认识建立家长委员会的重要意义，把家长委员会作为建设依法办学、自主管理、民主监督、社会参与的现代学校制度的重要内容，作为发挥家长在教育改革发展中积极作用的有效途径，作为构建学校、家庭、社会密切配合的育人体系的重大举措，以更大的热情，更有效的措施，创造更好的条件，大力推进建立家长委员会工作。

——《教育部关于建立中小学幼儿园家长委员会的指导意见》（教基一[2012]2号）

2012年《教育部关于建立中小学幼儿园家长委员会的指导意见》颁布,要求有条件的公办和民办中小学和幼儿园都应建立家长委员会,并且明确了家长委员会的职责和作用。高中学校家委会在家校沟通、家长教育、学校服务乃至学校管理和决策方面都发挥了不可替代的作用。教师尤其是广大班主任必须了解家委会的职责、组建以及如何利用家委会开展家庭教育指导工作。

一、家委会的职责、权利

"家委会"是由家长代表组成的代表全体家长和学生参与学校教育和管理、行使教育监督权和评议权的一种民间组织。家委会是现代学校制度的重要体现,是学生家长主动参与学校管理和监督工作的民间组织,是维护学生和家长合法权益的重要载体和重要民间力量。

(一)家长委员会的职责

《教育部关于建立中小学幼儿园家长委员会的指导意见》(教基一[2012]2号)提出家长委员会具有以下职责。

1. *参与学校管理*。对学校工作计划和重要决策,特别是事关学生和家长切身利益的事项提出意见和建议。对学校教育教学和管理工作予以支持,积极配合。对学校开展的教育教学活动进行监督,帮助学校改进工作。

2. *参与教育工作*。发挥家长的专业优势,为学校教育教学活动提供支持。发挥家长的资源优势,为学生开展校外活动提供教育资源和志愿服务。发挥家长自我教育的优势,交流宣传正确的教育理念和科学的教育方法。

3. *沟通学校与家庭*。向家长通报学校近期的重要工作和准备采取的重要举措,听取并转达家长对学校工作的意见和建议。向学校及时反映家长的意愿,听取并转达学校对家长的希望和要求,促进学校和家庭的相互理解。

(二)家委会的权利

现代教育治理结构下,家长的对学校教育拥有知情权、监督权、决策权、评价权等。

1. 知情权。家委会享有知情权是履行职责、享受其他权利以及发挥职能的基础。为保障家委会享有充分知情权,学校应该创造充分的条件,设置具体的程序,尽可能地满足家委会的知情权需要。

2. 决策权。引导家长委员会参与学校的重大决策,如参与谈论学校发展规划和每年一次年度工作计划、每学年的全体教工大会,代表家长提出自己的意见和建议。

3. 建议权。针对学校的发展和学生的教育方面,应该听取家长的意见。家委会也有在进行大量调查研究的基础上,提出建设性意见的权利。

4. 监督权。家委会作为学生权利的维护者,应该享有监督学校教学工作和管理工作的权利。学校针对学生和学校重大发展的决策,应该及时征求家委会的意见,接受他们的质询和监督。

【案例分享】

没事,老师,我来吧!

周五是高三填报志愿的家长会,学校和年级组都做了大量的案头工作,通过数据能够直接反映各大学各科系的要求。作为文科班的班主任,徐老师也在认真准备着家长会的内容,突然电话铃响了。

"徐老师,您好呀!我是辰辰妈妈,有件事想和你沟通一下……"

"您说吧,没事。"

"你不要生气哦,其实我也不知道怎么说好……"辰辰妈妈是班级家委会的成员,本身是个全职妈妈,平时在 QQ 群里非常活跃,和班级里其他家长的关系都不错,常常代表大家给学校和班级提了不少意见,是个热情爽朗的人,不知为什么在电话里吞吞吐吐了起来。

"这样吧,我现在手头有事,等家长会的时候我们见面谈吧。"

"唉,徐老师,我就直说了。是豆豆爸爸说这次选举不公正,他们家豆豆的成绩是班级第一,优秀毕业生为什么不是他?!他有点想不通,想让我来问问你。但是他的情绪挺激动的,我怕他今天晚上会让你难堪……"

哦,是优秀毕业生的事情,那是得和全体家长沟通的内容,毕竟有 10 分的加分呢!而且今年的情况很特殊,是最后一年的加分,有实力竞争的孩子家长眼睛都盯得紧紧的,这其中最关注的就是豆豆爸爸,上次讲评选标准和程序的时候,他笔记记得很认真。

"辰辰妈妈,我们学校是根据公平、公正、公开的原则评选优秀毕业生的。全年级共8个班,名额只有6个,并不是每个班都肯定有名额,这是其一;其二,成绩是参考参数,按高二以来的4次考试名次折成分数,还有考虑这个学生为班级和学校的工作效果和辐射力量,加上班级同学的无记名投票和任课老师的无记名投票,两轮差额选举,这才选出年级的优秀毕业生。我们是按照章程做的,上次家长会家长们收到的通知单上写得很清楚的。"徐老师仔仔细细地向辰辰妈妈做着解释。

"是的是的,我知道的,我们家辰辰也说,同学们和老师们都投票的。"

"所以呀,我们的程序是很规范的。而且豆豆的成绩是我班第一,但在年级里的竞争力并不够。"

"唉,就是这个说法豆豆爸爸不认同,他说是你没为班里的学生争取……"

徐老师心里既理解又委屈,理解家长的失落情绪和焦急心理;也为家长的不理解、前期工作完全被否定而难过。但徐老师更在想,现在该如何面对这样的局面呢?该如何解决眼前的难题呢?难道真的等到家长会上和豆豆爸爸针锋相对?

"辰辰妈妈,我想麻烦您帮个忙。"徐老师下定决心,这件事一定得在家长会之前解决。

"非常感谢您,这个情况很紧急,亏得您这么及时地告诉我,这样我就有了准备,谢谢您的及时沟通。"徐老师理了理思路,稳定了语气,继续说,"因为事关孩子的未来,豆豆爸爸有这样的想法很正常,我们都可以理解的,现在的问题是如何做好沟通工作。辰辰妈妈,您看这样可行吗,您能不能帮我先和他说说看?你们比较熟,孩子在初中还是一个班的;作为家长立场比较一致,好沟通一点。如果现在我来联系,好像不太合适,有可能还会激化矛盾。"

"嗯,徐老师,我来试试吧。之前我就和他说了,老师和学校肯定是按章程办的。我再想想该怎么说服他……"

"辰辰妈妈,谢谢您的理解。您说的对,我们都是按规定操作的,欢迎各位家长来监督。对了,我们年级的家委会成员也是到场的。"徐老师补充到,"还要麻烦您把具体的情况和豆豆爸爸说一下,打消他的疑心。当然如果他要来学校,我们肯定也是欢迎的。"

"好的,好的,我尽力。"

"谢谢您,辰辰妈妈!"

"不客气,徐老师。作为我们班家委会的成员,我就是一个沟通的桥梁!没事的,我来吧!"

放下电话,徐老师平静了一下内心。家长对自己的子女往往是望子成龙,望女成凤的,期待和苛责并存。在这样的情况下,学校更有义务和责任做好沟通工作,学校教育要尽量公开,让家长能参与一些教学活动,能了解自己的孩子在学校一天的生活与学习状况。最主要的是让家长认同我们的教育,家校配合共进。家委会无疑就是一个很好的平台。

"各位家长,晚上好!感谢大家来参加我们的家长会……"

豆豆爸爸认真地记着各学校的录取分数,有时还和辰辰妈妈商量两句。站在讲台上的徐老师欣慰地笑了。

【点评】

学校推选优秀毕业生是本着公平、公开、公正的原则,但有时候依然有家长觉得不公平而引起对学校的不满。如果事实没有及时向家长澄清,家长这种不满的情绪会逐渐膨胀,而引起其他家长的质疑与猜测。这个时候家校之间的沟通就显得非常关键与必要了。

本案例中,由于家委会委员挺身而出,及时把个别家长的不满与质疑告知班主任,并和班主任一起商议如何让这位家长了解选举的"真相"。通过家委会委员与家长的沟通,家长的疑惑很快得以释然。案例充分说明了,家委会是学校工作坚实的合作伙伴,可以充当家长和学校沟通的桥梁。另一方面也说明了,学校教育要尽量向家长开放,让家长能参与一些教学活动,能了解自己的孩子在学校的生活与学习状况。最主要的是让家长认同我们的教育,更好地实现家校共育的目标。

(三) 参与学校教育教学活动

1. 为学校的教育教学活动提供各种形式的支持与服务。比如家委会有向社会宣传学校的形象、帮助学校排除发展的障碍、维护学校的合法权益的义务,力所能及地协助学校解决办学中的问题,争取各方面资源,不断改善办学条件。

2. 参与学校活动。家委会可以参与学校的各类活动,如大型庆典、社会实践活动、学生毕业典礼等应尽量让家长参加。

3. 参与家长培训。家委会可以动员家长积极学习家庭教育知识,参与家长学校课程设计与课程评价。

(四) 沟通协调职能

1. 组织交流职能。广泛收集家长对学校的意见和要求并及时反馈。定期召开家长会议,组织家长交流教育经验,共同探讨解决当前学校教育和家庭教育工作中的重点难点问题的有效途径和方法。

2.沟通协调职能。协调学校与家庭、社会的关系,使家庭教育、社会教育与学校教育形成合力。力所能及地争取社会各界的支持,协助学校解决办学中的问题。

【案例分享】

家委会——矛盾的协调会

"傅老师,到我办公室来一下,我要了解下你们班的情况。"

"好的,马上来。"

校长打电话给我,看样子事情已经越闹越大,校长都已经知道情况了,到底该怎么处理?

"傅老师,听说你们班部分学生和家长写了请愿书,要换掉你们班的王老师。你了解情况吗?到底怎么回事?"我还没坐下,校长已经一连串的发问。

"事情是这样的……"我深吸一口气,接着说,"王老师,英文高级教师,教学风格古板严谨。A同学,成绩不错,特别是英文成绩非常出众。而且A同学在班级很有号召力。上周的英文测试,有一道英文填空题,A同学写了一个答案,王老师认为不对。A同学当场质疑,说他的答案比老师的答案更好。王老师问他在哪儿看过这个词的这种用法,A同学拿出本英文小说。结果王老师说,看英文小说能帮助阅读是好事,但是小说也分类,有些不规范的小说可能起误导作用。

A同学不服气,晚上回家上网、翻阅各种资料。第二天上课,他说他找了牛津字典、韦伯字典等权威字典,然后引经据典,说明他的答案比王老师的好。同学们力挺A同学,甚至质疑王老师的教学能力。平时我班级英文成绩就不是很好,加上这次事件,于是学生、家长中有人提出要更换教师。"

"作为班主任,你应该在学生家长老师中起到比较好的沟通、协调作用啊。"校长皱着眉头,有些语重心长。

"我第一时间找到王老师了解情况。王老师坚持认为教学大纲中没有出现过的单词的用法就不能作为答案。高考中如果作答,肯定失分。""挺好啊,以高考为标准。让王老师出面和学生、和家长解释清楚不就好了?""王老师说他已经解释过了,是学生和家长搞不清楚状况。他不愿意再去解释了。估计这次事件伤他自尊了。我已经在反复做学生的工作,特别是A同学等几个。但是家长那边我有些无能为力。我既不可能一个一个给家长打电话,又不可能史无前例地全校单独开一次家长会。"听了我的这番话,校长的眉头皱得更深了。

"王老师这边我来做工作,学生那边交给你,家长方面,家长方面……"

一番寂静过后,校长有了答案:"你班上有家委会,对吧?找家委会帮忙啊!"

"对哦!家委会。"思考了很久的问题终于有了答案,我兴奋地拍了拍手,"我们可以召开家委会的会议,让我和王老师在家委会会议上和家长解释说明情况。如果这些家长的工作做好了,相信以他们在家长群中的影响力,其他家长的问题可以迎刃而解。"

"家委会的会议时间就定在明天晚上吧。你马上去通知。我也要参加。我会从学校层面讲一讲我们学校的英文特色。去年王老师教高三,我可以介绍介绍他班级的成绩,让家长有信心。你们班的深层次问题其实是班级英文成绩。这不仅要靠老师的努力,我们更需要学生和家长的帮助。看看王老师能给什么建议,让家长协助,提高班级英文成绩。"校长用手摸了摸自己的前额,之前纠结的眉头终于松开了。

第二天晚上召开家委会会议。我先介绍大概情况。王老师把具体的事件和家长做沟通,还传授了一些英文学习的方法。王老师特别指出英文需要多读、多背、多看,现在学校要求每个孩子每天在家读半小时英文,希望家长能配合监督。校长从校级层面和家长做了交流。一番沟通之后,家委会的家长们谢谢学校对此次事件的重视,对学生和家长的重视。他们表示会做好学校和全班家长的双向沟通,把此次事件顺利解决。家长们还非常开心地承诺每天在家监督孩子读半小时英文。

第三天,学生A代表全班收回了更换教师的请愿书。

第四天,每个孩子的家校联系本上都有"已读半小时的英文"和家长签名。

【点评】

家委会具有协调家校矛盾与冲突的职责。当家校双方产生矛盾时,教师和家长处于强烈的情绪体验当中,此时双方直接接触不仅不利于解决问题,甚至还会激化矛盾。家委会在这一过程中,可以充当家校沟通的桥梁。案例中班主任利用家委会在家长群体中的威信和同为家长的心理优势,顺利地解决了矛盾。

无论家委会、全体家长、教师还是学校,我们都有着一个共同的目标——让孩子健康快乐地学习成长。本案中,家委会不仅搭建了家校间良好沟通的平台,而且调动起所有家长的积极性,与学校共同努力提高孩子的英文成绩,最后事件迎刃而解。本案例也告诉我们,家委会要发挥积极效能,不仅需要教师、家长的努力,也需要学校积极配合,学校领导层的积极介入,让家长对学校、对王老师更有信心,加速了事件的解决。

二、家委会的组织架构及原则

家委会是由在读学生家长代表根据一定规则和程序组合产生,是代表全体家长和学生利益的常设性群众组织,起着联系学校和家庭的桥梁和纽带的作用,有着明确目标和功能。

(一)家委会的基本架构

高中学校家委会通常由校级家委会、年级家委会、班级家委会组成。一般情况下,校级家委会设正、副主任共三人,委员若干。委员的分工由家委会全体会议通过。家委会成员实行学年换届制,原则上每个学生家长均有机会担任。家委会成员因工作繁忙等原因,在一学年中两次未能参加家委会活动且未请假者,将视为自动离职。家委会会议原则上须由三分之二以上的委员参加,表决实行一人一票制。

(二)家长委员会成员要求

家委会成员的选择标准不应以社会地位和学历高低为依据,而首先要考虑家长是否有正确的教育理念,是否有热情且有时间。可参考如下标准:
- 了解和关心教育,懂得一定的教育规律。
- 具有认真负责的工作态度,有大局观念。
- 关注学校发展,热心为学校提供支持和帮助,致力发展家校合作。
- 有较强的组织协调能力和社会活动能力。
- 有比较丰富的家庭教育经验和良好的教育效果。
- 能热心听取并向学校积极反映家长们所关注的问题。
- 能够理性沟通,处事公正。

【案例分享】

"对不起,我很忙"

"老师,对不起,这次家委会我又不能来参加了。我太忙了,工作太多跑不开"。

虽然答案在意料之中,但是挂上电话后,我还是禁不住感慨了一番。

和我通话的是小A妈妈,班级的家委会成员。学校组建家委会,采用家长自荐和班主任提名相结合的形式产生候选人。班级组建初,作为班主任的我,对于家长了解不多,主要通过大家毛遂自荐。小A妈妈是个女强人,有很强的组织协调能力和社会活动能力。一听我需要家委会成员,她立刻报名,并且获得了所有家长的拥护。当时我暗暗庆幸,有这么出色的家长担任家委会成员,能助我一臂之力,真的是难能可贵。

很快,我就觉得不对劲了。家委会的例会一般在家长会当天进行。召开之前,我都会致电几位家委会成员。别的家长都没有问题,但是小A妈妈的回答从来都是拒绝,而理由只有一个:"对不起,老师,我太忙了!"我侧面和小A沟通了一下,发现小A妈妈已经忙到了不着家的程度,经常出差,连孩子都几乎顾不上,家长会都是叫了小A的爷爷奶奶出席,更别说参加家委会了。

这下,我犯愁了。根据我的理解,学校家长委员会是由本校学生家长代表组成,代表全体家长参与学校民主管理、支持和监督学校做好教育工作的群众性自治组织,既是教育改革的参与者、教育资源的开拓者、学生良好成长环境的创建者、家校关系的协调者,更是学校教育教学行为的监督者,在提高教育教学质量、促进学生全面发展等方面,具有不可替代的重要作用,所以我自然希望家委会员成员是有能力的,有社会资源的,能够成为班级和学校的后备力量,提供有效支持和帮助。但是,如果过于繁忙,根本不能参与到班级和学校的事务中,显然这个职务有点形同虚设。取舍之间,我颇有点左右为难。

过了几天,又接到了小A妈妈的电话,充满歉意但非常诚恳:"老师,我想过了。我实在太忙了,所以家委会的职务还要麻烦你另请贤能啊!"

电话中,我表达了对小A妈妈的谢意。虽然很长一段时间,她因为工作繁忙,没有参与到家委会的工作中,但是她当时的表态就是对我开展工作很好的支持,我由衷地感谢她。

挂上电话,发现自己又回到了原点。家委会这个空缺必须迅速找到人选,而这次我要好好思考,寻找最适当的人选。

我理想中的家委会成员,除了能力强之外,更需要能热心听取并向学校积极反映家长们所关注的问题,他(她)应该是学校和家长的桥梁,关心学校,有大局观念,愿意为学校、家长、学生服务。此外,如果能有比较丰富的家庭教育经验和良好的教育效果,那就再好不过了。

脑海中突然有了一个人的形象,越来越清晰。小B妈妈!

初见小B妈妈,她自称是在居委会打杂的家庭妇女,我只觉得她性格文静温和。交谈几次,发现她的教育理念很先进,很有想法。突兀追问之下,才知道她曾经为小B的青春期叛逆很是困扰,为了和谐母子关系,她报名参加了心理学的课程,而且已经考出了相关证书。小B在她的教导之下,顺利适应高中的生活,在班级里各方面都是佼佼者,被同学们亲昵地唤作"大神"。

我迅速和小B妈妈取得了联系,小B妈妈欣然接受了这个职务。之后两年,她没有缺席过家委会例会,每次都认真笔记,并且提出自己的建设性想法。会后,通过家长QQ群和家长沟通,也获得了家长们的肯定和支持。此外,她还联系了她所在的居委会,提供班级孩子们参与社会实践的平台。孩子们在毕业后对这些社会实践活动还津津乐道,称这是份难能可贵的回忆。

通过这件事,我体会到了家委会的重要性。我也深刻地感悟到,在选拔家委会成员的过程中,有很多因素都值得我们考量。也许鱼与熊掌不能兼得,但我们要牢记,我们的选择结果应该是最合适的,而绝非强求"最好"。

【点评】

首先,案例中的班主任对家委会的功能定位有清晰的认识:"学校家长委员会代表全体家长参与学校民主管理、支持和监督学校做好教育工作的群众性自治组织,既是教育改革的参与者、教育资源的开拓者、学生良好成长环境的创建者、家校关系的协调者,更是学校教育教学行为的监督者,在提高教育教学质量、促进学生全面发展等方面,具有不可替代的重要作用"。学校成立家长委员会的目的是为了加强学校与家庭、社区在学生教育工作中的沟通与配合,营造学校、家庭、社会三位一体的教育网络,便于家长对学校工作的了解、理解和监督,确保各种教育渠道的畅通和各种教育资源的有效利用,以便更好地培养和教育学生。但是关于家委会成员的选择,我们有没有标准呢?

理论上每位家长都是家委会的潜在成员,但家委会要切实发挥功效,刚成立时还是应该制定一些标准和要求,选择那些有意愿、有时间和有能力的家长成为家委会成员,这样才能保证家委会的功能得到真正发挥,"最合适"的家委会成员就是"最好"的,本案例以实例给予最好的说明。

(三)成立班级家委会应该注意哪些事项

校园生活是多面的,当家长之间需要信息沟通交流时能不能得到帮助?当学生和家长希望参与学校管理工作时能不能实现?当学生和家长的合法权益需要维护时能不能找到恰当的方法?其实,家委会可以提供有效帮助,因为家委会是学校和家庭沟通的重要桥梁。那么在选拔家委会成员以及组建家委会过程中需要注意什么呢?作为一个班主任而言,要注意以下几点。

1. 制定切实的班级家委会评选要求
- 选举工作应采用由家长个人自荐、家长互荐、班主任推荐和民主选举的方式产生。
- 通过投票,每班选举5—8名班级家委会委员,班级家委会产生后推荐1或2名作为校级家委会候选人。
- 在班级家长群中进行公示,公示期间如无异议,则班级家委会正式成立。
- 家委会成员受聘后召开家长委员会会议,制定章程并确定人员分工。

2. 关注家委会成员构成结构

搭建家委会成员结构一般可以作如下考虑:
- 家委会成员应不分民族、性别、职业、家庭出身、宗教信仰、教育程度、财产状况、居住期限等条件。
- 要满足家委会成员的一般任职条件。
- 家委会成员的类型应多样化,以有利于发挥多样性的家长资源。
- 家委会需要有热情、有方法、有精力、有时间的家长委员。

3. 班主任要处理好家委会与学校的关系

归根结底,家委会与学校的关系是目标一致的合作伙伴关系。
- 明确双方一致的目标:教育好孩子。双方都是为了推动学校又好又快发展和促进学生主动发展、全面发展、特色发展和长远发展。
- 明确双方职责不同,要明确各自工作的边界,即使在一些方面有交叉,但也要分清主次。在学校管理方面,学校是主导,家委会是监督者和咨询者,学校也应尊重和支持家委会的活动。

4. 实施好家委会委员换届工作

家委会按时换届可以保持家委会的连续性和稳定性,是家委会健康运行的组织保障。
- 家委会委员任期一般为一年,期满后按照选举程序,由家长选举出新一届的家委员会委员,也可以适当改选、连任。
- 学生转学等离校的学生家长,其家长的家委会委员身份自动取消。
- 对于工作不合格者,家委会应有罢免机制。

5. 建立家委会工作档案

家委会档案是家委会在建设、管理、开展活动中形成的各种文字、图表、声像等不同载体的历史记录。家委会档案建设是家委会管理工作的重要组成部分,是衡量家委会管理水平的标志之一。有了档案,家委会的文化才可能传承。

> 选拔具备一定档案业务知识和一定的科学文化知识的专职委员担任档案管理工作人员,并保持相对稳定。
> 为家委会建立档案专用柜,保存档案。
> 建立归档制度,做到重要会议和活动都有规范的材料归档保存。
> 建立档案管理制度,对档案进行分类、编号和排列。

6. 建立家委会例会制度

家委会例会制度是充分发挥家委会作用、履行家委会职责的重要手段,应当由选举出的家委会起草,由家长大会通过。

> 确定例会场所。班级协助家委会确定会议场所。
> 明确例会周期。可以每学期举行2—3次例会。
> 确定例会内容。形式可以多样化、活泼化,内容上要围绕各阶段班级工作重点落到实处。

【案例分享】

第一次家委会

今年的9月,新接手高一(8)班,按照学校的传统组建家委会。班级家委会成员5人,由班级学生家长自愿担任。虽然组建家委会是学校传统,但是如何开好这第一次家委会,我做了不少工作。

一、会前:精心准备

1. 招募家委会成员

我首先在班级里对全体同学做了一番动员。一位教育家曾经说过:"只有学校教育而没有家庭教育,或者只有家庭教育而无学校教育,都不能完成培养人这一及其艰巨而复杂的任务。"我们学校历来都是学校、学生和家长三方互动,共同教育成长。今天给各位一个任务,成为学校和家长沟通的桥梁,告诉爸爸妈妈我们班要组建一个家委会;告知爸爸妈妈家委会委员的职责;动员你的爸爸妈妈做你们的表率,做你们的榜样,积极参与班级活动。班级需要5位家委会家长,由自荐产生,只要愿意为学校、家长、学生服务的家长,有较强的组织协调能力和社会活动能力,我们都欢迎。

学生对家长的动员效果还是挺明显的,加之家长素质较高,几天下来家委会成员基本确定。还有一些家长联系得较晚,我只好告知他们名额已满,谢谢他们的配合。虽然不是家委会成员,仍然希望能多关注学校,多关注孩子,我们共同进步。

2. 班级发放家长调查问卷

为了确定家委会第一会议主题,也为将来更好地进行家校沟通,我在全班发放

了一份小型调查问卷。说是小型问卷,真正的核心题是:

作为家长最希望了解以下哪些情况,请按照紧迫性从高到低排序。

A 自己孩子在校成绩

B 自己孩子在校参与的课程(或者活动)及其表现

C 学校教师状况

D 学校设施

E 自己孩子的心理情况

F 学校发展规划

G 其他＿＿＿＿＿＿＿＿＿＿＿＿＿＿＿＿＿

虽然答案五花八门,但是几乎100%的家长都最希望了解自己孩子的各种状况,其次是关心学校发展。了解孩子在校的各种状况应该是亲子沟通能够完成的任务,但是情况不甚理想。因此我将家委会第一次会议的主题暂定为:发挥学校功能,助力亲子沟通。

3. 亲子沟通学生情况调查

我找来家委会成员的孩子,对他们进行个别访谈,访谈的问题如下:

① 爸妈中谁主要负责你的教育问题?

② 你和他的沟通多吗?

③ 你们沟通的主要内容是什么?

④ 你觉得可以做哪些努力,从而增加家长和你的有效沟通,具体说说你能做什么,他能做什么?

⑤ 如果把这次访谈的过程录音,找一个机会让家长收听,你愿意吗?

⑥ (备选)老师知道你的不愿意。放心,我不会给家长听。但我可以知道你们不愿意给家长听的原因吗?

⑦ (备选)我可以告诉家长你们不愿意的原因吗?

5名学生中,4名学生愿意将访谈录音,告诉家长。学生A问题⑤的答案是"最好不要",问题⑥的答案是"说了也没有用",问题⑦的答案是愿意。我将4名学生的访谈过程录音。我为学生A的家长准备了一份特别的音频资料。在这份资料中,我把个别访谈的题目告诉家长,并且告诉他你的孩子不愿意将访谈过程录音并告知理由。

二、会中:真诚沟通,共同发展

时间:9月15日晚上6:30

地点：高一(8)班教室

出席人：五位家委会成员、班主任

会议主要议程：

1. 出席人简单自我介绍、分别谈谈对家委会的理解，并且明确分工

2. 发挥学校功能，助力亲子沟通

首先告知各位家委会成员将第一次会议的主题暂定为"发挥学校功能，助力亲子沟通"的原因，并且询问他们的意见。在获得家长的支持后，学校真正开始发挥功能，助力亲子沟通。

（1）组织家长讨论以下问题，并发表自己的意见

① 夫妻双方中谁主要负责孩子的教育问题？

② 你和孩子的沟通多吗？

③ 你们沟通的主要内容是什么？

④ 你觉得可以做哪些努力，从而增加孩子和你的有效沟通，具体说说你能做什么，他能做什么？

（2）家长分别收听自己孩子的访谈录音。在收听的同时思考以下问题：对于相同的问题，你和孩子的认识是一致的吗？你家的亲子沟通状况和你预估的是一致的吗？在改善亲子沟通方面，哪些方式是你认可并会付诸行动的？

3. 交流讨论，完善推广

各位家长对于学校尝试助力亲子沟通纷纷表示感谢，并且愿意以实际行动去改善亲子沟通状况。与此同时，家长提出了不少宝贵的意见和建议，例如，这种沟通方式应该在全班推广，相信其他家长也很需要这样的助力；在操作层面，也可以对家长进行录音，甚至录像，不仅让家长了解孩子的心声，也应该让孩子了解家长的心声。

【点评】

新学期伊始，需要筹备新一届家委会。从招募家委会成员到召开第一家委会，这是高中阶段家委会工作的开端。良好的开端是成功的一半，第一次家委会是班主任向家委会成员阐述工作理念、打消家委会成员疑虑、激发家委会成员参与热情的良好契机。如何筹备第一次家委会？如何招募家委会成员？如何确定第一次家委会会议主题？主题确定后，如何发挥家校合力，共育未来？本案例给出了一个很好的范例。

首先，班主任通过会前精心准备，会中真诚沟通，尤其是会前的各项准备工作

非常值得借鉴,不仅让家长认识到家委会的职责所在,也认识到作为一个家长的职责所在。会中真诚的沟通让家长看到了班主任的诚意,从而赢得了家长的信任,有效唤起家长与班主任的合作欲望。

三、助推班级家委会的顺利运行

对一个班的班主任而言,要让家委会与班级形成良好互动,促进班级健康向前发展,是他们的责任。对于如何助推班级家委会的顺利运行、发挥效能,我们提出如下建议。

(一) 正确看待家委会、学校、教师及家长的关系

1. 应充分认识家长委员会在学校治理中的主体地位,必须消除顾虑,不能认为家委会是代表家长和班主任"对着干"的,要积极引导家长参与到班级建设中来。

2. 要正确把握家委会在学校与班级教育教学事务中的角色。要认识到,在教育教学方面,学校是主角,家委会是配角和支持者;在学校管理方面,学校是主要执行者,家委会是监督者和咨询者,家委会就要做到监督而不越位;在提升家庭教育和父母水平及一些校外实践活动方面,家委会应敢于当主角,学校也要敢于去当配角。

(二) 加强沟通交流,发挥家委会职能

为了保证家长委员会工作的针对性和有效性,增强家长委员的责任感,结合学校工作实际,班主任可以建议班级家长委员会设置职能分部,比如,设立班级活动组织策划部门,协助教师开展社会实践活动、主题活动的设计和实施;设立负责家庭教育指导课程的部门,针对家长家庭教育实际需要,请家庭教育专家或家长传授家教经验,促进家教水平提高;设立进行家长课程资源开发的部门,组织优秀家长走进课堂为学生开设相关课程,以及其他职能部门。

【案例分享】
"五步拳"让家委会不再是花架子

在实际工作中,我总结出"五步拳"法,合理发挥家委会职能,以点带面,在家校共育的过程中起到积极作用。因此,我班的家委会工作开展得井然有序,卓有成效。

第一式　周全的前期准备

在确定家委会之前,班主任要做不少准备工作。我的做法是:1.制定一张表格,请家长详细写明自己的工作单位、职务以及是否愿意加入家委会。2.收集所有数据后,班主任仔细审阅斟酌,根据职业、职务、家庭住址选择家委会成员。3.逐一电话沟通,首先要感谢家长能热心于班级事务。告诉家长,他们是从家长中选拔出来的精英。我们的目标是一致的,家校共育促进孩子的健康成长。

第二式　选好领头人

在班级管理中,如果能赢得家长的信任与理解,那么班主任就能游刃有余地开展班级工作。在我们班的各项活动中,家委会的家长各司其职,又相互配合,遇到其他家长的不理解,主动解释,共同做好家委会工作,取得更多家长的支持!这里必须提出来,作为家委会的领头人——会长的人选十分重要。这个人一定要敢担当,做事说话有魄力,能够理解支持班主任的工作。

第三式　开好第一次家委会会议

第一次家委会会议的重要性毋庸置疑。在第一次家委会上,要用自己的诚心去打动家长,让他觉得他所做的一切虽然是为集体义务奉献,但家长的言传身教确实会影响到自己的孩子。家长其实是非常愿意为孩子的集体服务的。我班家委会成立的第一天,家委会成员就自发组建班级家委会微信群。班级有任何需要家长参与或家长可以助力的各项活动,在家委会群里讨论实施方案。同时组建包括全体家长和任课老师的班级微信群,使家长们有了畅所欲言的空间,拉近了彼此的距离,既可以共同探讨培养孩子过程中的经验、想法及困惑,也可以即时发表对班级工作的建议意见等,以便家委会做好汇总反馈工作,共同搞好班级建设。

第四式　明确分工

在召开家委会时,以"一切为了孩子们能更快乐茁壮地成长"为宗旨,确定家委会支持、参与、沟通、促进、宣传、协助六项职能,并对家委会的五个成员进行分工,分别设立会长、组织委员、宣传委员、生活委员、后勤等几个岗位,明确各个岗位职责,合理分工,建立健全的制度及公开的运作方式。

第五式　配合默契

我们班开展的某幼儿园"一日小老师"校外社会实践活动,就是完全由家委会组织并开展的一次配合默契的成功活动。接到学校通知后,我第一时间告知家委会成员。会长组织家委会成员集思广益。先讨论校外社会实践活动的开展地点。有家长提出利用自身单位的资源,联系到航海博物馆做解说员。但由于离学校太远,路上安全得不到保障。最后确定开展幼儿园"一日小老师"校外社会实践活动。

组织委员前期联系幼儿园园长,说明相关事由。经幼儿园行政会通过后,家委会成员确定时间开始下一步工作。因为是全班的校外实践,会长先通知我到学校提出申请报备,然后到班级家长微信群发布此事。这项提议得到家长们的积极支持。考虑到学校到幼儿园乘车不方便,负责后勤的家长联系到大巴车接送,保证班级学生的出行安全。同学们为了当好小老师,活动之前积极查找资料备好课,还自发准备了很多小礼物。活动当天,宣传委员到幼儿园各班教室拍下"小老师们"上课的情景以及和小朋友们互动的精彩瞬间,并在第一时间将照片上传到班级微信群中,家长们反响热烈。事后"小老师们"有的写到没想到做老师这么辛苦,体会到自己老师的不易,要好好学习了;有的写到熊孩子太折腾,自己累惨了,以后自己在校不能捣乱了等。我除了在班级微信群中分享同学们的心得,还赞扬家委会成员的贡献,家长们纷纷表示感谢家委会和老师精心组织的这次极具教育意义、与众不同的活动。

总而言之,为使学校教育与家庭教育形成教育合力,教师和家长双方都应为创建和谐关系做出必要的努力。这种和谐不仅是指师生之间的和谐,还有老师与家长的和谐,家长与家委会的和谐。班主任用好"五步拳",指引家委会职能设置的方向,将会让家委会不再是花架子。

【点评】

班级家委会并非新生事物,但是运行好的却不那么容易。一方面,即便组建了班级家委会,家长基本都是参加学校家委会统一活动,独立性不够;另一方面,很多教师本身也不清楚到底该怎么运作班级家委会。要解决这一问题,班主任首先要意识到班级家委会也是一种组织,只有进行合理的职能设置,才能切实发挥班级家委会的作用。

切实发挥家委会的作用,需要班主任的精心安排和巧妙设计。案例中的班主任在实际工作中,总结出"五步拳"法,通过五个环节,对家委会成员的遴选、首次见面等细节都做了精心安排和设计,使得家委会能够有效运转,成为班主任班级管理的合作者,使本班的"家委会工作开展得井然有序,卓有成效",值得大家借鉴和学习。家委会的各成员分工由家长自己商讨决定并制定明确职责内容,应该会更有利于家委会功能的发挥。

(三) 协调家委会协助开展班级活动

有很多班级活动可以请家委会参与。新高考政策下,班主任工作量增大,非常有必要请家委会协助开展很多班级活动,比如各项评优活动、节庆活动、家长开放日活动、社会实践活动、招生咨询活动等。在家委会组织下,这些活动的开展不仅能给班主任"减负",而且效果也会得到家长们的认可。

【案例分享】

别开生面的家委会开放日

活动方式一:家委会开放日

"家委会开放日"这个名词,对家长来说,既熟悉又陌生。熟悉的是,孩子在幼儿园、小学的时候,家长经常在开放日和孩子一起度过快乐又有意义的一天。陌生的是,孩子进入初中以后,这样的机会就越来越少。而高中的家委会开放日,在形式和意义上都有了本质上的改变。处在青春期的孩子们,开始萌芽叛逆的情绪,质疑家长的教育方法,和家长的沟通日益困难。我设计这个活动方案的初衷,就是想借助家委会开放日,家长深入课堂,家长孩子一同在场的机会,让家委会成员真切地感受学校的教育氛围,了解孩子在学校的状态,体会到和孩子顺畅交流的方法。学生也能以更平等的方式和家长相处,了解家长的想法,为进一步交流扫清障碍。

一 主题确定

我和学生一起商量,最终决定的主题是——感恩父母。但是一次开放活动不可能详尽地阐述感恩父母的方方面面,所以我们讨论后把这次活动定位在让学生懂得父母的爱,并了解父母喜欢做的事。这个主题似乎很简单,但是我相信,这能为他们之后的交流铺垫最坚实的基础,是让孩子真正明白对父母感恩最重要的第一步。

二 准备工作

1. 调查问卷

准备工作至关重要。为了让家长和孩子加深对彼此的了解,同时也为这次开放日积累素材,我们设计了一份调查问卷。

这份问卷分成家长篇和孩子篇,基本都采取了问答的形式。两张问卷有相同的问题,例如:和爸爸妈妈/孩子之间发生过的最大的冲突是什么?是如何解决的?也有完全不同的问题,例如在孩子篇中问道:你所关注到的,一天从早上起床到晚上睡觉,爸爸妈妈为你做了些什么?而家长篇中问道:在一天日常生活中,你最喜欢和孩子一起做的事情是什么?你觉得最痛苦的事是什么?我们期待在回答这两张问卷的过程中,家长和孩子能最真实地流露出他们内心的想法,彼此的答案能碰撞出爱的火花。

2. 摘录心声

我安排了9位同学,翻看班级日志和每一本随笔,摘录大家关于父母的文字,汇总在一起。我精选了部分,在获得相关学生的允许后,准备在活动上以配乐朗诵的形式,呈现给家长和全体学生。其中饱含了学生最真挚的情感,都是真心想要对父母说的话。

3. 录制心声

我带着部分学生,来到学校的演播大厅,录制他们想对父母说的话。有些孩子说到哽咽,几次停下,平复心情。还有个孩子,想到一直在外地工作的父母,流泪到不能继续。她和我说:老师,我真的很想他们。他们为什么不常来看我?最后我拿着那盘录制好的碟片,觉得它是世界上最珍贵的东西。

4. 联络家委会成员

小明妈妈是家委会的成员,小明生活在一个单亲家庭中,妈妈对他的要求很高,而他也一直是妈妈眼中最优秀的儿子。但是进入高中后,学习上的压力让他应接不暇,和妈妈的交流也出现障碍。我给小明妈妈打电话,详细告诉她这次开放日的设想和目的,是一次非常好的和孩子交流的机会。我询问她是不是愿意借这个机会,给儿子写封信,用这样特别的方式,打开彼此的心结,走进对方的内心。她欣然应允,而且表示,也愿意把这封信和大家分享,仅仅是作为一个普通的母亲,跟孩子说说心里话。

我还联络了家委会成员小陈的妈妈。这位母亲身体很不好,但是对于儿子的关怀无微不至。她是一位非常具有教育理念的母亲,即使到了高中,孩子进入青春期,开始不太愿意和妈妈交流了,她也能用很多方法,打开彼此心结,让交流变得真诚顺畅。我询问她是否有空参加这次活动,并且能否在课上向大家介绍自己的教育经验。她忙说介绍经验不敢当,但是非常愿意和大家分享心得,与之共勉。

5. 邀请函制作

我组织同学制作了具有学校特色的邀请函,发放给家委会成员,诚挚邀请他们参加。

6. 板报制作

板报是个宣传窗口,宣传委员早就准备好了一期关于感恩主题的板报,并且让大家写上想和爸妈说的话,可以是匿名,畅所欲言。

三 开放日当天

生活委员带领部分同学,准备了一次性杯子和茶叶,给来的家长泡上一杯清茶。班长组织同学把座位排成大圈,这样的座位安排,让大家感觉更亲切更自由。

不到1点,就有部分家委会成员,手持邀请函走进了教室。邀请他们坐下,送上清茶,他们也轻松地和孩子们聊天。

第一部分:引入部分

由主持人娓娓道来第一部分,是一幅幅关于父母的漫画。漫画中的文字温暖而优美。

第二部分:认识爱,懂得爱

班长公布问卷中的"父母做的最让我感动的一件事情"这个部分采取了扫描问卷的形式,并且隐去了孩子的姓名。很多家长和孩子在听到这些答案时,忍不住抽泣。这些事情,有的很小很普通,但却包含最真实最质朴的感情。然后我走到教室中间,叙述在这一年中感动我的几位家长的故事。小明妈妈的来信也被安排在这个部分,我代替她念了这封信,小明十分意外,扶着妈妈的肩落了泪。主持人现场邀请部分家长吐露心声,小陈妈妈也和大家分享了心得。

第三部分:学会爱——感恩亲情

这个部分采用播放录音的形式,说出想对爸爸妈妈说的心里话。有几位家长主动发言,说到前不久的母亲节,当收到孩子为自己准备的礼物,内心的激动和感慨。紧接着,活动到了高潮,主持人问大家爸爸妈妈最喜欢做的事情是什么。最终,揭晓问卷中家长事先写下的"每天我最喜欢做的事情"。让大家意外的是,所有问卷的答案出奇地一致,那些熟悉的笔迹,写下的都是"和他聊天""沟通学校的事情""和孩子说说话"。红色的圆圈圈出了所有一致的答案,这幅画面让所有人震撼、感动,又引发大家深思。

第四部分:总结

在最后一个环节,孩子、家委会成员和班主任都总结了这堂课的收获。开放日在感动的氛围中落下帷幕。

四 活动反思

1. 我的思考

我感谢每位出席的家委会成员,百忙之中抽空来参加开放日活动,并且毫不吝啬地和所有的家长分享心得。我更加感受到家庭中父母和孩子关系和谐,沟通顺畅是何等重要。其实他们都在为之努力,只是有时候迷失了方向。而我,就是他们之间的桥梁,在他们沟通产生问题的时候,起着重要的作用。我,愿意做一名平凡的班主任,连接着家长和孩子,以我微薄的力量,不断努力,希冀看到更多欢乐的笑脸。

2. 家长反馈

开放日结束后,我收到了家委会成员小玲妈妈给我的邮件,全文如下:

亲爱的张老师:

您好!感谢家委会开放日活动让我和孩子一同经历这次"活课",也特别感谢您的精心策划,让我们一起被感动、被洗礼。

进入高中,确实和孩子的交流越来越少。我是一名大学老师,平时和孩子交流时也很注重方式方法,但是孩子却经常回避和我谈心。但是,在开放日后,她主动问我,妈妈,你每天最喜欢做的事情,是和我说话么?只一句,我就红了眼眶。那天晚上,我们聊了很多。沟通太重要了,通过那次谈话,我了解到,她其实一点也不喜欢我为她安排的美声课程,这是之前我一直没有发现的呀。还好,错误纠正的不算晚,而这真的要感谢这次活动。

【点评】

家委会是家长与学校沟通的桥梁,是家校互动中非常重要的一环。家委会活动只是家长代表开会,给学校出谋划策,表达自己想法吗?作为班主任,我们又可以做些什么尝试让家委会活动生动又达到我们设定的目标呢?

其实,家委会的活动不仅仅是向家长传达学校、学生的信息或要求家长配合学校,给学校出谋划策,还应该多从家长的需求角度出发策划活动。案例中的班主任抓住了高中家长渴望与孩子多交流的心理需求,在"家长开放日"委托家委会精心安排了形式多样的活动,满足了家长的需求,得到了家长的广泛好评,收到了良好的效果。

(四) 创新家长委员会工作途径

班主任老师要充分发挥网络载体优势,创新家委会工作思路。在如今的"互联网+"时代,QQ群、微信群早已经成为家校沟通交流的重要载体;班主任可通过定期召开现场会议或网络在线会议及时反馈近期班级体各项工作的开展情况,利用各种渠道认真倾听来自家长层面的真实心声,正面引导;通过及时沟通让家委会承担起负面信息"消防员"和正能量"宣传员"的作用。

【案例分享】

基于微信平台打造"中国合伙人"

家委会也是一个团队,而团体协调工作的关键是沟通,我班家委会成立后,就意识到了沟通的重要性。基于微信平台,家委会真正成为教师与家长沟通的纽带以及班级与学校联系的桥梁,成功打造"中国合伙人"。

一、微信平台搭建"多元信息桥梁",发布信息,是每时每刻的网上家长会

1. 微信普及度高,能不受制于时间和空间,实时发布家长关心的信息

我班的家委会从成立的第一天起,就组建了家委会微信群、包括全体家长和任课老师的班级微信群。学生的在校表现是家长最想了解的。这样的照片是家长最喜欢的。比如在"动手做"活动中,家委会家长拍摄活动中的班级全景、个人特写,并发到班级微信群中。其他家长能够一睹孩子在学校、在课堂的鲜活灵动的表现。微信不仅解决了家长"视察"需求的矛盾,更增强了家长参与度,形成了和谐、融洽的家校氛围。

2. 任何有效的沟通都是从"心"开始

学校有什么活动班主任或家委会成员都会在微信群里提前发布。"下周一班级举行班干部竞选,自愿参加。这是锻炼学生能力的最佳机会,要给孩子助力啊!""下周一开始冬季长跑,请为孩子准备合脚的鞋子,穿合适厚度的衣服。"……这些想人所想、公开透明的做法,充满人文关怀,能让家长产生强烈的认同感和归属感。

3. 网络家长会让中国式家长自主发出自己的声音

通过微信,家长可以根据自己孩子的具体情况或自己感兴趣的教育话题进行群聊,发表自己的看法和意见。比如我班的小哲同学阅读进步迅速。家委会利用微信让他爸爸分享经验。毫无保留的交流得到家长们一致好评。家长们也根据自己孩子的情况参与讨论,气氛热烈。

二、微信平台指导家庭教育。

1. 提高家长的家庭教育水平

我班家长素质、受教育程度、对教育的认识程度、教育的方式方法参差不齐。家长们虽然年轻,但一年读不了一本书的大有人在;有的家长教育还没有耐心,是不让人苟同的"狼爸狼妈";有的家长认为孩子交给老师一切OK……无论是老师还是家委会成员,都会通过在微信群中发布一些案例和理念,来让家长感悟到一些教育孩子的方法和技巧。"影响不创造什么,却在唤醒。"家长们重视家庭教育的意识被唤醒,并将学到的东西运用到教育孩子中去。不知不觉中,我欣喜地发现,家长们提升了,学生们也在进步……

2. 家长之间互帮互助,为彼此指点迷津

有的家长提到自己孩子学习效率很低,导致很晚睡觉,在微信中希望得到帮助。结果很多家长发表意见,介绍自己的成功经验。有的家长在群里吐槽孩子进

入青春期后,表现出叛逆,很快引起深有同感的家长共鸣。像这种家长间的经验交流在班级微信群中十分常见。而家长的倾诉并得到心理支撑是一个非常好的途径。

3. 微信平台是"双刃剑",约法三章规范微信群的健康氛围。

班级微信群属于"组织传播",本就容易形成信息超载。有的家长抱怨自己被群里的信息搞得很焦虑。在组建伊始,我班的家委会成员就和所有家长"约法三章":1. 不传播消极负面的消息,有问题请私聊;2. 在群内发的通知,除非有特殊要求,否则家长不用回复"收到";3. 家长不得上传带有商业性质的广告信息,也不能刷屏和拉票,不讨论与教育无关的话题。信息的传播和高质量离不开所有成员的合作。我班的微信群从未出现过不良事件。

人生就像马拉松,教育孩子不要只是赢在起点,而要笑到最后。这是家校共同的目标。为了达成目标,我们与"合伙人"的长跑路还漫长,还需要彼此不断地理解、沟通与分享。要想助力孩子,先要改变"合伙人"的视野、认知、思维。从这一点上来说,基于微信平台打造"教育合伙人",今天我们打造孩子的基石,明天他们成为国家的脊梁。

【点评】

随着移动互联网的快速发展,家校沟通进入微信时代。本案例中的班主任在家委会成立后,就意识到了沟通的重要性。她富有智慧地利用微信群,作为班主任和家委会沟通的重要平台,不仅提高了双方的沟通内容,也提升了沟通效率。

最值得借鉴的是,班主任把家委会看作是"教育合伙人",并认识到要想助力孩子成长,就先要改变"合伙人"的视野、认知、思维。基于微信平台,她使班级家委会真正成为教师与家长沟通的纽带以及班级与学校联系的桥梁,成为成功打造"教育合伙人"的途径之一。

第六章

合作与互动：如何组织开展家校活动

家校合作有利于发挥家庭的教育功能，有利于建立现代学校制度，有利于提升教育教学质量，有利于提高学校教育满意度，有利于形成良好的师生关系，有利于构建和谐家庭关系，有利于父母孩子共同成长。

——朱永新

很多时候,家校互动与合作是通过多种多样的活动实现的。教师尤其是班主任作为活动的主要策划者、组织者、实施者,必须能够激发家长参与家校合作活动的热情与主动性,引导他们在家校活动中积极参与,发挥自身优势,通过活动增加家校之间的理解,并在活动中提升家长的家庭教育水平。按照活动目的不同,家校合作活动可分为三类,一类是学校面向家长的开放活动,一类是由班主任组织的家庭教育指导活动,一类是家长参与班级活动。

一、以促进家校沟通为主要目的家校活动

促进家校沟通的活动旨在通过活动增进家长对学校教育教学活动情况的了解,让家长更加直观地了解学校的管理与发展趋势,学校的课程计划,老师的教学情况,以及学生在校表现情况,从而更好地促进家校合作。

(一)家长开放日活动:加深家校了解

家长开放日虽然是全校性活动,但是每一位班主任和教师都负责组织本班家长参加。

首先,班主任要把"家长开放日"的流程提前告知每一位家长,并对家长做出真诚的邀请。

其次,除了流程之后,班主任也要告诉家长,在开放日这天,家长可以看什么,怎么看,请家长做一个"有心人"。

第三,活动结束之后,班主任要和家长对"开放日"中家长的体会与意见进行详细交流与沟通。

【案例分享】

家长开放日的"赌约"

家长开放日,学校计划每班邀请五位家长来校参加家校活动。办公室里就应该邀请哪些家长展开了激烈的讨论。班主任们的意见基本分为三派:优秀派、后进派、中庸派。小张老师觉得应该请班级中各方面表现都很优秀的学生的家长来看看他们的孩子在校的表现;老法师王姐觉得应该请班级中"后进"学生的家长来帮

忙找找孩子在校的问题;小李老师觉得应该请那些表现中等的学生家长,他们肯定会认真填写好反馈表。为了论证自己的观点,他们决定分头行动。办公室里的其他老师也各自站队一起打了个小赌,看看最后谁的效果最好。

小张老师请了班级表现最优秀的五位学生家长。这五位家长接到电话都很乐意参加。活动当天,开始的两节课家长们兴致很高,学生更是高度配合。小张老师和其他任课老师在讲台上起劲地讲,学生和家长在下边默默地听,一天下来老师和家长的相互与沟通却并不多。而大部分同学看着优秀同学在爸妈面前的好表现,也都有些失落,很遗憾自己的父母没有能来校。

王姐请了班级五名学困生家长。这五位家长接到电话,第一反应就是孩子在学校又闯祸了。生怕老师要开告状会,也怕老师当面指出孩子存在的问题,搞不好要吃批评,所以都有些推脱。不过"老法师"最终还是说服了他们:在家长学校活动中,王姐把自己作为一名老教师和一位母亲的家庭教育理念向家长们传授,也请家长在一天的陪伴中感受孩子学习的不易和不足之处。家长们慢慢敞开心扉,把自己在家庭教育中遇到的种种问题提出来,让王姐帮助分析、探讨并解决。活动结束后,微信群里几位学困生家长激动地庆幸自己被选中参加本次活动。没有到场的家长纷纷则表示羡慕,都积极报名预约下次活动。

小李老师请了班级中各方面表现都比较普通的学生家长。因为小李老师本身自己比较年轻,经验也不足,也没有充分考虑到学生家长的文化程度、综合素养和家庭背景的差异性,而是采用统一的授课内容、方法和形式。最终家长开放日的效果可想而知,连他最重视的回访单,五位家长也只是草草地填写,敷衍了事。

王姐虽然出师不利但却笑到了最后。大家决定在活动结束后搞一次办公室聚餐,一起讨论:到底如何调动家长参与家校活动的积极性,引导全体家长达成家校互动活动价值的共识。

王姐说:"家长学校活动要针对家长的差异性,做到广覆盖。"这次要不是事先有"赌约",她本来是准备优秀、中等和后进学生家长都邀请的。在活动中她会根据家长的文化程度、综合素养和家庭背景的体现差异性。帮助家长解决平时遇到的实际问题,把"实用"放在首位,做到一次一个重点,一次解决一两个实际问题。同时,家长学校活动中她很注意维护家长形象。实际上无论是"优生"还是"后进生"的家长都非常关注孩子,对孩子充满着希望,也希望老师能这样做。大多数家长还是愿意与老师进行交流的,出现家长不愿来参加家长学校活动的局面,教师应多从自身分析原因。其原因主要有二:一是教师平时没注意维护后进生与家长的形象和尊严,使家长感到没有得到应有的尊重,不愿来;二是教师把家长学校活动开成

"批斗会",把"后进生"和其家长当成批斗的对象,家长不敢来。家长学校活动既要注意表扬优生,对各方面表现不好的学生,也要努力挖掘他们身上的闪光点。至于"后进生"身上的缺点和不足,不应点名批评,要采用说事不说人,委婉地提出建议的策略,引起家长注意,会后再找有关的家长个别交谈,给家长和孩子足够的尊重。这样,后进生的家长就会无所顾忌,并能主动地和教师交流,愿意和老师携手教育好孩子。

【点评】

"家长开放日"的目的是促进家校沟通,能使家长更好地了解学校,更好地促进学校的教育教学活动。但是很多时候,学校为家长提供了机会,但在活动中家长并不"上心",让"家长开放日"的效果大打折扣。

案例所述,在家长开放日中,三位班主任按照自己的判断,选择了三组不同的家长参与开放日活动,结果由于家长的差异开放日的最后效果也相差很大。三位老师能够积极反思自己的实践操作、共同总结活动的经验和教训,为以后家校活动的开展明确了方向,值得大家学习。案例也充分说明了,对任何教师而言,家庭家庭教育指导工作的经验与智慧都是在实践中不断探索出来的,并没有现成的教科书可照做。

(二)邀请家长参与班级活动:让家长由看客变成当事人

学校的科技节、艺术节、运动会等大型活动,班主任可以适时地邀请家长参与进来。当家长作为班级的一分子参与到班级活动中时,他们就由教育的"看客"变成班级教育的"当事人",他们就有了参与感和被尊敬感。

事实证明,家长也非常乐意参加这样的活动。班主任要及时肯定家长的参与热情,给予家长认同与鼓励,像孩子一样,家长也是需要班主任鼓励的,当他们被认同时,他们就会逐渐有了对于班级的归属感,他们会把自己当成孩子班集体建设的一分子。

【案例分享】

当"看客"变成"当事人"……

每逢我校举行体育节、艺术节、读书节和科技节,我都邀请家长参加。通过参与,家长进一步明确了学生在校的学习情况,看到学生在校的进步和专业学习的成绩。当家长看到孩子们在运动场上拼搏时,当家长看到自己孩子在舞台上精彩地表演时，家长都激动万分，从来没想到自己的孩子会有取得如此的进步和成绩。

最让我感动的是"放飞青春梦想"集体生日会活动。在前期准备活动中，我恰好住院，本来要班主任和家委会共同完成的筹备工作几乎全部是由家委会带领家长完成的。得到通知后，我和会长通了个电话，把情况向她说明，她表示很乐意负责这项任务。为了发挥学生的主观能动性，我提供上届学生的活动资料给他们参考。生日会的主持让班委学生策划，家委会负责提供一些参考建议。但更多的后勤工作全由家长配合完成。在筹备生日会的过程中，也遇到一些麻烦。班委学生讨论生日会需要制作关于成长的音乐短片以及留作纪念的中学成长记录册。这需要全体学生提供小时候和现在的两张电子照片。但有些家长迟迟未交，会长出面在班级微信群里发帖："孩子能参加这种集体生日会的活动是很难得的，应该配合孩子完成他成长的一个重要时刻。因为时间紧迫，望大家积极配合，尽快提供照片。"恳请的措辞让一些马虎的妈妈纷纷表示歉意，及时补齐材料。

争取了家长对生日会活动的支持后，家委会又进行了资料的整理和编辑，并联系广告公司，把孩子们在中学成长的每个精彩瞬间制作成了成长纪念册。活动当天，家委会成员早早来到现场，用气球、彩带等装饰物精心布置会场、准备好生日会的食物和饮料，并进行全程摄影和录像。在生日会中，大家有观看伙伴们表演时的欢乐，有回忆成长的感动，有读父母来信时的泪水，还有自己写回信时的激动。家委会成员则用相机拍下一张张洋溢着幸福的脸，随后将照片发到班级微信群中。很多家长都转发到朋友圈。有家长还写道："感谢老师和家委会成员的用心，让我没有错过孩子的每一次成长……"

每次学校活动后，我都会在班级微信群里赞扬家委会成员对学生和班级发展所做出的努力。其他家长纷纷点赞或表示感谢。家委会成员自己表示能为班级同学尽自己的绵薄之力，自己是很开心和愉悦的。而且榜样的作用是无穷的，一些不是家委会成员的家长还主动表示下次也要参与活动。除了学校的大型活动以外，我还会组织一些能让更多家长参与的活动，比如在特定的日子开展学生和家长互动活动，比如"母亲节的关爱""志愿者在行动"等，都可以用拍照片、写感言的形式进行呈现。不占用家长太多的时间，只要拍照即可，操作也比较容易。每一次活动结束后及时反馈总结，肯定活动中好的地方，表扬积极参加活动的家长，并且与其他家长分享活动中难忘和高兴的瞬间。这些点滴的活动给家长留下了参与的印记，让他们把这份快乐铭记在心里。越来越多的家长在活动中感受到快乐，体会到收获，越来越多的家长积极地走进学校活动中来。

【点评】

　　认同感让更多的家长走进家校共育。如果家长没有认识到家校活动对学生发展的意义和价值,就很容成为活动的"看客"。家长从"看客"变成"当事人"的时候,他们所起到的教育功效是学校教育无法替代的。通过家长参与班级活动,使家长更加了解学校,更加理解支持教师的工作,也使班主任更加了解学生的家庭状况,有的放矢地采取正确的教育方法。

　　案例中班主任老师成功的秘诀在于她不仅仅满足于邀请家长出席活动,而是让家长体验活动从策划到实施的整个过程,并给予及时的反馈,让家长在体验的过程中认识活动的价值,激发了他们的参与热情和参与欲望,也实现了家长与教师的教育观念同步,对孩子成长的认识达成共识,逐步建立学校、家庭、社会教育共同体,共同促进学生的健康发展。

(三) 组织亲子活动

　　一般学校很少组织高中生的亲子活动,其实高中学校组织亲子活动也是很有意义的。如,班主任可以组织开展家长和学生共同参与的参观体验、专题调查、研学旅行、红色旅游、志愿服务和社会公益活动等,增进亲子沟通和交流,通过活动增进孩子和父母的感情,家长也在活动中更全面地了解、认识孩子,学习借鉴别人的教子经验,指导家长充分融入学生的成长过程。

二、以开展家庭教育指导为目的的家校活动

　　这类活动一般由班主任组织发起,旨在就家长在孩子成长中遇到的问题,从理论、方法、内容和技术等方面进行指导,通常以专家讲座、家长学校、家长沙龙等形式开展。通过这些活动,家长可以得到老师的指导,也可以从其他家长身上学习到教子经验。

(一) 家校活动内容应该具有针对性,符合家长需要

　　首先,家庭教育指导活动的内容要切合家长需求,能够针对学生家长群体多层次和多样性的实际,就高中生成长中遇到的问题,给予家长针对性的建议,让家长在参加活动的过程中,能够学习到先进的家庭教育观念和科学的方法,切实提高开展家庭教育、改善亲子关系等方面的认知与技能。如,关于高考新政下孩子的选科辅导,学生高考心理辅导,如何处理缓解孩子的学习压力等,要让家长每次来参加

活动,都能学到新的东西。

此外,教师要在每次活动后对本活动的过程与效果都要认真反思、总结,不断提高家校合作活动的有效性。

(二) 家校活动的方式对家长应该具有吸引力,体现差异性

家庭教育活动的形式要能够吸引家长,让家长每次来参加活动都会有新的收获。比如,专家报告很多家长可能觉得具有很高的理论水平,却没有针对自己孩子的问题开出药方,当面对自己孩子的问题时仍然不知道如何做。因此,家教指导活动可以是多种方式,要有针对家长群体的专家讲座,也要组织一些能够体现家长差异性的活动,比如个别家庭教育咨询活动,邀请专家对某一类或某一个家长的家庭教育行为进行诊断,帮助家长解决平时遇到的实际问题。

(三) 注重互动与分享,组织以家长为主体的家教经验分享活动

让家长以主体的形式参与到家庭教育指导活动中来,通过教师与家长、家长与家长之间进行互动,共同讨论、分享家长遇到的问题与解决办法。比如,可以由老师提出一个家庭教育理念,家长进行讨论;也可以由家长提出在家庭教育过程遇到的问题,大家探索解决的办法;还可以把一些家长在家庭教育过程中好的家教方法,讲出来让大家分享。

班主任可以定期召开家庭教育指导家长分享会,根据学生身心发展阶段性特点,每次就一个主题开展讨论。充分发挥家长榜样带动的作用,让家长们向身边的优秀家长学习,提高家庭教育水平。

三、发挥家长力量、利用家长资源的家校活动

班主任应该发挥家长在班级管理与课程教学中的作用,以各种形式让家长参与到学校课程建设以及校外活动中来,充分发挥他们的积极性,同时也拓展了学校教育教学空间。实践证明,大部分家长是非常乐意参与学校的这些活动的。

(一) 家长走进课堂,参加教学活动

许多家长具有较高的文化素质和自己的专业特长,在教学中,根据需要,可以邀请家长到课堂上辅教或者主教某些课程。很多家长反映这很有意义,同时他们也能关注孩子的学习状况,有助于增强了对孩子教育的信心。

例如,语文课上介绍某一风味小吃,在介绍其制作过程时,可以邀请从事饮食行业的家长到班上来详细讲解该小吃的制作过程,如果有条件,还可以把课堂搬到实际的生产现场中去。这样不但可以活跃课堂气氛,提高课堂教学实效,而且使家长与教师成为亲密的合作伙伴,加强家长与班级的教学与管理的联系,最大限度增加家长的参与途径和效果。

【案例分享】

家长,您也是我的老师

小张老师向学校申请周二下午的拓展课自行安排课程内容。"啊?本来是大家轮流上的,现在你准备一个人承包下来啊?"我们吃惊地问道。"我是准备把家长发动起来。"小张老师回答。"家长愿意么?"我们问道。"之前做过调研,学生和家长都很配合。第一周,小黄的爸爸是交通警察,我邀请他进课堂讲解一些有关交通安全和道路标识方面的知识;第二周,小蒋的妈妈是医生,我邀请她讲一些有关身体保健和生理卫生方面的知识;第三周,小朱的爸爸爱好摄影或收藏,我想请他介绍有关的技术技巧,展览自己的作品或藏品;第四周,我准备邀请小常的爸爸帮我训练班级的篮球队,他之前是专业的篮球中锋。这些是已经报名的家长,还有一些资源有待挖掘。"小张老师胸有成竹地说。"哇,那你真是轻松半边天了。"我羡慕极了。

"你不知道,听说家长能来上课!我们班级的学生可激动了,纷纷推荐自己家长!"小张老师得意极了。"这样的话,不如资源共享,你能不能安排家长也到我们班讲讲啊?"我灵机一动。"行啊,我问问他们有没有时间。那这次家长会,能不能也请你们班小钟的妈妈到我们班交流交流经验啊?她上次家长开放日上的发言太精彩了!"小张老师呵呵一笑。"好!"我回答道。

【点评】

引进家长力量,让家长进课堂,既可以丰富拓展课程内容,又可以促进家长对学校的了解。这就需要教师精心设计,合理安排,既要考虑家长的因素,又要把握好课程的质量。

小张老师深知,在教学过程中吸收和利用家长资源能够开阔学生的眼界、丰富学生的体验、提升课堂的趣味,是家校协同育人的重要方式。她能够有意识地开发家长资源,值得赞赏。需要强调的是,引入家长资源进入课堂,仍然需要教师加以指导;另外,利用家长资源也要充分考虑家长的实际情况,尊重家长的意愿。

(二) 家长作为志愿者参与学校活动

邀请家长策划、协助组织孩子参与全校性开放型活动。包括校运会、各种竞技比赛活动和各类节日纪念活动、郊游等,都应该最大限度寻求家长们的支持与协助,以发挥活动的最大效果和减轻班主任自身的工作负担和压力。

班主任可以邀请家长参与到分头设计活动方案,帮助编印刷相关宣传单,装饰活动场所,以及一些具体的服务、安全维护工作。在这些活动中,一方面家长发挥了支持学校教育的作用,另一方面通过与孩子共同的游戏,使家长更了解孩子的发展状况,从而有效地促进家长与孩子的沟通。此外,也减少了家长对孩子们举行活动的安全问题的担忧。

(三) 以尊重家长意愿,不影响家长正常工作为原则

家校活动中,如何吸引家长积极参与一直是班主任需要思考的问题。有时候,家长不愿参加家校活动,不外乎两个原因:一是上班时间与活动时间冲突;二是并不了解学校活动的意义与自己参与的角色,觉得自己只是观众而已,来不来无所谓。

首先,在开展家校互动活动中,学校应该尊重并理解家长可能存在的诸多限制条件,尽量减少家校活动给家长带来的负担,比如考虑家长的时间安排,尽可能地减少家长的工作负担,在时间安排上做到不影响家长上班,确保家长有时间、有精力参加学校活动。

其次,要让家长在活动中有成就感和价值感,最重要的是让他们感受到自己活动"角色"的重要性。当家长能切实感受到自己在家校活动中的付出得到了老师和孩子的认可时,他们就会更加主动地参加下一次活动。

【案例分享】

义卖会上的家长摊位

初夏季节,某高级中学每学期一次义卖会又将开幕。师生们看到今年的摊位指示图时,对其中的"家长摊位"颇多议论与好奇。家长工作繁忙,居然会来义卖会,还专设一个摊位?

义卖会当日,"家长摊位"前人头攒动。几位妈妈笑容可掬,招呼师生,摊位边是介绍海报。家长摊位主打义卖品是摄影作品明信片,摄影出自高二某班周爸爸之手,画面感强、引人入胜,深受大家喜爱。摊位上还有五彩缤纷的毛线编织袋、串珠工艺品和手工曲奇饼干,甚至还有深受女生欢迎的"校服裙同款蝴蝶结头饰",都

出自负责接待的几位妈妈之手。一时之间,家长摊位的义卖品炙手可热,很快就积攒了许多的义卖款。

家长摊位的由来,还要从高二某班开始追溯。小周同学是摄影爱好者,平时集体活动都会带着专业相机留下佳作,他的技术不仅受同学们的推崇,也引起班主任袁老师的注目。小周的摄影爱好与较专业的技术,源于周爸爸的影响与指导。周爸爸是上海摄影协会的资深会员,不仅热爱摄影,而且技术高超,在很多专业摄影比赛中都获得过奖项。

同学们对周爸爸的作品充满好奇与神往。在班委提议下,班级预计推出一期"周氏父子摄影展"黑板报。要让摄影展成功展出,需要周爸爸的全力支持,于是袁老师与周爸爸进行了沟通。

周爸爸爽快答应了,并在预计时间里提供了自己的数十幅佳作。小周也提供了自己深受同学喜爱的作品和一份爸爸教他的关于摄影构图取景技巧的资料。

"周氏父子摄影展"如期展出,几十幅作品外,还有班委精心制作的《摄影构图取景小知识》板块。整面教室后墙都成为展出平台。摄影展不仅吸引了同学和任课老师,还吸引了其他班级师生的注意,午休和放学时,班级的后墙边常人头济济。

于是班级同学萌生了将摄影佳作推广的想法。同学商议出一个金点子——从作品中选取部分,印制成明信片,在一个多月后的义卖会上作为"班级特色义卖品"出售。征求周爸爸的同意并询问了一些获奖作品的版权问题后,这一计划也顺利地进行了。班级投票选出二十幅佳作,交由小周负责,由淘宝店商印制成明信片,在背面标注作品名称和作者。

义卖会开启前几周,摄影展又吸引了来开家长会的众多家长的注意。于是袁老师在家长会上将这活动介绍给了家长。次日,吴同学私下询问:"老师,我妈妈问班级还需要其他义卖品吗?她退休在家喜欢串珠,有一大箱作品可以捐给班级。"

袁老师联络了吴妈妈,表示非常感谢她的支持,聊着聊着,吴妈妈表示自己退休在家,如果班级需要她来义卖会帮忙她也义不容辞。这时又一个金点子出现了:支持并愿意参加学校活动的家长不止一个,为什么不把义卖会作为家校互动的平台,让更多家长参与进来呢?年级组认为建议可行,于是征求了班主任们的意见,一周里有好几位退休家长表示愿意来义卖会帮忙,另一部分要上班的家长则表示愿意捐助各种义卖品。年级组与学生会沟通后,最终由学生会在义卖会场专设了"家长摊位",年级组向到场帮忙和捐助物品的家长正式发邀请函和感谢信。

"家长摊位"在义卖会上大获成功。周爸爸的明信片还引起了校长的特别关注。学生会表示,义卖会每学期一次,如果每次都有家长愿意到场支持,那么"家长摊位"或可传承下去,成为一项特色。义卖会之后不久,校长向袁老师了解了周爸爸的摄影专业,并希望进一步沟通:是否可以邀请他担任校运会师生摄影大赛的评委?

有明信片的铺垫,加之学校充分考虑了家长工作繁忙,表示会请负责摄影的老师们进行初选,家长只需在学校发送的复赛照片中评出冠亚季军6张,并做几句专业点评即可。周爸爸欣然接受了学校的邀请。加上小周与爸爸的融洽沟通,周爸爸还答应参加校运会之后的周一升旗仪式(升旗仪式在早上七点半,并不影响上班),在颁奖之后作三分钟的专业点评。

周爸爸以自身专业知识热情参与学校活动,得到了师生们的热情感谢,除此之外,义卖会上的两位退休妈妈也意外获得了同学们的"青睐",吴妈妈和徐妈妈分别被学校的手工艺社和编织社聘请担任社团指导老师,每周三下午进行一小时串珠和编织教授。她们表示,通过这样的形式,不仅能与自己的孩子有更多的沟通渠道,且原以为是雕虫小技的本领能被许多孩子欣赏并传承,感觉非常美好。

【点评】

学校丰富的活动常希望家长能热情参与,尤其希望有专业知识的家长能给予支持。但有的家长工作繁忙、无力参与;有的原本热情,后因学校活动频繁而兴致渐消。作为班主任老师,我们应该如何激励家长热情参与学校活动呢?

本案例中的班主任请家长参与学校组织的班级活动,不仅让家长感受到参与家校活动时的收获,增加了家庭之间的有效沟通,也促进了亲子关系更为融洽。同时通过这样的活动,也让家长获得"培养其他孩子的能力与智慧"的机会和途径,让自己的专业知识与技能获得认同,无论对家长、学生还是学校,都是一种很大的激励。

第七章

指导与引领：如何做好家庭教育个案指导

如果没有整个社会首先是家庭的高度教育素养,那么不管老师付出多大的努力,都收不到完美的效果,学校里的一切问题都会在家庭里折射出来,而学校复杂的教育过程产生困难的根源也都可以追溯到家庭。

——苏霍姆林斯基

教师面对的是一个个学生,有很多学生的问题不是一次家访、几次沟通就能解决的,而是要从学生的问题出发,针对学生家庭进行个别诊断、追踪式指导,这就是个案指导。家庭教育个案指导是针对个别家庭存在的问题,开展的系统、严谨、有目标、有计划、有措施的完整科学的指导过程。

一、开展家庭教育个案指导的原则

家庭教育个案指导的重点是指导家长转变教育观念,改善教育方法,通过家长的改变带动孩子的改变,教师主动发现问题,寻求家长的自愿配合是根本特征。

(一)主动、自愿、尊重原则

1. 教师要主动和家长沟通

教师要把对家长进行家庭教育指导作为一种神圣的责任,发现问题时要主动同家长联系,让家长意识到孩子的问题对其学业的影响以及对其健康成长的影响。让家长感知到教师是真正地为孩子的发展着想,是真心想帮助自己改变不良的家庭教育方式。

2. 家长必须自愿

家庭教育指导是需要双方合作才能实现的,如果缺少家庭的配合,教师只是一厢情愿,是不会取得任何好的效果的。因此,教师一定要征求家长的意见,把指导的必要性告诉家长,与家长充分沟通,使家长理解、接受后自愿与指导教师合作。

3. 教师要尊重家庭隐私

在指导家长时,要和家长建立一种互信、互帮、互尊的关系,但也要避免对其家庭生活过度干预,如果涉及家庭隐私或敏感问题,教师一定要谨慎,把握好度。

(二)同情、理解、换位思考原则

同情就是能够以一颗"父母心"去了解这些有着"各种问题"的家庭,理解他们的处境,分析孩子会出现这些问题的原因,理解家长的一言一行,并设身处地为他们着想。只有将心比心地去理解,才能打开孩子和家长的心扉,找到解决家长及学生的问题的"钥匙"。

（三）坚持到底、不放弃原则

冰冻三尺非一日之寒。孩子身上的问题的形成可能是长期由多种因素导致的，同样，个案指导很多时候需要教师的耐心、坚持。而且，在跟踪指导过程中，教师还要引导家长充分认识解决家庭教育问题的艰巨性、复杂性，一步步帮助个案家庭解决矛盾，推动家庭进步，促进家庭教育取得预期效果。

（四）教师、家长与学生处于平等地位

以往在高中阶段的家校合育中，学生与家长、学生与教师常常处于"家长反馈情况—教师批评教育—学生接受教育"或"教师反馈情况—家长批评教育—学生接受教育"这种失衡而不对等的静态模式中。这个模式中，学生始终处于"被教育"的位置。

教师应该认识到，在家庭教育指导的过程中，教师、家长、学生三者之间是互为平等的、互相尊重的，不是教师和家长合力去"改造"学生，也不是教师去"改造"一个家庭，而是在相互尊重的基础上，找到存在的问题，共同解决。

【案例分享】

一张特殊的契约

阿远是一个性格外向，聪明好动，但自控力不强的男生，喜欢打篮球、玩网络游戏，学习成绩在班级里处于中游水平。阿远的家庭和现在许多的家庭一样，一家三口，经济宽裕，父亲平时工作繁忙，经常出差，于是教育的重担便自然而然地落在了阿远母亲的身上。阿远的母亲对自己的孩子颇有期望，自从阿远进入高中以来，她经常会打电话给我，关心了解孩子的情况。可最近电话的内容除了常规的情况了解外，还增添了许多阿远母亲的抱怨："阿远越来越不肯听我的话，老是和我顶嘴，气死我了！""老师啊，阿远最近老玩网络游戏，做作业时还老和同学发短信，这样下去可怎么办啊！"……诸如此类的絮叨几乎成了亲师交流的主要内容，数次之后，我已很难再找出更好的劝慰言辞，以致双方的交流每每以这样的形式开始又以同样的方式结束。再来看看阿远，学习上依旧是难以专注，有时放学很晚了还和同学打篮球，成绩不进反退。而每次当我因此而找他谈话时，他总会敏感而又不屑地说："肯定又是我妈来告状了吧！她就会告状！"可他似乎又不愿多涉及和母亲的关系，这让我很头疼，我隐隐觉得阿远的家庭教育可能出了问题，不过我并没有急于出击，而是等待适当的机会。

几天后,适逢学校篮球队招收新的选手参加2个月后区里的联赛,阿远因其出色的技术被体育老师相中,但由于阿远成绩不过硬,学校要求征询学生家长的意见。阿远的母亲明确表示反对,但阿远基于对篮球运动的热爱,坚决要参加球队,两人又爆发了激烈的"内战",阿远的母亲再次致电向我"哭诉"。放下电话,我觉得机会终于来了。我先找来了阿远,肯定了他在篮球方面的天分,然后我告诉他:"虽然你的态度很坚决,但你妈是你的监护人,你能否加入球队必须征得父母的同意,这是学校的规定。"阿远听了显然有点着急,不知所措。我趁机答应他我可以设法让他的母亲点头同意,但前提是他得告诉我他和母亲之间存在的问题。很快,阿远便"和盘托出"了,原来打阿远上了高中以后,母亲对阿远的期望和要求也日益升高,眼里只有阿远的成绩,温和的鼓励少了、无谓的批评却多了。阿远有时明明在网上查学习资料,她却怀疑阿远躲在书房里上网玩游戏,经常"神出鬼没"地盯阿远的梢,还限制他的娱乐时间,母子关系便开始紧张起来。同时我还从阿远那里了解到,他对母亲的不满还源于母亲不能以身作则,晚上常在房间里和姐妹淘"煲电话粥",却又指责阿远边做作业边和同学发短信。

阿远离去后,我仔细回忆了双方的"状词",分析了母子的矛盾,发现阿远尽管也有自觉性差的缺点,但矛盾的根源还是在他母亲身上。如果母亲对他的教育方式能不那么简单粗暴,恐怕就不会导致现在的冲突了。我决定利用这次事件来帮助这对母子,既信守我对阿远的承诺,又能转变阿远母亲的教育方式。在经过了几天的思考和准备后,我和母子俩约定了家访的时间。

一个周末的下午,我如约来到阿远家,我们三人围坐在桌边,开始了沟通与交流。我并没有开门见山,马上切入对阿远入队事件的看法,而是先向阿远的母亲汇报阿远近期的突出表现,阿远很高兴,可阿远的母亲却愤愤地说:"别的再好,成绩不好有什么用!"阿远一听又想和母亲争辩,我赶忙示意阿远冷静,随后我向阿远的母亲阐述了学生全面发展的重要性,还把近期的李刚事件、药家鑫事件作为反面事例来劝导阿远的母亲不要一味关注成绩,要多看到孩子其他方面的亮点,娱乐活动只要掌控好,不但不会影响学习,反而还会拓宽视野,发展思维,有助于学习。她的母亲听后略有所思,见状我不失时机地、婉转地指出她在教育孩子时的一些误区:比如不能以身作则、不相信孩子、期望值过高等。同时,我也对阿远的缺点如贪玩、自控力差、不理解父母的用心等作了适当的批评,我这样做旨在让母子两人都明确自身的问题所在。这时,我终于把关于阿远能否入篮球队的事宜提了出来,阿远的母亲还是不太同意,毕竟人的思想不可能马上转变,阿远则焦急而又满怀期待地注视着我。"如果阿远改正缺点、成绩进步的话,您是否同意他加入校篮球队呢?"我问道。阿远的母亲态度也有了松动,说:"他成绩好了,我就不反对了。"阿远说:"可万一妈妈反悔了怎么办?"我随即说道:"阿远你看,其实你母亲还是很宽容的,不过你说得对,口说无凭,咱们立张临时契约吧!""什么?定契约?"母子两人不约而同地表示疑惑。"嗯,是的。阿远妈妈,孩子和我们大人都是平等的,阿远刚才也反映了您的一些问题,如果您能拿自己做榜样,以后还怕孩子不听您的吗?所以,为了让阿远的成绩提高,您也要有所改变哪!至于契约嘛,正好可以让你们互相督促。"犹豫片刻后,阿远的母亲看看自己的孩子,同意了我的意见。经过协商,我、阿远和她的母亲共同拟定了这样的一份临时的特殊契约,大致内容罗列如下:

1. 做作业时和母亲一起把各自的手机放在客厅的茶几上,且调成静音模式。
2. 做作业时阿远主动打开房门,上网查资料时请母亲监督。
3. 母亲不因成绩而随意批评阿远。
4. 所有的娱乐活动等学习任务完成之后进行,此时母亲不再干涉。
5. 阿远的娱乐时间每天不超过 2 小时(周末为 4 小时)。
6. 如果阿远遵守条约,母亲就同意他加入校篮球队。如果阿远的母亲违反了条约,阿远有权根据自己的意愿加入校篮球队。
7. 契约有效期为两个月。

契约签订后,亲子双方签了名并一式三份,整个风波算是暂告一个段落。

之后不久,阿远告诉我,自己在家学习时母亲不再和别人"煲电话粥"了,也不常批评他了。而他自己,偶然也会有开小差的心思,可一想到会因此打不了篮球,他就能尽力克制自己。看到了母子俩的改变和进步,我由衷地为他们感到高兴,但是等临时契约到期以后,阿远和他的母亲又会怎样呢?取得的效果还能维持、延续下去吗?我带着期待又陷入了新的思考中……

假如"我"和阿远的母亲按照旧有模式来教育孩子,让阿远迫于父母教师的权威而接受教育的话,对于青春期的孩子来说,只能是强化其反抗意识,结果必然是阿远与我们的心理距离渐行渐远,教育的效果根本无从谈起。

当然,正如结尾"我"的"期待",让家长与孩子定契约固然收效甚速,但是否能长久改变学生的行为方式,还值得商榷,毕竟学生(包括家长)的自主、自律、内在动机等因素也必须考虑在内。因此,如何发挥这一动态模式的持续性教育效果,这一问题需要在今后的教育工作中继续思索和探究。

【点评】

本案例的老师提出了"三位一体,平等互教"的家庭教育指导理念。即要形成构建家长、学生、教师三位一体、平等互教的动态关系,教师和家长根据学生的实际需求相互协作,通过一系列的教育活动促成学生的改变。

在过程中,整个事件的积极发展就是三者在倾听对方、反思自身、确定方案的过程中达成的。老师关注家长的需求、聆听孩子的心声、抓住教育的契机,采用艺术性的"契约"方式,在观念上引导家长反思,在方法上鼓励孩子进步,取得了家长与孩子共同学习、共同成长的良好效果。经历了这个事件后,学生学习了承诺与责任,家长懂得了言传与身教,教师明白了尊重与平等,成年人教育学生,同样学生也让成年人获得教益。

二、进行家庭教育个案指导需要具备的素质与能力

班主任面对的是性格迥异,文化背景参差不齐的各类家长。如何和他们正确沟通,如何赢得他们的信任是每个班主任时必须考虑的问题。对学生而言,亲其师信其道,对家长而言,也是如此。一个能够成功进行家庭教育指导个案的教师或班主任一定是一个满怀爱心、具有较高专业素养、亲和力,被家长所喜爱的人。

(一)目标要适切、明确,符合学生的家庭实际

家庭教育指导的目标是孩子的改变以及家长的改变。教师在最开始的时候要针对当事学生与家长的实际情况,提出明确的家庭教育指导目标,即对孩子哪方面有所改变、促进家长哪些转变,有清晰的目标预设。

同时,在指导过程中,教师要以发展的眼光看待家长和孩子的问题,能够根据情况调整自己的目标预期。

【案例分享】

冰山的融化

暑假接手新班级进行家访时,陆同学的特殊家庭关系引起了我的关注。第一眼看到他时,1米90的个子,高高大大,应该是挺拔阳光的,可他瘫坐在沙发里,面无表情,对任何问话毫无反应,一言不发。我隐隐感觉到他的眼神中透露着对妈妈的不满。侧面了解到,陆同学的父母在他五岁时抛下他双双去英国发展,近期才回国。而他从小由年迈的奶奶抚养长大。与父母长达十年的分离,使他养成孤僻的性格,内心深处对父母埋怨。可是在开学后,我又惊奇地发现,他对于班级的小事却比任何一个人都要在意关心。有这样一件小事让我记忆深刻。开学第一天早上

升旗仪式,在大家都出去排队的时候,他一个人留到最后,把教室的所有灯都关了。这虽然是件微不足道的小事,却让我深深感到他是一个外冷内热的孩子,有时可能只是不善于表达自我以及对父母有一股怨气吧。

我决心帮助他的父母改善与孩子的关系,同时也希望在我们班级这个大家庭中让他有一种温馨的家的感觉。我从三个方面入手。

首先,我尽量鼓励他多参加班级的活动,无论是校外志愿者服务队,还是校内的爱心义卖,我都有意让他参加,增加他与同学老师的接触机会。同时,我让他担任了小组长的职务,平时有什么工作都通过他传达给同学,锻炼他的表达能力。另外,他非常喜欢研究计算机游戏,我就发挥他所长,让他担任计算机课代表。在各项活动中,我注意到他并不排斥参与,反而任劳任怨,全身心地投入其中,尽心尽责。渐渐地,我时常可以从他脸上看到笑容了,也看到他有了几个贴心的朋友。而他也开始信任我,依赖我。考试前,他会跑来问我借笔记;考试时,他没有带铅笔,会第一时间想到问我来借。虽然在外人看来这些事根本不值得一提,但我却明白他在不断改变,他愿意与人交流了。

可是每当和他谈及家里的事时,他都躲躲闪闪,不愿多提。我知道他对父母还是有着一份不满。所以第二步要做的是通过我的帮助改善他与父母的关系。我首先让他明白父母平时都忙于工作,而孩子平时都在学校,每天和孩子相处的时间本来就有限。因此,做家长的无论工作再忙,也得抽出点时间来陪孩子说说话。与孩子说话,为家长提供了了解和教导孩子的机会,也有助于家长及时掌握孩子的心理动态。他们的快乐、烦恼,家长都可以了解清楚。而经常和孩子及时沟通,他们也会把心里话告诉父母,从而可以让父母更好地去关心他们、爱护他们。而陆同学特殊的情况又不得不要求他的父母花更多的时间、更多的心思去关心他,磨合弥补这么多年的隔阂。

平时我保持与他父母的联系,把他在校的情况及时告知,同时了解他在家里的情况。我将他在学校遇到的困难或缺少的东西及时告知他父母,让他父母用不经意的方式向他表达关心。同时我也希望他父母可以以自己的行为影响他的人生观、价值观、世界观,帮助他形成正确的行为举止。在一件事情的处理中,通过我的努力,陆同学父母妥善处理了,并增进了他们的感情。去年年底,一天放学后,他乘车时新买的手机被偷了,我从他的讲话中明显感觉到他自己很伤心、很心疼,但在父母面前他却发了很大的脾气,把自己锁在房间里不出来。如果是以前,他父母一定也会大发脾气,和他大吵一架,最后不欢而散。但这次我与他父母及时沟通交流,把他真实的心理感受告知他父母,让他父母不要责怪他,反而去安慰他,并为他买了个新手机。因为这件事,他对父母的态度有了明显的改观,他感觉父母有点理解他了,处理事情居然不一样了。虽然现在他和父母的关系并没有非常融洽,但情况在慢慢好转,冰山在慢慢融化。

【点评】

父母在家庭教育中的作用是任何人都无法取代的。良好的亲子关系对于学生的人格和社会人际关系发展有着极其重要的影响。本案的主题是教师如何指导家长解冻冰冷的"亲子关系"。

面对长时间缺失家庭温情与呵护的陆同学,老师把改善孩子和家长的亲子关系作为指导目标,从此目标出发,想出各种方法,巧妙利用关键事件,引导家长意识到自己身上存在的问题,做出积极改变,在家庭教育指导中积极为家长和学生创造沟通交流的机会,增加亲子间的了解,引导家长理解孩子、尊重孩子、支持孩子,感受彼此的真诚,亲情温暖心灵,冰山渐渐融化,促进亲子关系的融洽。

(二) 制定具体、可操作的指导计划

进行个案指导,应该养成严肃认真、细致入微的好习惯。比如,养成记指导日记和阶段记录的好习惯,把每次指导的过程记录下来;做好教育资料的收集、分类工作;保管并整理好每一位咨询者的基本资料,以备以后跟踪调查或走访。

(三) 做一个专业的指导者

扎实的理论功底。进行个案指导,扎实的理论功底是根基。要想出色地开展个案指导工作,必须扎根于教育实践,坚持不懈地学习和充实自己,让自己身上有常流不断的理论活水。

敏锐的洞察能力。做好家庭教育个案指导,指导教师的"嗅觉"一定要灵敏,要能从家长的言谈举止、字里行间捕捉到真实信息,进而揣摩其心理,了解其需求,并为其提供有效的帮助。

缜密的逻辑思维能力。逻辑思维是人对事物的思考、辨别、判断能力。对于家庭教育个案指导教师而言,缜密的逻辑思辨能力对于有效地进行个案指导工作,将会发挥很大的作用。

良好的语言表达能力。语言表达能力是家庭教育个案指导中教师的一把利器,不仅代表了指导教师的整体水平,而且会影响到指导质量。要想说服家长,打动家长,把先进的教育观念传输给家长,得到家长的认同认可,就得具有熟练的语

言表达能力。

(四) 成为一个充满人格魅力的温暖的指导者

一个人能否为别人所接纳,是否具有群体影响力,关键在于他的人格魅力。人格魅力也是家庭教育个案指导中教师应该具备的最重要的基础。教师要以此为目标,加强自身修养,成为一个充满人格魅力,让学生和家长觉得温暖的人。

【案例分享】

做"学生的良师,家长的益友"

都说什么样的家庭,往往会有什么样的孩子,曾经碰到过的一个学生家长给我留下了较深的印象。记得那是高三的第一次家长会结束后,我一下子被一群家长围住了,每个家长都有不同的问题。但是我突然发现有一位家长竟然几乎所有家长的问题都能帮我回答,而她的回答却总惹来了许多家长的不满,等到好不容易解决了他们的问题,已经8点半了。

在回办公室的路上,这位家长等在走廊上叫住了我。她自我介绍,是班中小Z同学的家长。小Z是一个内向的女孩,高一就参加了我带的一个研拓班,所以我也算较早就认识她了。高一高二在研拓班中,她表现出了极大的热情,所有我布置的任务,她都是最积极完成的,所以我觉得这是一位好学优秀的女孩。站在走廊上,家长告诉我,对于她的女儿,语数外她都能辅导,从读小学至今,她都会给她安排辅导各门学科。到了高三,唯独生物她无能为力,所以希望我能在这门学科上多多关注她。我抬头仔细打量一下,感觉就是一位普普通通的中年妇女,我当时觉得,真是人不可貌相,这位家长好牛,高三的三门学科都能辅导,这样的家长我还从来没有遇到过,我不得不对她有点刮目相看。但和她交流了近20分钟,我就隐隐生出一些不安,按照以往碰到的情况,这样的家长,对孩子的期望值都会很高,很多孩子都会由于现实和期望值之间的落差而出现心理上的问题。出乎意料的是,第一学期,风平浪静,啥事也没有,孩子的成绩也还不错,在班中属于中等偏上,我觉得我的担心似乎有点多余。

谁知,第二学期的开学后不久的一天,一早上就接到该家长的短信,说是孩子最近一段时间回到家经常大哭,不肯做作业,说不想上学不想参加高考了,现在家长的话怎么都不听,还说如果让她高考她宁愿去死。我的心里咯噔一下,该来的还是来了。同时还给我出了一个难题:既不能让孩子知道她和我联系的事,但又希望老师帮着做做工作。我一边安慰家长,一边想着怎么处理这个棘手的事情。7点半过后,我给她发过去了一条短信:"小 Z,上课时间过了,怎么没看到你呀?身体不舒服吗?如果不舒服,就好好休息,今天生物拉下的课,明天老师会和你单独讲解的,不要太担心哦。"一会,她回信了:"老师,我今天早上起来觉得头很晕,想休息一天。"到了晚上,我又给她发了一条信息:"身体好点了吗?明天能来上学吗?明天有节体育课,你不要下去了,我到教室给你讲讲昨天的内容。"一会她回了信息:"老师,我明天来上课的。"我心里稍稍放松,心想只要孩子肯来学校就好,我就有机会和她沟通和交流,这样的孩子,目前主要的问题是给她信心和鼓励。第二天,利用体育课的机会,我先是给她讲解了一部分课程,讲解过程中,我及时表扬她知识掌握还不错,理解能力也可以,只要认真,成绩一定会上去。然后,我就说:"小 Z,黄老师怎么觉得你最近一段时间学习上没有以前那么认真了呢?总感觉你对自己的信心不足,你也不像以前那样开朗爱说爱笑了,能不能和老师讲讲怎么回事呀?"她一开始,怎么也不肯说,后来我和她聊起了班中最近发生的一些事,她话多了,也总算说出了自己的心事:妈妈对她要求太高,自己又觉得高三的课程越来越难,已经力不从心了,对自己越来越没有自信,感觉快要被逼疯了,但又害怕妈妈对自己失望,不敢想象如果高考不好结果怎样,家长会对她如何失望。因为害怕,所以逃避。只要她说出了真实的想法我就觉得比较好办了,看来问题的症结是家长。

晚上她妈妈发来信息:"黄老师,她今天回来精神状况好多了,主动复习功课了,谢谢你的关心和帮助。"我给她回信:"不用谢我,作为家长,不要给予孩子过多的压力,你也反省一下以前的教育方法是否有不妥之处,半小时后我们电话沟通。"在后来的电话交流中,我给她指出了其教育方法存在的问题:1. 目标太高,不切实际;2. 不了解高考形势,辅导不得利;3. 教育方法简单粗暴,孩子不认同。同时和她协商后阶段改变教育方法,尊重孩子意愿,不给孩子太大压力,学习上主动放手,给孩子自主权。

这事过后,为了激励小 Z 的自信心,在后来的生物测验中,一些可给分可不给分的题目,对她我都给分,让她的成绩不至于太低,果然,一段时间后她的自信心有所提升。但我知道,这样的事,不会如此顺利,所以我和她家长约定,每个星期和我进行一次沟通交流,发现问题,及时解决。果然,每过一段时间该学生都会出现反复,家长到后来已经束手无策了,要求越来越低,最后低到只要能顺利参加高考,不管结果如何。但尽管这样,到了 6 月 2 号,离高考还有 5 天时间,她妈妈又哭着给我打电话,说她不肯参加高考,这几天在家里啥都不复习,天天躺在床上睡觉。求我能不能劝劝她,不要放弃这次高考。说现在只有老师的话她还能听一点,家长一句话都说不上了。这下我也急了,马上打车赶到她家做她思想工作,最后她总算答应我会坚持到最后,参加完高考。6月7号,在考场门口看到满脸焦虑的妈妈和女儿,我也总算放心了。8号晚上,家长给我发来信息:"谢谢老师,她总算顺利完成高考,不管成绩如何,这个结果我已经很满意了。非常谢谢你!感谢你一直来对我的指导、鼓励和陪伴"。

令人高兴的是,高考成绩出来后,小Z成绩达到了本科录取分数线,最后被一所本科院校录取了。家长更是欣喜万分,拿到录取通知书后带着女儿一起来到学校要对老师当面说一声谢谢。此时看到的小Z,快乐阳光自信,她妈妈也是满满的笑意,我也很欣慰。做老师,做班主任,这就是最好的回报。

【点评】

由于家长的教育方式简单,教育目标过高,这位高三学生压力越来越大,自信越来越小,直至厌学不愿参加高考,甚至出现了轻微抑郁现象。而此时家长却感无能为力,把最后的希望寄托在老师身上。班主任在长达四个月的干预过程中,不仅在学生身上花了大量时间,同时,通过电话、短信、家访等多种形式和其家长有过近20次的沟通,通过努力,终于使一个已经不想上学的孩子考进了大学,达到了大家希望看到的最好结果。

通过这件事,我们看到,班主任,应该是学生的良师,同时也应该是家长的益友。遇事,能够站在家长的角度、立场去感知和体验对方的感受,并能有效地将这些感知和体验传递给对方,使对方感到得到理解和尊重,最终收获信任。父母对班主任的信任加上良好的家校沟通,对孩子的健康成长具有积极的意义。

三、改变家长:开展家庭教育个案指导的着力点

作为一个班级的班主任,几十位家长会有很多的期待和期望,希望班主任能给予孩子成长中的各种指导,和他们一起帮助、教育孩子健康成长和发展,指导、引导孩子解决可能遇到的各种问题。指导家长可以从以下几个方面着手。

(一) 传递科学的家庭教育理念

很多高中生家长的家庭教育观念是不正确的,比如,不少家长认为,教育孩子是学校老师的事情,自己完全不管;有些家长只看重孩子的学习成绩,以为成绩好就一好百好,从而忽视了孩子其他方面的发展;还有些家长没有意识到孩子到了高中阶段,独立意识增强,还依然用比较"专制"的方法去严格"管控"孩子……观念决

定行为,家庭教育的误区都是因为家长不正确的家庭教育观念导致的行为偏差造成的。

教师在家庭教育指导过程中要向家长传达科学的家庭教育观念,这是家庭教育指导最基本的工作。例如:让家长认识到,家长是教育孩子的第一责任人;引导家长了解自己孩子的发展特点,正确看待学习成绩,引导家长正确认识父母言行对孩子成长的重要影响力,引导家长认识到成人比成功更重要,等等。

【案例分享】

爸爸愿陪你长大

小林是我教过很特别的一个学生,有着与年龄不相符的单纯与幼稚,仿佛还没有长成高中生。一头厚厚的乱发贴在头上,脸上常挂着天真的笑容,说话老前言不搭后语。上课小动作不断,嘴里的零食不停。我拿到新同学给班主任的信里,印象最深的就是他的字写得像刚学写字的孩童,歪歪斜斜,七长八短,东一个西一个,后来他的作业老师们也常看不清写的是什么。我只好送了他一本字帖,要求他每天抽半小时练字。入学以来,小林纪律性差,学习习惯不好,天天有老师向我告状,给他讲道理,他总懵懵懂懂的,好像一点不通人情世理。可有一次我上《跨越百年的美丽》时,问大家美是什么?平时说话笨拙吞吐的小林竟回答说:老师,你就是美,因为你爱我们的心。我当时呆了一下,被感动到了,全班同学都为他鼓起掌来。那时我意识到这个仿佛没长大不懂事的孩子可以打动人心,他仿佛是在用心感受周围的人和事。而且我发现同学也不反感他的幼稚邋遢和迷糊,能宽容他给班级和大家带来的一些小麻烦。有次他犯了错,还有个同学帮他求情,我问求情者为什么那么喜欢小林?他说:因为他呆萌可爱,没心机。

这个单纯的孩子却有一个复杂的家庭。家访时,我得知他从小父母离异,跟爸爸、奶奶、继母和妹妹一起生活,妈妈在外地。家访时继母和妹妹外出旅游不在家。爸爸对小林在校情况并不了解,对他的学习状况似乎也不太关心。后来学校每次收各种费用,小林总是全校最后一个交,被财务老师催了一次又一次,我每次提醒小林和他爸爸,他们总说忘了。更别说告家长书等各种回执了,小林不是晚交就是弄丢。关键是他爸爸几乎从不过问小林学习,也不来学校。

进校第一天的开学典礼是小林奶奶来的。学校组织的家长开放日,小林说学校发的邀请函给爸爸了,但爸爸把这事忘了。上次家长会小林爸爸又没来,也不提前说明原因。我询问小林,他先说不知道,然后口气暗淡地说:爸爸从不参加我家长会。我打电话给小林爸爸询问情况,他说工作忙没空来。我记得之前家访时他说过自己工作不忙,每天正常上下班。家长会晚上六点半开,他家离得又近,怎么会忙到来不了呢。我和他说:"家长会请尽量抽空参加,了解一下学校和班级情况,关心一下孩子在校表现。"他说知道了。我电话里和他讲了下家长会大致内容,并让小林把几份告家长书带给他。

好在马上又要开家长会了,我必须借此机会,和小林爸爸好好谈谈。卧龙三请都能被请到,我就不信,请不来他。

因为我相信舐犊之情,这世上没有不关心自己孩子的父母,家长之所以不愿来参加家校互动,一是觉得没必要,学习靠自己,和家长去不去家长会没关系;二是觉得没用,家长会就是老生常谈,听完领导讲,再听老师讲,听了也没用;三是觉得没面子,坐在教室里像个小学生,听自己娃挨批,看别人娃领奖。我决定对症下药,家长会前几天我打电话给小林爸爸。首先,我告诉他这次家长会很重要,学校会请专门的老师来讲高考新政策,并作针对我校学生的三门选课指导,而且有一些重要事宜需要家长配合,请他务必拨冗参加。其次,我告诉他这次家长会有两位外援,刚考上一本的我上届的学生小文和他爸爸。小文会和大家分享他高中三年的学习经验,他爸爸会讲讲高中三年培养小文的经验。再次,我告诉他小林在学习等方面还有些要改进的地方,各位老师的建议都写在了他的成长手册上,请家长来关心一下,便于今后家校配合。此外,我还请他家长会那天提前半小时来学校单独聊聊。

家长会那天,千呼万唤的小林爸爸终于来了学校,而且提前了半小时。我决定以情动人,因为在和他谈话时我感觉他是爱小林的,只是做惯了撒手掌柜,听烦了老师告状,对孩子失望甚至放弃了,所以懒得管。我劝他:"连老师都没放弃,您是这世上他最亲的人怎么可以放弃他,养不教父之过。他是个男孩,将来如何在社会上立足?父母之爱子应为之计深远!"小林爸爸说他也替小林发愁,只是不知道怎么办。我趁机提出,希望他今后每天监督小林回家作业,在作业本上签字,并督促小林早睡早起,不迟到。监督他一段时间帮他养成习惯。他一口答应。我请他和老师保持联系,多关心小林在校表现。我坦白地告诉他:"像您之前连学校都不来,容易给老师对孩子不上心,漠视孩子教育的感觉,而且小林也会觉得爸爸不在乎他,这会给孩子造成心理负担,以后尽量不要缺席。"他都一一答应。

家长会后,他留下来晚走了会儿,我们又聊了聊。他说这次来挺有收获的,尤其是和其他家长互动环节,学到了不少经验,还加入了我们班的家长群。最后,我们还谈了小林纯朴少知懵懂幼稚的性格。我鼓励他爸爸:这孩子其实理解力不差的,常有自己独到的见解。建议他找个合适的时机和小林两个人来一次推心置腹的交谈,不要把他当孩子而是当成个大人。他爸爸答应了。

之后,小林爸爸每天都会在小林作业本上签字,我每天也会检查他各科作业,并签字反馈给他爸爸。小林学习和纪律方面比以前进步了很多。果然如科尔曼博士所断言:学生成长过程中家长的影响大于学校。希望小林和他爸爸能坚持下去。

我看着比以前成熟懂事了的小林,衷心愿他既能保持住那份天真单纯,又能丢掉幼稚无知,既能永保赤子之心,又能拥有追求梦想的能力。

【点评】

这是一个通过家庭教育指导唤起家长教育孩子的责任心的案例。不少家长认为孩子读高中了,学校老师管就行了,自己就推卸责任,忽略对孩子在校情况的了解与关注,这对学生的成长十分不利。作为班主任老师,应该唤起家长教育孩子的责任心。

案例中小林的家庭是一个离异家庭,情况比较复杂,但是舐犊之情一定存在于血浓于水的亲情之中。王老师通过共情了解父亲不关心孩子的原因,引导家长认识到教育孩子无论在哪个阶段都是家长不可推卸的责任。之后老师又艺术性地引导父亲尝试与孩子沟通,通过具体事例开展家庭教育方法的指导。孩子在进步,家长也在互动中明确自己的义务、承担起自己的责任。

(二) 引导家长学会换位思考

指导家长要从孩子成长的角度去思考问题,即学会换位思考。实践中经常看到以自我为中心的家长,认为自己都是为了孩子好,孩子就应该听自己的。他们没有站在十几岁少年少女的立场考虑,自己强加于孩子的这些做法是不是孩子真正需要的,换位思考会使家长在面对孩子成长中出现的问题时,能够理解孩子的心境,对孩子能够提出合理的要求,尊重孩子内心的想法,这些对于营造和谐的家庭氛围以及融洽的亲子关系都是必要的。

【案例分享】

我 心 唱 响

小L是我们班级的一位借读生,开学缴费注册时才被分到我们班,因此没有参加军训,我也来不及家访,他给我的第一印象是清秀、内向,像个小姑娘。但是开学没过几天,任课老师就反映他在课上发呆、睡觉;作业不完成;特别是第一次摸底考试彻底把我吓到了。放学后我与他进行了沟通,这才了解到他的爸爸是一位海军部队的军官,常年住在部队,一个月回家一次。我问他应该会很想爸爸,他的回答又一次让我吓了一跳,"他看我不顺眼,我觉得自己不是他的亲生儿子,希望他不要回家。"这次谈话让我很着急,这种状态的孩子,怎么能投入到高中紧张的学习中来?

第二天我就把他妈妈请到了学校,告知她小L的表现,她好像早就预料到这个结果,真切地对我说:"老师,他的基础很差,每天向我抱怨:上课是煎熬,他听不懂,跟同学也说不到一起,不想来学校了。老师你说该怎么办?""小L妈妈,不要着急,我觉得你儿子最大的问题是没有信心,长期学习上得不到进步,已经失去了继续学习的勇气。我们现在要帮助他重拾信心,要去发现他身上的优点。"我急忙安慰她。小L的妈妈急着接过我的话说:"我儿子就算有优点也早被他爸爸说没了。"我追问道:"怎么回事?"小L的妈妈叹了口气说:"他爸爸一回家,他就像老鼠见了猫似的,他连房间都不敢出来,实在要上厕所的话,会像壁虎一样贴着墙壁,趁他爸爸不注意溜进厕所。"我非常疑惑地问道:"为什么这么怕他爸爸?"她痛苦地说:"他爸爸教育儿子从小就是打和骂,孩子怎么可能跟他亲,连自信心都没有了。"就这样小L的妈妈又和我聊了很多他们父子之间的"恩恩怨怨"……通过这次谈话,我了解到小L的爸爸完全不懂得与孩子沟通。我明确了下一步工作,向他妈妈表示希望能够与小L的爸爸做一次沟通。

不久我接到了他妈妈的电话,进行了第一次家访。他爸爸看上去的确很严肃,但对老师很尊重,我把小L在学校的情况跟他爸爸大致地描述了一下,刚讲完,他就开始骂了:"这个垃圾,没用的东西!"我连忙阻止:"小L爸爸,你不应该这样说自己的儿子,成绩再不好,他也有其他优点,你应该和儿子多沟通。""沟通什么,他在我面前就像一个哑巴,一个没有出息的家伙。"小L的爸爸抢着说道。我也紧接着说:"我听他妈妈说,你长年在部队,难得回家一次。孩子和你接触得少,再加上你总是不愿意放下家长的架子,摆着一副首长的样子,他怎么肯跟你讲心里话,只会趁你不在家时更加叛逆。我觉得你应该主动地去了解孩子,和孩子一起想想如何改变现状"小L爸爸还是很固执地说:"随便他去,我是不会帮他想出路的"。小L的妈妈听到这里发急了:"你不管,孩子怎么办,你在部队眼不见心不烦,我一个人怎么管得好他?""都是你宠出来的。"他爸爸生气地说道,一副与自己毫不相干的样子。

我非常严肃地跟他爸爸说道:"小L爸爸,现在不是推卸责任的时候,作为父亲,你要改变对孩子的态度,否则孩子只会离你越来越远,况且小L在学校还是一个热爱集体,尊敬师长,友爱同学的学生。你想想如果你的儿子由于厌学发展到逃学,你怎么办?小L目前需要的是父母的理解,而不是打击。我虽然很着急,但是三年后我就不用着急了,你们要着急一辈子。"可能我的这些话中的某一句触痛了小 L 的爸爸,他略显内疚地说:"是的,我儿子胆子还是小的,相信他也不会干坏事。"我看形势有所转变,赶紧补充到:"所以你再忙,回家的时候不要把部队里教训人的架势用在儿子身上,他妈妈也不容易。"之后我们总算是在一种和谐的氛围中讨论怎样与孩子多沟通,我反复强调要多鼓励,成绩不代表一切。结束家访时,小 L 的爸爸真诚地说:"老师,你们比较懂教育,我听老师的,先改改自己与儿子谈话的方式,以后还要麻烦老师。"我连忙表扬:"相信你作为部队的领导,你的教育水平肯定不会低,你能做得很好!"应该说这次谈话比较成功。

过了一个月左右,接到小 L 妈妈的电话,说小 L 的爸爸正在改变自己,只要回家就会找时间和儿子谈心,虽然很严肃,但不骂人了。之后的一年时间里我家的电话也变成了热线。高二校艺术周活动,小 L 主动代表班级参加唱歌比赛。我看到他自信地歌唱;看到班级同学为他自豪地鼓掌和欢呼,同学们感受到了小 L 的存在。

然而没过多久我发现他情绪有点低落,谈心后,了解到小 L 很喜欢表演和唱歌,想利用星期天出去培训,但他爸爸不同意,认为不务正业。为了防止小 L 的状态又回到从前,我及时与他爸爸做了沟通,小 L 的爸爸在电话里非常诚恳地对我讲:"丁老师,现在我也主动和孩子交流,虽然他的回答还是很少的几句话,但我已经很满意了。"我鼓励道:"你已经做得很好了,一定要坚持下去,他会体会到你的关心。"小 L 的爸爸激动地说:"是呀!明知儿子的学习基础很差,跟不上高中的学习节奏,还一意孤行地逼着他借读,现在儿子很痛苦我是有责任的。"我表扬到:"你能这样想是很不容易的,现在要让你儿子做他喜欢做的事情,让他感受到自己存在的价值,我觉得利用双休日出去学点表演,说不准还能带动其他方面的进步。小 L 主动参加唱歌比赛,为班级赢得了荣誉,他现在在班级里很受欢迎,人也开朗许多。"他爸爸兴奋地说:"这小子没有告诉我们,想不到还真有一套。"没过多久,我就从小 L 那里了解到,他爸爸同意了。我也及时引导他,学习还是第一位的,同时要体会父母的良苦用心。为了校班会课,小 L 又成了拍摄录像片断的主力军,每次听到同学们说:"小 L 表演得真是专业"时,小 L 的脸上充满了幸福感,可见小 L 真正融入了班集体。最让我感动的是,为了表演效果,小 L 爸爸还特地帮他买了服装。一周后小 L 主动提出要到外面去一对一地补课,我知道他爸爸又一次成功了。

最后,他自信地走进了高考考场,父子间也不再像以前那样水火不容了,他爸爸也能放心地在部队工作。听到这样的结果,我心里很高兴。总结下我自己认为这次个案指导能够取得成效,原因主要有两点:

首先,引导家长了解自己孩子的发展特点,正确看待学习成绩。小L的父亲认为成绩落后的孩子就是"垃圾",自己在同事和亲戚面前脸上无光,因此在教育小L时容易失去耐心,甚至拳脚相加,这种粗暴教育直接导致孩子缺乏自信,胆小、内向。我及时指导家长正确看待孩子的学习成绩,让他明白:小L是一个有自己的爱好、优点、缺点的孩子,而不是一样东西;作为家长,决不能将孩子发展的标准简化为智育发展的单一标准。最终还是调动起小L爸爸关心孩子的积极性,使之主动地、愉快地配合班主任将小L往积极主动的方向推一把。

第二,引导家长从尊重孩子开始赢得孩子的信任。小L的爸爸太强势,不注意保护孩子的自尊心和自信心。我指导小L的父亲要与儿子多沟通,特别强调不要用"垃圾"等侮辱人格的词语骂孩子,在孩子面前要克制自己焦躁的脾气,小L才能在碰到学习上的困难时有迎难而上的勇气。只有自己关心孩子了,孩子才能学会理解人、关心人。小L恰巧又想学表演和唱歌,他的爸爸抓住了这个契机,就赢得了孩子最终的信任。

【点评】

这是一个班主任如何引导家长转变教育观念的案例。家长在评价自己的孩子时往往是通过孩子的考试成绩,一旦成绩不理想,这个孩子就会被评判为不认真、不听话,甚至拒绝与孩子沟通,不愿了解孩子的真实想法,这样只会把孩子越推越远。本案例的班主任老师找到了学生问题的根源——父亲教育观念与教育方法都是不对的。在随后的指导中,着力引领学生父亲转变"只重视学习成绩"的错误教育理念,帮助家长树立以身作则的意识,并引导家长学会换位思考,全面关注学生的发展,并定期了解情况,及时给予指导,巩固之前的指导效果。

这位班主任老师最可贵的地方在于她能够通过真诚以待、换位思考,而且能够做到事后反思。在反思中不断积累自己家庭教育指导的经验,不断成长,也是这位班主任老师的收获。

(三) 引导家长学会欣赏自己的孩子

教师经常会遇到这样一类家长,他们经常和老师抱怨自己的孩子如何如何不好,有各种各样的毛病与问题,在家里他们也总是批评、数落孩子。在一个家庭里,如果家长对孩子只有否定没有肯定,在这样负面的氛围中成长的孩子很容易自卑、孤独、缺乏安全感,甚至容易自暴自弃。尤其是在学生面临如此巨大的高考压力的时期,家长负面的教育方式会特别打击孩子的自信。因此,教师要引导家长学会欣赏自己的孩子,从正向的一面看问题,用心发现孩子的优点,多给孩子夸奖与鼓励。

【案例分享】

当我的孩子一无是处时

12届1班是我09年新接的一个班级,班级学生个性都非常鲜明,其中有位小陈同学。在新生家访过程中,他就这么介绍自己:我是一个阳光大男孩,有时会有点小迷糊,但进入高中后我会努力……之后在两年的相处中,也充分证明了,他当时对自己的评价是相当准确且到位的。

与小陈母亲接触,是在家访后一个星期,他妈妈打电话给我,并告知我说,那天我家访,她没好意思和我介绍小陈,但事后想想还是有必要让班主任知道学生的真正情况。她说:"小陈从小到大都没办法自我管理,例如老是掉钥匙,以至于初三的时候还把钥匙挂在头颈上,直到进入高一才拿下来。从小学开始班主任任课老师就一直打电话告状,他要么作业没带,要么就是上课做自己的事情不听讲。还有他身体不好,个子老是长不高,所以曾经让他服用生长激素,但后来担心药物副作用,就停了,但现在看来,好像副作用还是影响到小陈的学习了,因为他经常睡不醒……"在和小陈妈妈的这次谈话里,我一直听着她诉说对小陈的不满、担忧,也深刻地感受到她在教育孩子过程中的焦虑和没有章法。

我感觉到这位母亲基本上采用的是救火灭火的方法,小陈哪里出现问题了,她就冲到哪里一顿补救,但是缺乏对孩子的总体认识和评价,也无法预计小孩的问题会出在哪里,以至于她眼中的小陈,一无是处。

在发现了这个家庭的问题之后,我打算通过改变认知、换角度思考、积极心理暗示的方法对这位母亲进行指导,我为小陈母亲设计了三个实施步骤。

我先约小陈母亲到校面谈了一次。在面谈过程中,我只问了一个问题,那就是:你觉得小陈有哪些优点?这位母亲在听了这个问题后突然间愣住了,她很疑惑地看着我,因为她好像从来没有思考过小陈有什么优点,在孩子的成长过程中,她听到的、看到的都是不足,她关注的也是不足。我请她努力想想,怎么会没有优点呢?人总是会有优点的,我让她说说自己的优点?她滔滔不绝说了很多。那你的孩子呢?你在生活中就没发现他的优点?"他身体不太好,个子也不高,如果说优点,那么他胃口不错。""好的,非常好,那么至少现在你发现了他的一个优点。"我肯定了她,"我们再回忆下,他在成长过程中,有没有让你感动的地方,哪里能不能找到他的优点……"

这位母亲在我的引导下,努力地寻找出:善良、热情、小聪明……这些都是在这次对话里她后来反馈出来,给予孩子的评价。我及时记下了这些词语,在结束谈话之前,我给她看了,她特别激动。"我从来没有想过他还有那么多好的地方,看来我真的是不了解他。"

接着,希望母亲能够调整思考问题的角度。因为在她看来,救火就是她的责任,儿子一旦哪里出现问题了,她就觉得自己要去帮着解决掉,所以小陈的问题都成了她的问题,也因此她害怕在小陈身上出现的任何问题。这恰恰违背了孩子的成长轨迹,所以我希望通过换角度思考,让母亲能够接受问题,正确看待孩子身上的不足。

因此,当小陈几次作业忘带之后,我又请这位母亲到校面谈了一次。这次的话题就是小陈作业又忘带了。这位母亲一听说作业忘带,第一反应就是,"他怎么又忘带了,我不是让他好好检查书包的么?这个小孩做事就是马虎。王老师你说气不气人?"当我回答她说,"你应该让他自己回去拿,书包检查本来就是他的事情,学生忘记带作业是时常有的事情,这恰巧能反映出他平时那些习惯不好,现在发现了加以纠正,以后不就好了么?哪个人不会出现问题,你说是不是?""可是他的这个问题从小学到现在,我为此不知道给他送过多少次书本了,有时候还要单位请假出来。""是啊,你为他是做了很多,那他为没带书本到学校做了些什么?""他?挨打。""除此以外呢?""没有了。"

这次对话中,我终于发现小陈忘带作业的问题出在哪里了。当问题出现时,小陈就会被打,但责任却由母亲承担。因此小陈永远不用承担他不按时交作业的责任。当我把问题的症结点明给这位母亲时,她恍然大悟,她从来没有教过小陈该如何承担他的责任,学习的责任,做子女的责任。我顺势让她认识到,问题本来就有它的两面性,关键看我们对待问题的态度,过度担心焦虑急躁是不能真正解决问题的,尤其是在教育子女的过程中,家长应该允许孩子犯错,错误就是改善的前提,就如同失败是成功之母一样。

最后就是灵活应用积极心理暗示,我用了2年的时间来实施。在担任小陈的班主任,了解了他及其母亲的问题之后,针对这位曾经接受了过多消极暗示的母亲,我一直采用的方法就是积极的心理暗示,我想让这位母亲接受她的孩子是具有潜力的好学生。为此,当小陈第一次参加年级诗歌朗诵赛,朗诵顾城的《我是一个任性的孩子》时,我告诉她我听得感动;当他每天中午去图书馆看书时,我告诉她小陈的知识很全面;当他最后一个离开教室,关好了门窗灯时,我告诉她孩子的心有多细……经过这么长时间的沟通和联系,在某天的电话中,这位母亲告诉我说,王老师,以前我最怕接到学校和班主任的电话,现在我最想接到的就是你的电话。当听到她这么说时,我知道,过去的那些消极面,在慢慢地消失,我将和这位母亲,在她心里共同构建一个全新的小陈。接着我向她介绍了积极心理暗示的作用,也告诉她赞美和肯定对于孩子成长的重要性。我们也达成共识,当小陈平时在家里作业拖拉时,妈妈不是严厉地怒骂,而是用行动把他拉到写字台前,放一个小闹钟在旁边;当小陈作业忘带的时候,将由小陈自己放学后回去取回送到任课老师的桌上,妈妈及时给予他肯定:你是长大了,对自己的行为负责了……

通过近2年的努力,我和这位家长成了好朋友,我们经常就小陈出现的问题进行探讨,但是小陈妈妈再也没有了焦虑。小陈也在这两年中表现越来越好,在今年的高二会考中,他物理、化学、生物、历史全A,信心满满地投入高三学习生活中。

【点评】

横看成岭侧成峰,远近高低各不同,不识庐山真面目,只缘身在此山中。其实有些家长在和孩子共同成长过程中,会因为过度关心孩子的成长,总是看到孩子不足的方面,而忽略孩子的优点和其自身的特点,从而导致家庭教育失效或者效率不高。引导家长看到孩子的优点,给孩子以自信,对于高中阶段的孩子来说,是非常重要的。

本案例中,班主任老师面对的是一个阳光而又迷糊的大男孩,背后有着一位关心孩子成长又不得法的焦虑母亲。针对家长"否定、消极"的教育方式,老师在仔细分析了母子之间的联动效应之后,果断地采用了观念引领、换位思考和正向教育的策略,引导家长从正面看待孩子、欣赏孩子,帮助家长换位思考、缓解家长焦虑,教会家长运用积极心理暗示,引导母亲在反思中不断改善家庭教育的方法。使家长重新建构了孩子积极正面形象。最终,家长不再焦虑,孩子不再迷糊。老师敏锐的洞察力和富有智慧的指导方法值得学习借鉴。最可贵的是,这位老师坚持用2年的时间来关注、关心这个家庭,完全体现了"坚持,不放弃"的精神。

(四) 引导家长学会反思自省、自我学习

一个问题孩子后面常常会有一个有问题的家庭。但在现实情况中,很多家长并没有意识到自己的问题。所以在做家庭教育指导时,要让家长认识到,家长要学会自我反省,发现自身的问题,不断改变自己、提高自己。

教师可以在指导的过程中,通过各种方式让家长知道一位优秀的、智慧的家长

是什么样的,可以指导家长制定自己的学习计划,为家长提供学习资源与学习途径,通过学习提升自身的家庭教育观念与方法。

【案例分享】

聆听孩子心声,陪同孩子成长

金秋九月,我带着顺利送走上一届毕业班的愉快心情,又迎来了新的一届学生。由于接手的是基础比较好的班级,心中充满期待。但一个叫小张的学生的表现却让我始料未及。小张是一个非常聪明的孩子,兴趣爱好广泛,数次考过年级第一,却做出诸多不可理喻的事情,曾受校纪处分。开学不久,他上课要么埋头做其他学科作业,要么扰乱课堂秩序,影响他人学习。课间,他公然翻阅老师试卷,抄袭答案。曾经教过小张的老师都感到这个孩子很难有所改变。

多次与小张的沟通让我对他冷淡的眼神留下了深刻的印象,他的言行更让我深感无奈。我静下心来分析,想到家庭教育在孩子的成长过程中扮演着不可替代的角色,于是查阅了小张同学的履历表,吃惊地发现其父母曾同时任教上海某知名高校,后其父下海经商。心怀疑虑,我拨通了小张妈妈的电话,小张妈妈的应答听似知书达理,对孩子的表现也未加辩护,但她异乎寻常的冷静更加深了我的不解。经过数次沟通,我了解到小张家长对其异于同龄人的行为习惯早已习以为常,由于小张成绩优秀,对孩子潜在的心理问题也不放在心上。

经过多次沟通,小张课堂表现虽有所收敛,但时常还会破坏校纪校规。一天,教导处发现一空置教室的电脑不见了。经查,小张下课公然拷贝游戏到教室里玩。教室的电脑被拆除修理,他竟将隔壁教室的电脑私自拆卸装在我们班,继续聚众玩游戏。为了对他行为背后的原因有更深入的了解,我决定先去家访,然后再找对策。小张爸爸对小张的行为作出解释:不过是"年少轻狂"而已。形成鲜明对比的是,小张妈妈坐立不安,心急如焚。我语重心长地告诉两位家长,很多看似优秀的孩子在成长过程中,背后往往存在一些鲜为人知的隐患。尤其在做人、人际交往方面,可能存在许多问题,家长常常不重视,结果这些孩子进了高等学校,问题就暴露出来了。听了这些,家长的态度有所转变,小张爸爸自己也举出了不少类似的例子,逐渐认识到了小张所暴露问题的严重性。此时,我不失时机地宽慰他们:只要肯潜心学习科学的育儿知识,肯花时间、精力去引导孩子,一定会有机会培养出优秀的孩子。

听了我的劝导,小张妈妈不似先前那般紧张,和我一起讨论。我建议家长最好能够经常抽些时间和孩子待在一起,比如,每个星期能抽出时间陪孩子一起看场电影,共同探讨时下流行的话题或再聊聊学校的所见所闻等。这样不仅能够增进孩子与家长的感情,更重要的是,只有通过沟通,才能成为孩子的好朋友。一旦成为孩子的朋友,我们也就有可能走入孩子的内心世界,因此也才能够适时地引导、启发孩子,正确地帮助孩子成长。

家访结束后的几天,小张妈妈首次主动联系我。在我家访后,她与孩子几次交流,倾听了孩子的心声,发现了问题所在:小张妈妈为他报了许多辅导班,并没收手机,禁止上网,他钟爱的篮球划入禁令,挂在墙上的篮球明星画也被没收了,换成了"学习计划""十不准"的规则。巨大压力以及单调的生活使孩子产生很强的挣脱管束的渴望和冲动,于是寻找一切发泄机会。我细细回顾开学以来发生的事情,也发现了小张的一个特点,他虽屡教不改,但对所作所为从不抵赖,他的行为可能也是他重压之下的反抗。我想到魏书生老师讲过的一句话:孩子都有成长的愿望,怎么找到他的生长点,找到他能做的事情。一旦做起来就别停下,这样他就逐渐地变了。于是,我给小张妈妈出了一个主意,小张酷爱篮球,或许我们可以借助这点帮助孩子走出误区。没想到小张妈妈立刻否定了这个想法,说道:"孙老师,这万万不可。此前小张经常违反规定带领同学打球而被前任老师批评,我为此曾多次到校协助处理。"我耐心地劝解:"小张这个年龄段的孩子更需要疏导,而不是压制。玩也是孩子成长过程中的重要一课。通过玩不但能学到知识,学会本领,更能培养孩子团队合作精神。"看着小张妈妈若有所思的眼神,我建议小张妈妈回家后与小张商议如何合理安排篮球运动时间,并建议他与我商议校内体锻计划。几天后,小张来到我办公室,起初他眼神中还透着怀疑,没想到我真的接纳他的建议。那一刻,我从小张眼中发现一丝诧异,我拍了拍他的肩,说:"听说你篮球打得不错,锻炼身体刻不容缓哦。"看到小张脸上浮现出久违的笑容,我也露出了欣慰的笑容。小张真正的转变也是源于他所钟爱的篮球。当年级篮球考核迫在眉睫之时,我们班有同学出水痘,按规定要取消我们班一切集会活动,这也意味着同学们无法参加集体锻炼。正在同学们沮丧之际,小张同学提议由他拟一个锻炼计划,与其他班错开用操场的时间。小张同学出色完成任务,并严格履行计划。小张妈妈不断给我发来感谢短信,小张父母明白了单纯地限制和加压使小张长期处于郁闷和压抑中,只有通过疏导孩子的心理和情绪,问题才能真正被解决。自此以后,小张像变了一个人,学会关心集体和他人了。

正当我为小张的转变深感欣慰时,小张的另一个问题又让我颇为无奈。一天放学,我吃惊地发现我班一位女生和小张一起漫步在地铁站附近。我想:如果处理不当,好不容易取得的信任和转变将不复存在。我同时约见双方家长,希望家长间互留联系方式,采取必要的措施,把握好学生动向。起初,小张爸爸的反应十分强烈,"孩子这么早就谈恋爱那将来还能有出息吗?看我怎么收拾这小子。"我冷静地分析道:"此时恰逢高考前夕,我们应合力帮助孩子,把影响降到最低。孩子进入青春期,对异性产生爱慕,是成长发育的一种本能,是孩子告别少年时代特殊方式。"我又奉上饶雪漫的新作《那些不能告诉大人的事》,这本成长私房书是作者与55位青春期孩子的来往密函,不仅为众多少男少女的成长指点迷津,也同时为现代的家长开启了一扇了解自己孩子的窗户。

小张妈妈不但自己读完此书,还和孩子共同研读、探讨。小张父母寄给孩子一张卡片:"如果你不用理智去控制,你们美好真挚的情感也有可能发展成早恋,那就会对学习、对人生带来很大影响。孩子,你已经长大了,爸爸妈妈相信你一定能把握好自己!"通过周记,我了解到对于家长的理解与信任,小张相当感动。事后,小张妈妈也收到孩子的卡片,他引用了雪漫书中的话:"喜欢的歌,静静地听。喜欢的人,远远地看。"最终,小张同学把握了自己,以优异的成绩被理想的学校预录取。

小张的成长故事在当今社会是值得老师和家长借鉴的。当下的家庭教育明显存在忽视孩子品德教育的倾向,过于重视学习结果是我国家庭教育的通病。小张家长对孩子的过高期望不仅不利于孩子成长,甚至导致了孩子的一系列不良习惯,一贯的压制使孩子产生对立情绪,由此所引发的问题也完全被小张的优秀成绩所掩盖。此时,对家长做适当的引导是十分必要的。老师应指导家长加强学习家庭教育的知识,使家长明白家庭教育的核心是对孩子进行健全人格教育,而不是纯粹的知识教育。

明白了这个道理,家长还需要掌握一些与孩子沟通的技巧与方式。中学阶段的孩子处于青春期,有着特定的心理发育特点和心理需求,家长只有成为孩子的朋友,学会聆听孩子的心声,才能理解孩子的内心,陪伴孩子一同成长。通过与小张的交流,小张妈妈了解到孩子的苦闷,及时调整了家庭教育不当之处,抽出时间陪孩子进行有益身心的亲子活动。通过努力,孩子和家长的沟通障碍逐步消除。更可喜的是小张家长还明白了引导的力量和重要性。曾被家长列为禁令的篮球帮助孩子发生了质的变化。也因为正确疏导和对孩子心理状况的进一步了解,在小张出现早恋倾向时,家长能够冷静应对,帮助孩子走出困惑。

【点评】

托尔斯泰说过:"全部教育,或者说千分之九百九十九的教育都归结到榜样上,归结到父母自己生活的端正和完美上。"引导家长反思、改变自己是家庭教育指导最重要的任务。

案例中小张家长对孩子的过高期望导致了孩子的一系列不良习惯和情绪问题。老师在家访的时候通过丰富的事例有力地说服家长走出观念误区,引发家长自我反思和求变的欲望。老师帮助家长深刻认识孩子的问题,引导家长反思自己,并指导家长学习家庭教育的相关知识,使家长明白了如何正确看待孩子的学习成绩与全面健康发展的关系。

第八章

应对与干预：
如何应对各种突发事件

国民的命运，与其说是操纵在掌权者的手中，不如说是握在母亲的手中。推动摇篮的手是推动世界的手。

——福禄贝尔

除了学校常规的教育教学事件外,学校还会有各类突发事件。这类事件如果处理不好,会严重影响教学秩序。除了学校要建立应对校园突发事件的应急机制,每个教师都应该具有合理应对各类突发事件的能力。

一、突发事件的类型与应对

(一) 什么是校园突发事件

校园突发事件是指在校园内发生的,因自然因素或人为因素引起的,具有突发性的,对师生人身安全、学校教学工作和生活秩序及学校和社会稳定等造成或可能造成严重影响或严重危害的各类紧急情况。

校园突发事件一般包括以下几类:安全事故(火灾、公用设施故障、建筑物倒塌、师生集体活动中发生的踩踏挤压、交通事故等)、公共卫生事件(食物中毒、传染性疾病、群体性不明原因疾病等)、群体性事件(寻衅滋事、聚众斗殴、游行、非组织的政治活动等)、影响重大的治安案件、自然灾害事故(洪水、台风、破坏性地震、雷电等)、师生非正常死亡等。

(二) 应对校园突发事件的基本方法

1. 预防为本,及时控制

坚持预防与应急处置相结合,立足于防范,注重教育引导,常抓不懈,防患于未然。建立健全安全隐患、矛盾纠纷的排查、整改和调处机制,强化信息的广泛收集和深层次研判,把校园突发事件控制在一定范围内,争取早发现、早报告、早控制、早解决,避免造成学校教学、生活秩序的混乱。

2. 分级负责,逐级管理

如发生突发事件,将按分级负责、逐级管理的原则,由所属专业部或职能部门牵头,在学校突发事件应急领导小组的统一领导下,启动应急预案,并及时上报相关部门。

3. 系统联动,群防群控

如发生突发事件,所属专业部门或职能部门必须在第一时间掌握情况,启动应急预案,同时学校领导要立即深入第一线,了解情况,掌握局面,开展工作,妥善处置,形成各级各部门系统联动,群防群控的处置工作格局。

4. 区分性质，依法处置

坚持从保护师生生命和财产安全的角度出发，按照国家相关法律、行政法规和政策，综合运用政策、法律、经济、行政等手段和教育、协商、调解等方法处置校园突发事件。必须严格区分和正确处理两类不同性质的矛盾，引导师生和群众以合法、理性的方式表达诉求，以防矛盾激化和事态扩大。

5. 加强保障，重在建设

从法规上、制度上、组织上、物质上全面加强保障措施。在经费保障、力量部署等方面加强硬件与软件建设，增强工作实力，提高工作效率。

【案例分享】

消防设置上的裂痕

刚开学的某午间，天气闷热，除个别男生在篮球场挥汗如雨，大多数同学都选择在室内午休，校园里气氛宁静祥和。我在四楼走廊遇到了神清气爽的小熊同学，他大声和我打招呼后，随口一提："老师，楼上消防设备的玻璃门裂了条缝。"

我来到五楼走廊尽头，果然那里的消防设备玻璃门有一道很长的裂缝，右下角玻璃若不处理很快会掉落在地。报修之后，设备科师傅检查后说："裂纹挺深，应该是假期里搬课桌椅或装黑板时被大块板材碰到了。先用封箱带贴住不让它掉下来，放学后新换一块玻璃。"之后我回到教室，似乎觉得哪里有些不对。小熊神情不太自然："老师你不会觉得那玻璃是我弄坏的吧？真不是我，要是我弄坏的我就不跟人说啦，那里平时也没什么人去……"

我忽然明白了不对劲的地方在哪里。问题在这个"平时没什么人去"的场所——学校消防设置设在每层楼的走廊两端。五楼除了走廊一端的办公室，其余教室都空置，走廊尽头的消防设置附近只有厕所和通往天台的半截楼梯。而空闲的中午，不会出现厕所人多排队的情况，所以五楼的走廊尽头在这个时间应该不会有人去。小熊是班级篮球队的实力队员，按照常理应该在篮球场挥汗，今天却神清气爽地跑到空荡荡的五楼去了，这才是奇怪的地方。

在我没说话的这段时间，小熊越发有点神情闪烁，于是我半认真半开玩笑地说："设备科说玻璃是被家具撞裂的，放学就换新的。你观察挺仔细，不然等它碎了可能会弄伤人。不过……你一个人悄悄跑五楼干嘛去啦？"后排男生们噗嗤笑了起来，小熊一脸汗颜，憋了一会儿，往后门口挪，小声说："出去说出去说。"

原来小熊趁中午人少，跑到天台上去溜达了一圈。这回轮到我出汗了："通到天台的半截楼梯上不是装了个铁栅栏吗，你翻过去了？"

小熊不以为然:"那个栅栏就那么点儿高,腿一跨就翻过去了。"

"天台上又没什么好看的,你去晒太阳啊?开学时德育处安全教育不是明令禁止攀爬上天台吗?"

"其实我本来也没想过上去,就是一直听到禁止上天台,所以才好奇想去溜达一圈。老师你别告诉德育处啊,我怕德育主任又找我去喝茶,我看见她就觉得自己发虚……"

我不由想起上学期与小熊家长的几次沟通——小熊并不像其他同学一样遵守校规,总要提出"为什么",或去进行"挑战",虽然从未到处分的程度,却是德育处的常客。按家长的话说,他"总不听话""自作主张""总在小事情上惹麻烦"。家长感到无奈而困扰,也渐渐对学校频频"因小事"联系他们产生了不以为然、厌烦的情绪。

我又好气又好笑,看似五大三粗像个男子汉的高中生,其实是未能真正明白天台"禁止令"关乎生命安全。有这样想法的学生,应该并不止小熊一个。消防设置的裂纹看似是一件表面上的小事,天台"禁止令"似乎也是他们心里的一件小事,但这两件"小事"却都不容小觑,它们的背后其实存在着大的安全隐患。我忽然觉得,可以将这两件"小事"作为一次安全教育的契机。

课上,我先表扬了小熊发现消防设置裂纹,并让他谈谈为什么会想到马上向老师汇报这件很容易被忽略的"小事"。小熊没想到会被表扬,有些不好意思,他说自己当时想起上学期的一次意外伤害事故:当时物理实验室窗户因没有插上插销被风吹撞,玻璃出现裂纹,但同学们并未在意。不久后做实验时,裂开的玻璃一角掉落在地摔碎,割伤了一位同学的脚。

同学们也回忆起了当时的流血场面,有些原本不以为然的同学开始认真起来。小熊说:"消防设施对面就是厕所,下课时去五楼上厕所的人挺多,玻璃如果掉下来会伤人。既然看见了就说一声,早点修好就安全了。"同学们赞许地鼓掌。

我说:"这看起来是小事,却是安全隐患。尤其我们还经历过类似的意外伤害事故,千万不要等到出现了意外才想着善后和追悔。小熊这是勿以善小而不为,记上一功。"随后我又让小熊谈谈他为什么会发现裂缝。小熊有点尴尬,而基本已经知道前因后果的同学们又开始笑了。

于是我说:"那我们换个话题,其实应该有很多同学对天台的风景充满好奇吧。小熊已经身临其境过了,你来给大家介绍一下上面到底有什么景观。"

小熊三言两语就说清了天台的状况:空旷、有些管道纵横、夹杂着建筑垃圾、已经故障了几年的天文台大门挂锁,总而言之就是乱。

我问了几个问题:"管道纵横夹杂垃圾,走起来感觉如何?天台边缘围墙大概多高?栅栏封闭、平时无人出没的地方,如果发生意外,会被及时发现吗?"

大家都沉默了,过了一会儿,小熊说:"老师,我现在知道危险了。"我没有再深入追问,而是告诉同学们,身为高中生他们已经具备生活常识和逻辑判断,但生活中的突发事故却往往源于"明知故犯"——明知大道理与安全隐患,却不以为然,故意以身犯险。在心中疏于防范,那么一些"小事"则有可能酿成大祸。

最后我说:"这次小熊违反校规,以身犯险,但是他又发现了安全隐患及时汇报,算是功过相抵。和德育主任'谈心'的机会就免了。但我们班可以再做一件事——小熊这次能顺利上天台,说明学校的监管和预防措施还有漏洞,大家可以讨论一下应该如何改进。"

班级气氛又活跃起来,同学们指出了两点:一是在安全教育中特别强调天台会引起反效果,二是设置的半人高栅栏并不合适。我略做了解释:原先天台上是学校天文台,因建造与使用时间过长导致寿命终结,而能修复天文台的机构迟迟找不到,于是学校计划在数年后扩建校园时拆除旧馆重建新馆,便封锁了天台禁止入内。当时同学因常去天文台,一时并不适应,所以安全教育时特别强调这条。但安全教育条例近几年未能与时俱进,以至于之后入学的新生们反被激发了好奇心,达到了安全教育的反效果。而栅栏确实需要改进。

讨论后,我让小熊负责将同学们的建议整理成文,对他直言:"你总去德育处却从来没被处分过,换个角度看,其实你对校规的关注和研究比其他人都深刻。既然这样,不如好好整理一下校规的漏洞与不足,让学校改进,这是同学进行自主管理的很好体现啊。"

整理成文的建议最后作为班级提案,在学代会上呈递给学校。不久,栅栏就被换成了全封闭的铁门。

随后我在致全班家长的《沟通信》中提及了同学自主讨论对校规的改进建议和学校的认可,并以班级的名义向最初发现安全隐患的小熊致谢。小熊家长私下与我沟通时,表示没想到这次孩子的举动竟然"坏事变好事",也表示这次的"小事"关乎学生安全,确实要引起重视。我坦言相告:小熊的"不守规矩""自作主张",实际上并不是恶意去违规,而是他的自主意识、好奇心等没有找到合理的途径呈现出来,通过家校合作、好好引导,小熊的"挑战校规漏洞"完全可以转化为"关心学校、建言献策"的行动。

由一条小小的玻璃裂纹引出的故事到此告一段落,而我们的思考却还在继续。突发事故是教师们最不愿意遇到的,最好能将它们遏制在萌芽状态、防患于未然。班主任不仅自身要明确,还应当引导学生有安全意识,牢记:小事不小,千里之堤亦会溃于蚁穴;发现隐患,防微杜渐胜于亡羊补牢。

【点评】

学校生活中,学生不以为然的一些"小事"背后,有时会存在安全隐患,若不防患于未然,就有可能引起突发事故、酿成大祸。班主任需要运用教育智慧开展安全教育,在日常小事中让学生感受到"小事不小",进行"以小见大"的教育。

案例中的班主任老师首先具有较强的安全教育意识,重视小事、关注细节,能够从学生反映的问题中敏锐地察觉到背后存在的安全隐患;其次,还具有充足的教育智慧,将一次安全隐患转化成一次安全教育契机,能够尊重学生心理需求、巧妙发动学生主动性,收到了良好的教育实效。

(三)应对校园突发事件的基本流程

校园突发事件的出现是难以预料的,但一旦出现又必须紧急处理,作为一线的班主任老师要做出快速反应。下面是一般校园突发事件处置的基本流程,班主任可以参考。

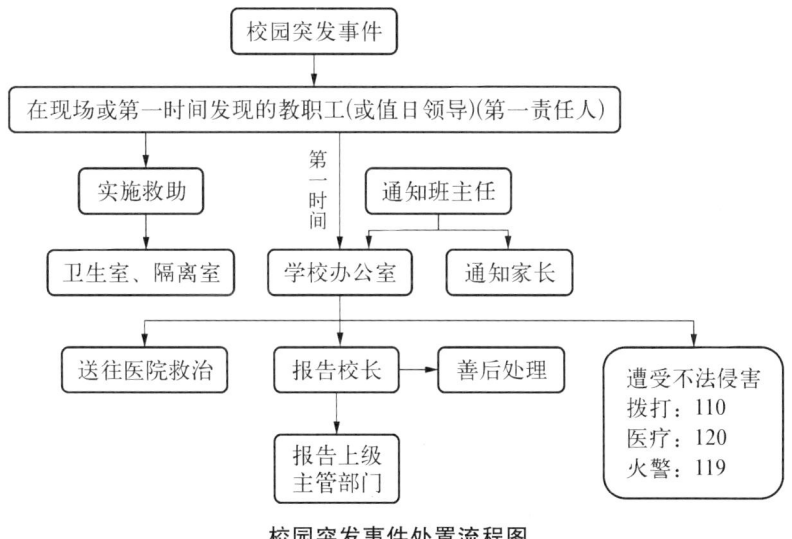

校园突发事件处置流程图

【案例分享】

危险的上学路

从地铁站到学校的必经之路,是一段环境静谧的步行道,每天清晨只有学生和少数上班族步履匆匆,寥寥无几的店铺也都还没开门营业。不少学生很喜爱这种幽静氛围,往往一边步行一边背单词或戴着耳机欣赏音乐。

然而有一天,早自习已经开始,班级里却空了好几个座位,我点名之后发现竟然有5个同学没有到校,其中3个是校男排队员。我询问了体育馆,得知今天没有男排集训,而另一个身体羸弱常请病假的B同学今天也并未提前请假。正要逐一联络学生家长的时候,看见B同学的妈妈陪同着5个同学气喘吁吁地一起到了校门口。B妈妈告诉我:A同学的手机路上被偷了……

询问详情后,我才知道原来A同学在上学路上忽然发现自己的耳机不响了,以为是口袋里的手机没电,但一摸才发现手机已经不翼而飞。回头寻找时遇到了步行在他后面的B同学和B妈妈。确定手机并没有掉在路上之后,感到手机应该是被人偷了。这时他们又遇到了3个一同上学的男排同学,他们听闻此事,立刻说起最近训练时教练说起附近常有人偷窃,让他们训练完很晚回家时要三五成行注意安全。于是几个男排队员在这条道上又来回跑了两次,想看看行窃者是否躲在草丛里或是还未走远。最终他们一无所获,只能一起来到学校,姗姗来迟。

得知这个消息之后,我惊出一身冷汗。一无所获也就罢了,如果行窃者真的躲在草丛里并被他们发现,如果行窃者还有同伙……我不敢想下去。

我让学生先去上课,然后赶到德育处汇报了此事。德育主任立刻召集了学校安全管理老师和男排教练,详细询问关于最近常有人偷窃的事情。之后让班主任在午自修时间紧急进行安全教育,并将《校园突发事故处理流程》再做宣传。

下课时,我在办公室遇到了神情纠结、欲言又止的B同学。我带她到了安静的地方,问她是不是有隐情。B同学告诉我:"老师,其实我看到那个偷A手机的人了。我本来想叫A名字提醒他的,不过那个小偷很凶地瞪我,然后他把手机交给附近另一个人就跑了。他们不止两个人,附近还有一伙的。我不敢说……之后我妈也不让我跟他们说……"B同学眼眶红了,我感觉到她内心的恐惧、对A同学的内疚,于是我问她:"你看到的是一伙人对吗?而且他们是熟练的盗窃团伙对吗?你觉得如果你那时说出实情或者真的喊出来,你们会安全回到学校吗?"B同学摇摇头。于是我肯定了她的做法:"你现在不用觉得很内疚,因为和任何财产比起来,你们的生命安全是最重要的。你看到的是一个盗窃团伙,在这个时候,先保护自身安全是最重要的。A同学知道具体的情况,也不会责怪你的。学校之后会联系警方,你如果能回忆起来那些人的特征协助警方破案,那对A同学和其他受害者有更大的帮助。"

B又说:"我妈之后也不让我跟他们说……"我感到她心中对母亲做法的质疑,只能暂时安抚她的情绪:"事发突然,你妈妈肯定是先想到你的安全,也怕同学知道你看到了小偷却没喊而责怪你……她的出发点没有恶意,你先不要难过。"

B同学渐渐平静下来,我梳理了一下比较混乱的状况,决定分几条线跟进此事。首先,要再和学校具体汇报此事,并且需要学校联络社区民警,因为这已经涉及犯罪团伙而非一起偶然事故。其次,要联系A、B两位同学的家长。第三,在中午紧急进行安全教育和《校园突发事故处理流程》的教育。第四,针对血气方刚的高中生,尤其是像那3位男排队员这样的阳光男孩,如何在不打击他们的善心的情况下又让他们能理性分析自己所处的危险境况,做到自我保护为先,力所能及助人。

向学校汇报之后,我打开手机,却看到了B妈妈的短信:"老师,早上我和B其实看到了小偷,但他们是多人团伙,所以当时我们没敢讲,只能事后跟您说明这个情况……"我致电给她,她表示了对A同学失窃"坐视不理"的歉意,我将上午对B同学表达的意思跟她复述了一下,表示作为没有能力与盗窃团伙抗衡的女性,保证自身安全是首要的,之后能说出真相就不是"坐视不理",希望她能配合警方调查。B妈妈立即答应了。而给A家长致电时,刚提及他的手机被盗窃团伙所偷,家长第一反应是"孩子安全吗?"随后说钱财是小事,已经报警就让警方处理吧,孩子的安全最要紧,希望老师多提醒他们千万不要正面和坏人有冲突。

午自修时,我先在班里讲述了A同学手机被偷的事,然后模拟两个场景:一个场景是偶发的单个小偷顺手牵羊;另一个场景是团伙惯犯所为。然后让同学谈谈该如何应对。同学众说纷纭,但最后达成的结论是基本一致的。我抓住他们的一致性的关键语"让损失最小化",指出"损失"有财物也有生命安全,作为高中生,应该很明确最重要的是什么。之后又对同学进行了安抚:盗窃团伙的情况学校已经报警,因为这是严重危害社会安全的事件,所以警方会及时介入。期间社区民警会加强巡逻,同学遇到需要报警情况,直接拨打社区民警手机,可以更加及时有效地使警方赶到现场。

隔了一天,社区民警联络学校,该盗窃团伙昨晚已经落网,一部分还未销赃的财物有待认领。人心惶惶的同学们终于松了口气。自然,我们的安全教育还要继续,在上学放学的路上依然需要学生提高警惕、保护好自身的安全。

经过此事,我感悟到:突发事故是生活中不可避免的,保护自身安全最重要。我们应当在心中有防患意识,同时明确了解与掌握应急流程,在遭遇突发事故时能理性应对。在帮助学生时,班主任也应注意保护自身安全,做周全的应对预案,寻求最近、可靠、有效的帮助。一人之力有限,但集家校社会之合力,可以让我们在安全的状况下使事件得到最好的解决。

【点评】

生命安全是学校、家庭、个人皆认同的第一要义。一旦发生财物被盗以及人身安全受到威胁时,师生常会因为情绪慌乱而无法理性应对,应对不当时还会危害到生命安全。作为班主任老师,该怎样引导学生合理应对突发事故呢?遭遇或处理突发事故时又该如何保护自身安全呢?案例中班主任的做法值得借鉴。

在这个案例中,老师和学校的做法有三点值得大家学习:第一,利用突发事件,指导学生正确处理突发事件——报警,保护自身安全,打电话给班主任或学校安全管理老师;第二,及时联系家长和社区民警,家校社共同打造一个安全的上学环境;第三,做好充足的后续准备,安全工作有计划、有预案。

(四)发生校园突发事件后如何与家长进行沟通

教师是学生成长路上最重要的引导者,是和家长目标一致的同盟者。因此,学生在学校遇到突发事件,而且在突发事件中受到伤害或财物受到损失,教师必须及时告知家长。

如果涉及学生安全问题,如学生受伤、自我伤害、生病等,一定要及时告知家长,尽可能客观地描述事件发生的原因、过程。在与家长沟通过程中,要注意体会家长的情绪,既不能让家长着急,还要让家长做好心理准备。

【案例分享】

手机丢失之后

又是一个阳光明媚的日子,如同往常一样,在早自习开始前 L 老师踏进了教室。L 老师在学生座位间巡视的时候,突然注意到小 Y 没有穿着校裤,于是就让他去学生处借来一条校裤换上。

第一节课下课,小 Y 和几个男生突然跑到 L 老师的办公室,焦急地告诉老师说,他发现自己的手机不见了。L 老师仔细询问了前后原委,他说手机原来是放在裤子口袋里的,在男厕所换裤子的时候,顺手就把裤兜里的手机放在洗手池边,应该是换完校裤就忘了拿回手机,后来下课时想起来再去取的时候,手机已经不在原处了。"是有人偷了我的手机!"小 Y 气愤地说。因为手机新买了不久,他情绪很激动,吵着要抓住小偷。旁边的几个同学也一起义愤填膺地斥责私下偷拿他人物品的行为。此刻,小 Y 全然无心回到教室上课,短暂考虑了一下,L 老师留下一位男生班委陪着他,要他先坐下来,再仔细回忆一遍最后一次看到手机是在什么时候,在什么地方。小 Y 强调就是落在男厕所了。L 老师仔细询问手机的款式、颜色,放在什么位置，拿出自己的手机拨打他的手机，听到的提示是已关机。小 Y 愤愤不平地说肯定是小偷藏起来了。

L 老师先尽力安抚小 Y，肯定地告诉他，一定努力帮助他寻找丢失的手机，然后立刻把有学生丢失手机的情况上报学校。安保人员先调取了那段时间的监控录像，和小 Y 一起观看，但是监控探头显示只能看出有人进出过厕所这些信息，再不能提供其他有效信息。小 Y 马上提出要搜查在这段时间出入男厕所的所有人的物品。听闻他的要求，L 老师温和地和他说："我们能理解你此时迫切想要找回手机的心情，可是我们没有权利搜查别人的私有物品啊。"小 Y 还是激动地说："那怎么找回我的手机啊，肯定是有人偷走了！"还是强烈要求要进行搜查。一些知情同学也说会帮忙去打听，在那节课上课下进出过男厕所的同学都是谁，询问他们有没有看到过手机。小 Y 得到了一些宽慰，回到教室里。

学校相关老师和 L 老师讨论了处理问题的对策，小 Y 的诉求——对在校师生进行搜查肯定是不合法的。学校安排了专人向监控里显示相关时间内进去过男厕所的师生调查情况，努力帮助查找。另外，关注事件的舆论导向问题，同时做好小 Y 的心理疏导工作。

中午，一辆警车停在了校门口，原来是小 Y 认为学校不能帮他找回手机，单单找相关人员询问是解决不了问题的，所以拨打了 110 报警电话，报了失窃。此时，平静的校园不再平静了，一些原来毫不知情的学生也议论纷纷，说是今天在学校有人偷手机，校园里笼罩了不安的气氛。警察查证了相关情况后最后给出的结论是手机属于遗失，不能以偷窃立案。听到这一结论，没有获得预期的结果，小 Y 心里更不平衡。他的主张没被学校采纳，说学校包庇了犯罪分子，感到委屈得很，心情十分沮丧。可想而知，接下来的课也上得毫无效果。

小 Y 是来自部队大院军人家庭的孩子，自小父亲对他的教育相当严厉，因为工作的原因，有过几次调动，所以小 Y 常常面对新建立起来的亲密伙伴关系不得不被破坏的境遇。而另一方面，他又非常渴望亲密的同伴关系，手机遗失在学校，对于他在校园环境中建立同伴信任其实产生了一定的破坏力。

略加思考了一下，L 老师认为首先要处理他的情绪问题，使得男生在成长中面对挫折和磨难时能有理性判断和更坚韧的意志。其次，还应关注当事人之外的其他同学对于事件的评价，发挥集体教育的影响力。于是，L 老师及时拨通了小 Y 妈妈的手机，告知她今天小 Y 遗失手机的情况及学校如何处理的始末。希望母亲好好和小 Y 谈一谈，尽量平复他的不满情绪。

下午放学后 L 老师召集班委开会，商量如何帮助小 Y 以及如何正视事件，并且提了两个要求：一是多关心小 Y，多陪伴；二是在这个事件的传播中还原真相，不添油加醋，不传播妄加推测的不实信息，引发大家对校园安全问题的恐慌心理。

小 Y 母亲反映，孩子目前没有马上从委屈不平中走出来，对学校在查找手机时不够"给力"的态度仍旧心存不满，对拿走他手机的"恶人"愤怒不已。却没有想到自己也应该担负保管私人物品的责任。L 老师请她帮助继续一起关注孩子的日常心理，不要影响正常的学习节奏。不要因为发生了这件事而偏激地认为生活中没有公正，以敌对的态度来看待一切挫折和意外。L 老师继续和小 Y 妈妈保持联系，跟踪了解小 Y 的情绪波动。小 Y 母亲非常配合学校的工作。

L 老师平常也总是找机会和小 Y 聊天，多用积极的心态去看待生活中的得失。在随笔中也一直和他保持交流对这个事件的看法，并从事件本身引申出去，看待成长中的得失。对于手机不见了如何界定其性质？对校园环境中的安全问题该怎么清醒认识？如何正当维权不偏激不带成见？经历了这件事，对小 Y 无疑也是一次成长的独特体验。

几个月后，手机虽然没能找回，但是在同学们的帮助下，小 Y 慢慢平复了心绪，在校园活动中又见到了他积极投入的身影。

【点评】

这是一个家校合力应对突发事件的典型案例。校园中学生财物丢失是一个敏感的问题，不仅是财产权的维护问题，更要呵护好孩子充满善意、美好的心灵。L 老师在处理学生丢失财物这件事时，第一时间上报学校，并调取了相关的视频监控；在面对学生要求进行搜查的不合理要求时，能坚守原则，明确予以拒绝。同时，L 老师及时主动联系家长进行说明，并请求家长共同帮助小 Y 走出手机丢失的不良情绪，避免了家校间的冲突。

最值得称道的是，L 老师和学生家长寻求家长支持，真诚合作，及时疏导孩子的情绪，帮助学生树立正确评判的标准，给孩子的成长以积极的助推力。

二、恰当处理由校园突发事件引起的家长纠纷

有些突发事件涉及的不止一个学生，可能有两个或多个，而且牵涉的不只有学生，还有家长。这个时候，教师要处理好学生与学生、学生与家长、教师与家长，甚至还有家长与家长之间的关系。要妥善处理好这些关系，可以从以下几点着手。

(一) 客观描述事实,安抚家长情绪

当由于学生之间有意或无意的不当行为导致一方受伤的时候,教师要在了解整个事件的来龙去脉的基础上,及时告知双方家长,尽可能地把当事人的情绪平静下来,控制事态的进一步发展,为下一步思考问题的解决赢得时间。

在处理严重伤害事件过程中,双方家长(特别是受伤害方家长)都可能呈现激动状态,甚至出现失控、极端行为,指责对方,庇护自己的孩子,或共同把矛头针对学校。遇到学生之间发生矛盾这样的问题,告知双方家长时老师绝不能偏袒任何一方。或者是在老师的调解下,让学生家长自己达成和解或者赔偿协议,老师不能替家长做出决断。

(二) 坚持公平正义,提出合理建议

对于因学生纠纷引起的突发事件中的责任问题,教师一定要有自己的判断,要本着公平公正的原则,提出自己的意见。要真诚坦然地与家长沟通,而不能一味地迁就某一方家长。要及时向学校相关领导汇报,取得学校领导的支持。

(三) 把处理过程看作是指导契机

突发事件的处理过程往往涉及学生和家长,往往是教育的契机。教师要有意识在了解整个事件的过程中,引导学生反思自己的行为,启发他们对事件如何处理拿出自己的意见。在和家长沟通时候,也要抓住机会让家长认识高中阶段学生心理发展的特点,如何认识他们的情绪,如何妥善处理孩子和其他同学之间的关系。

【案例分享】

班主任的"闲事"

周一第一节语文课,我发现了小波右手受伤了。下课后,我问他:"怎么弄的?要紧吗?"他说:"打篮球不小心弄的。拍过片子了,不要紧。"我提醒他:"以后运动时小心点,注意安全。"他答应了。小波的近邻们纷纷围了过来,七嘴八舌地慰问起来。同桌小军却默默低着头。我有点奇怪,这两人可是最要好的朋友,平时都不叫名字,亲切地称呼对方为"我波""我军",今天怎么了?我想观察一下再说,就回了办公室。

谁知道一进办公室就看到了小波妈妈,她问我要小军家的地址,说:"上周五放学后,小军和小波到世纪联华外的篮球场打篮球,小军爸爸也去了,和他们一起打。过程中小军爸爸的篮球砸到了小波的手。小波回家后整个右手都肿了起来。第二

天去医院拍了片。小波爸爸和小军爸爸通了电话,谁知道他爸爸不但不赔医药费,还骂人。"小波妈妈越说越气:"王老师你评评理,哪有这么没素质的人啊。"我忙给小波妈妈倒了杯水,让她不要生气。我说:"您的心情我很理解,但作为班主任我不能把学生家的地址给您,如果别人来问我要您家的地址我也不会给的。希望您能理解。"小波妈妈说:"老师我理解的,小波爸爸也不让我麻烦你。但小军爸爸这种态度我们无法接受。麻烦你跟他说一声,他不道歉不赔偿我们就报警。"我说:"您先别急,我今天也再了解一下情况,看看有没有更好的解决办法。"小波妈妈道了谢就回家了。

小波妈妈走后,办公室里一位老师就提醒我:"这件事发生在放学后而且是校外,跟学校和班主任都没关系。双方父母都是成年人了,社会纠纷,自行解决。"我说:"这好像也没什么麻烦的,我就问问情况,看能不能劝和一下。"这位老师说:"班主任要什么事都管,那班主任的事儿还有边儿吗?"

我听了这位老师的建议,让我想到了前几天看到一篇李镇西老师的文章,里面说:"班主任工作'严重超载',班主任工作是个筐,什么内容都要往里装,班主任责任无限大;权力无限小,穷于应付,疲于奔命,权责不清,亟待解放!"那我是不是不管这"闲事"了呢?

下课后,我去了教室,发现小波和小军这两个曾经一下课就有说有笑的小伙伴各怀心事,默默地呆地坐在那里。我瞬间明白了,这不是闲事。于是,我分别找了小波、小军了解了当时的情况,和小波妈妈说的差不多。我问小波:"你生小军的气吗?"他说:"不,不是他的错。""那你能原谅小军爸爸吗?""我也没怪他爸,他不是故意的。只是我爸妈比较担心我,又和他爸吵了架,所以看到小军比较尴尬。"我告诉他:"不要因为这件事影响和小军的友情,不用尴尬,你俩都没错,这件事也会妥善解决的。"我和小军聊时问他:"这件事会影响你和小波友谊吗?"他说他觉得特不好意思,因为他爸脾气不好。怕小波生他气。我告诉他:"小波不怪你,也不生你爸的气,而且这件事也没那么严重,不用担心。但确实是你爸爸误伤了小波,态度也不好,劝劝他该承担的就承担了。"

然后,我给小军爸爸打电话听他怎么说。他认为打篮球碰到手,很常见,不理解小波家长为什么兴师动众又是要赔医药费,又是要道歉的。我说:"孩子伤了手,家长担心也是人之常情,而且小波伤的是右手,这段时间都不能写字了,家长肯定也担心孩子影响学习,不开心是可以理解的,何况还挨了喝了酒的您的骂。如果您是小波家长您作何感想?"他沉默了。我劝说他:"小军和小波一直是同桌而且是最要好的朋友,他俩学习上互相激励,互相帮助。但小军今天说他看到小波不好意思很尴尬。他们以后还要相处两年多,这件事不妥善解决可能会给孩子留下心理阴影。"小军爸爸说:"我会赔偿医药费的。"我趁机说:"对啊,一件小事而已,大人大量,我还想冒昧给您一个建议。小军觉得您脾气不太好,尤其是喝了酒后,他很怕您。父亲对男孩的影响特别大,一言一行都对男孩有重大的教育意义。建议您不要轻易发脾气,对身体也不好。"小军爸爸说他知道了。

听说小军爸爸当天晚上拿了水果和医药费去了小波家。第二天,小波和小军又开始勾肩搭背、嘻嘻哈哈,吃饭、自习形影不离。经过这件事我明白了班主任有的闲事不用去管,有的"闲事"管就管了。

【点评】

在日常生活中,突发事件很难完全避免,青少年更是突发事件易发生人群。这类事件一旦发生,往往涉及赔偿问题,有的时候当事家长对于赔偿的问题达不成一致意见,或者其中有的家长不愿意赔偿。这就需要班主任老师从中做各种协调工作。

案例中的王老师从学生成长发展的角度出发,积极承担起调和家长矛盾的重担。在处理这一事件时,王老师能够坚持原则,没有将小军家的地址告诉小波妈妈,避免了家长间矛盾的升级;同时,也耐心地劝解小军父亲主动认错,特别指出这样做对小军成长发展的重要作用,最终劝解成功,使事情得到圆满解决。

三、发现学生有极端或过激行为,教师如何处理

高中阶段的学生由于学习压力大,情绪调适能力还不够成熟,容易冲动。在各种精神压力得不到有效疏解的情况下,个别学生会发展出极端和过激行为,诸如离家出走、自残甚至轻生。这种情况虽然很少发生,但是一旦发生,对当事者家庭、班级、学校而言,都是大事件。妥善处理这些大事件,一方面需要学校的支持,更重要的是教师灵活应对的能力。

(一)尽早干预容易发生极端或过激行为的孩子与家庭

容易发生极端行为或过激应为的学生一般是"有迹可循"的,班主任和任科教师要在日常班级管理与教学中善于观察,及时发现,及早干预。

班主任教师要注意具有以下特征的学生:第一类是平时性格非常内向、孤僻,但偶尔会情绪崩溃,这一类孩子的心理可能很不稳定;第二类是学习压力特别大的

孩子,这些孩子父母长期对他们的学习期望太高而学生成绩并不能达到父母要求,这类学生长期处在极高压力之下,很容易发生过激行为;第三类是来自特殊家庭的孩子,其家庭情况比较复杂,孩子要么在缺少爱的环境中长大,要么在一个畸形的"爱"的氛围中长大,这类孩子要么敏感自卑,要么任性自负,都比较容易产生冲动情绪。班主任和老师要对这类学生多关注,如果发现他们有异常情绪或行为,就要积极干预。

(二) 学生有极端和过激行为或倾向的一般处理方法

一旦有学生发生极端行为或暴露出这种倾向,教师一定早发现、早报告。

首先要报告学校领导以及相关职能部门,必要时要启动学校突发事件应急处理机制。班主任应该知道,自己不是一个人在战斗,背后还有学校。第二,通过各种渠道与途径了解整个事件的过程,结合学生个人及其家庭实际,分析事件发生的原因。第三,做好对当事学生以及家长的心理疏导工作,及时帮助学生与家长处理好各种事情。

【案例分享】

学生失联之后

7:40,离班级规定的到校时间过去了10分钟,Z同学位子依然空着。生病了?我一边想着一边拿出手机,"Z妈妈,Z同学生病了么?""没有。""没有?!那为什么没有来学校呢?""他昨天放学就没有回家。""什么?没有回家?你是说一晚上都没有回家?""是的。"我的心一沉——离家出走!这四个涌入脑门的那一瞬间,如雷轰顶,什么?离家出走?!我的脑中瞬间一片空白。

"你们去找了么?""有没有报警?"我在短暂的停顿后提出了这两个最基本的问题。"没有。"对方的语气竟然显得格外平静。没有?孩子彻夜未归,竟然那么淡定,这让本就不淡定的我更加慌乱了——他不是第一次!我紧接着冒出了这样的念头。"他之前有没有什么反常的状态?"我谨慎地提问。"没事,老师,他最多也就是心情不好而已,我们有数的,你不用担心,说不定什么时候就会来了。"

我觉得首先要了解目前的基本情况。我也自然而然地想到了前一天在学校内的情况,前一天,小Z因为第三次自制"子弹枪"类物品,并曾经用此类装置攻击同学,在学校对他进行了教育,并且当着他的面和他父母进行了一次沟通。可是当时的状态很镇定啊,会不会这其中出了什么问题?况且离校后我还习惯性地告诉了他父亲孩子的离校时间。怎么会突然就离家出走了呢?

安慰了家长几句,我建议报警,尽快找人,没想到他爸爸要求不要报告学校,并坚信孩子会自行回家,不想报警。挂了电话,我陷入思考,家长这样的要求,我该怎么办,万一学生发生意外怎么办?我决定,还是及时行动!

第一步——德育处。"小Z"昨天没有回家,我把了解到的情况简单地告诉了德育主任,德育主任立马打了电话给未保办,并且告诉我几大要点:(1)班内保密,不让多余的孩子知道这件事。(2)主动问询,和家长保持联系,跟进情况。(3)建议家长采取正规措施。我一一记录后直奔小Z同学的前班主任去了解情况。

小Z于上一个年度9月重读一年,进入现在的班级。我了解了孩子在离家出走方面的先例情况,得知此类情况曾在家中发生过多次,在校曾发生过一次。班主任告诉我,从小他和父母不愉快了,就会离家而去,第一次是躲在了楼道里,第二次是小区,第三次是街区,总之一次次走得比上次要远些。在他班里的那一次是走到了附近一个不知名的小区……真的不是第一次?这沟通的过程听得我一愣一愣的,难怪他父母那么淡定。但我还是决定不能坐等消息,必须行动。

第三个目的地,我来到了学校的监控室,我必须调取监控录像,了解一下情况。一幅一幅、一帧一帧画面放大查看,发现孩子于前一天17:52离开学校,并向校门左侧行走(家住×××路,此为反向),调看录像后,我立即通知其父,并建议扩大搜寻范围,再次建议报警。同时我也开始主动行动,在××路等学校附近范围作寻找。

然而此时,我的内心充满了疑问和纠结,父母为什么对待他的离家出走表现得那么淡定?为什么在今天这样的环境下,他不希望联系相关部门介入?为什么他会经常出现这样的情况?我不禁想问,这是怎样的一个家庭?有着怎样的故事?

在焦虑和不安中,我唯一的信念就是接到他父母的来电,告诉我孩子找到了!可是10点、11点、12点,时间一点点流逝,消息却如石沉大海。

一家三口的形象再次浮上心头,怯懦、调皮、好表现却缺乏自律性的孩子,不见笑容、愁容满面的母亲,脾气粗暴,动不动就会武力教育的父亲。在生活中,让你感到压抑的家庭氛围,在这个家里,只有规则、惩罚、大骂。每次说到父母时,小Z流露出的那种惊恐、惧怕、胆怯,这不是一个少年孩子所有的感觉,在他的脸上,我看不到"爱"。回想前一天,是否因为犯错,担心回家受到批评而不敢回家呢?

"不敢",对就是这个词,不敢!因为惧怕而不敢回家,家——一个大多数人认为充满温暖的地方,一个受到伤害就可以躲避的港湾,在小Z眼中就是那么的遥远吗?我陷入了新的困惑。

正想着,我突然接到了他爸爸的电话——有孩子消息么?父亲的口气明显比上午焦灼了一些,"从来没有那么久过"!言谈间,父亲的口气中有了一丝紧张,他说到以前出去都是自己会回来,但是这次,怎么那么久?原来,其父亲的"淡定"是有原因的。我马上问询了他的情况,并进一步询问此前离家情况及常会去的地点,随即我再次向他提出了报警的意向。他的爸爸依然拒绝了,在我的反复劝说下,他决定到附近的警局去看一看情况,我也告诉他,学校德育处已和未保办联系,实行了备案。

越来越担心的我在校长、德育主任的陪伴下,驱车进一步在附近区域碰运气。14:00、16:00、18:00……时间依然在流逝。

18:10——"孩子终于到家了!"我不禁长吁一口气,悬了一天的心终于放下了,"老师,让你操心了,跟着担心了一天。"没有想到,父母说了这么一番话。

第二天,孩子来学校了,当晚的家访和白天的沟通,让我知道了些许背后的故事:此前常因犯错后被父母大骂而心生畏惧,所以小Z在前一天犯错后不敢回家,而这一次的出走也让父母的心坐了一次过山车,想来也有些后怕。

向学校和相关部门完成了事件报告工作后,我和他的父母有了一次促膝长谈——"没有什么东西比温暖的亲情更能激发孩子前进。进一步追求成功的渴望与努力。父母爱孩子。望子成龙的我们往往容易忙中出错。或许我们可以给孩子多一些空间,让孩子感受到爱的存在,让孩子感受到家的温暖,或许他会多一分自信,多一分自律,多一分成长。我理解父母的急切,也感受着孩子的焦虑。用温暖融化冰块,比尖刀更有效率,我们的语言会伤害到最爱的人。"三言两语中,小Z的父母或许也在感受,改变,我们每个人都需要。

日子一天天过去,小Z母亲脸上偶尔乍现的微笑或许已慢慢成为小Z成长的见证。谁都会有迷路的时候,只要最终能找到回家的路,那么我们会在蜕变中慢慢长大。

【点评】

在学校生活中,经常会发生一些突发事件,有些事关班级的正常教学秩序,有些事关学生的人身安全。一个学生突然失联,无论对于家庭还是学校来说,都是一件大事。面对这样的突发问题,每一位老师都应该在第一时间做出反应。

案例中,班主任老师在发现学生没有准时到校后及时联系家长、了解情况;得知学生离家出走后,积极地帮助家长寻找失联学生。虽然家长要求不上报学校,但老师并没有迁就家长,而是及时向学校德育处汇报、在未保办进行备案,并建议家长报警,使得事件最终有了一个比较好的结果。非常好地体现了处理校园突发事件的重要指导原则——"早发现,早报告,早控制,早解决"。

(三) 在过程中要注意处理好各种复杂的关系

有些学生在采取过激行为时,由于各种原因比如教师与同学及时阻拦,并没有酿成进一步的"悲剧",但是在这个过程中,已经影响到正常的教学秩序,甚至还把其他教师与家长牵涉进来。作为班主任,这个时候一定要能灵活处理好各种关系。最重要的是,要正确分析事件发生的原因,不要把责任全部推到当事老师身上,要避免家长和责任老师发生冲突。

【案例分享】

一堂没有上完的物理课

"小王同学家长您好,今天物理实验课上您女儿怎么劝都不肯做实验,甚至扬言要跳楼。为了安抚她,全班同学这节课没上成,而这已经不是第一次。希望家长能够引起重视,做好孩子的思想工作。另外也请您告诉我,如果以后再有这样的事情,我们任课老师应该怎么做?"

这条由物理老师发的微信在家长群里引起了爆炸式反应,家长们纷纷留言:"最后没事吧?怎么能有这种想法呀?!""这个同学我听孩子回来说过,以前一直去厕所抠喉咙催吐……""她不是不怎么来读书的吗?""哎呀,这会不会吓到其他同学呀?"……

小王的妈妈也在第一时间给了反馈:"孩子开玩笑的,老师别当真!"这无疑是投下了第二个炸弹,又引起了一阵轰动:"这个家长怎么这么说?万一出事情了呢?""你这个家长也是奇葩,我注意你好久了,上次帮孩子写作文骗老师,现在说这样的话……"

短短几分钟之内,一场名副其实的"群架"眼看着就要上演了,我一看局面有些不受控制,赶紧给与小王妈妈"吵架"的家长们一一拨了电话,安抚他们的情绪,请他们不要再参与争辩。群里的回复慢慢少了,也终于能让我喘口气来处理这个棘手的事件。

事情起源是第三节物理实验课上,小王同学不愿服从老师的实验安排,想回教室写作业。但是物理老师认为这不符合课堂要求,没有允许,但是同意她在后面空位子上休息,只要不影响其他人。小王同学还是不愿意,搬了把椅子站在窗口扬言要跳楼,僵持了许久,最后小王从后门跑了出去。当我找到她试图进行调解时,发现她和物理老师的说辞完全两样,她坚持说是物理老师让她跳楼。但是同学们全都指责小王在撒谎,最后她脸一黑:"我不舒服,我要回家!"而她爸爸也在接到电话后来学校接走了她。正因为接走之前已经告知了来龙去脉,因此小王的爸爸虽然也在群里,但是自始至终只有一句话:"知道了老师,对不起,我们回去会教育。"

在拨通了小王妈妈的电话前,我让整个突发事件的目击者——班里的同学们把自己所看到的真相以及针对这件事的想法做了简单的记录,并仔细翻阅整理。然后把整件事情的来龙去脉告知了小王妈妈,在沟通交流中我尽量客观地描述事实,毫不回避地指出孩子的任性之处,也向她及时说明了随着考试临近,物理老师因为正常教学多次被小王打乱而有些焦虑,而她也只有微信群里有家长联系方式,因此将这件事情直接贴在了微信群里。最后希望得到家长的理解和协作,找个时间与孩子一起来校针对出勤率和学习积极性的问题商讨一下对策。

一周后,小王在爸爸、妈妈和爷爷的陪伴下来到学校。在家长们的鼓励下,她能够平静地去叙述当时的事件,也能够纠正原来一些有偏差的认识,对于她的这个改变我及时给出了肯定与鼓励。在沟通过程中,我试探性地问道:"小王同学在我们学校已经是第二次扬言要跳楼了,不知道在家里她有没有过类似的举动?"小王妈妈依旧用她特有的淡定语气说道:"怎么可能?!她胆子可小了!不敢的!"妈妈的态度让小王又一次激动起来,她歇斯底里地吼道:"谁说没有?!有过两次!第二次爷爷抱着我的脚躺在地上哭得都发不出声了,我就不跳了。"可能是想起了当时的场景,她的言语间已经没有了刚才的冷静。根据以往的了解我大致清楚这其中发生了些什么,孩子肯定没有说谎,只是她很在乎妈妈的想法,不敢把自己想要轻生的念头告知,而妈妈一直以来不以为然的态度也让孩子感到有些寒心。

高中生的情绪体验较初中阶段更为强烈一些,他们要求别人了解、理解和尊重自己,情绪内容广泛具有一定的连续性,易振奋、易波动,也会感情用事,有时会出现盲目的狂热和急躁,以致不计后果的冲动。理清了思路后我与家长们交流了我的想法。对于这样敏感的孩子,家长们应该要引起重视,这个重视不是一味地宠溺孩子,而是要给予她更多的关注和陪伴,父母作为监护人如果只顾自己的工作,将孩子完全托付给家里长辈,很可能对孩子的性格发展产生很大的影响,尤其是小王妈妈因为工作原因长时间不陪伴孩子,造成沟通上的许多误会。之后的一段时间,小王有了妈妈承诺的接送陪伴,不仅出勤率得到的保障,性格也开朗了一些。

最后还得消除微信群里的负面影响,我不仅将此次事件的结果在群里告知了家长,同时提醒各位家长要关注孩子的身心发展。除此之外,特地找了一节晨会课时间来总结近阶段小王同学的进步,也借此机会让同学们与小王有面对面的交流机会,会后引导同学们将小王近期的进步,带给关注此事件的各位家长们。

【点评】

遇到突发事件,如果不作正确的引导,很容易引起学生和家长们的恐慌,从而扩大事件的负面影响。作为班主任,如果有学生扬言要跳楼,应该怎么做?如何做好积极、正确的引导?引导过程中,我们要注意哪些方面?

本案例中的事件特别复杂,不只涉及当事者学生及其家长,还牵涉到物理老师和其他家长,所以老师处理起来就特别棘手。首先,老师及时在微信群中"灭火",避免了一场"群架";在与小王母亲沟通时,对物理老师将事情放在微信群里的原因做了解释,避免了家长和物理老师发生冲突;后期也及时将事情处理结果告知微信群中的家长,努力消除微信群中的负面影响。但这也提醒我们,涉及个别学生问题,教师应该顾及学生和家长的自尊,找学生家长私聊,避免不必要的麻烦。而且要关注主角人物的后续跟进,对其进行心理疏导,针对问题争取家长的配合,共同寻找有效的解决方案。

(四)学生有过激行为后如何指导家长

青少年问题专家陈小亚认为:"学习压力大、感情有困惑,产生了轻生的念头,造成无法挽回的损失,其中很大一个原因就是家长在孩子成长的过程中,没有正确地加以引导,灌输太多非胜即负的思想,反而给孩子更大的心理压力。"比如有学生在无法承受家庭这种高压氛围的时候,可能就会离家出走。

那出走后归来,父母怎么对待?很多时候,出走归来的孩子家长往往不敢对他们怎么样,只有对他们更好。这不是一种恰当的方法。家长更应该思考的是:怎样用恰当、聪明的方式,让孩子真正了解生活的艰辛和外部世界的复杂性,让孩子体会到家人的担心,让孩子觉得家的温暖,让孩子成为有责任感的人。教师要指导家长和孩子一起缓解学习压力,恢复到正常的学习状态,以后不要再有"离家出走"的想法与行为。

【案例分享】

走进孩子的心灵

小文是一个眉清目秀,乖巧懂事的女孩。家访时由于家里比较偏,怕我找不到,特地在大太阳底下等着我,为我引路。开学后,班级的活动都积极参加,还报名竞选进了团学联,成了一名干事。这样的一个孩子,应该是不用父母老师操心的乖乖女。可是,随着高中学业的不断加重,她的成绩从班级前茅慢慢退到了班级中等甚至偏下。班中有些家庭条件好的学生开始用起了iphone,脚上穿的不是阿迪就是耐克,还都是最新款的。而小文家的情况我是知道的,父母都是外地人,离异,妈妈带着她嫁给了个上海人,让她有了上海户口,可以在上海上学,但普通的工薪阶层,小文也没有什么可以炫耀的东西,使得她情绪很低落,整天闷闷不乐。

高二期末考试前,小文一个月内连着好几次没来上学,我打电话去家中询问,她妈妈总支支吾吾,说她不舒服,但又说不出哪里不舒服。

一天半夜,我的手机响了,从未和我联系过的小文的继父给我打来了电话。电话那头他很焦急,他告诉我小文放学后没有回家,手机也打不通,一点音讯也没有。她妈妈还想替她隐瞒,不肯给我打电话,但他觉得事态严重,需要我的帮助。小文已经5次离家出走了。

她到底去哪里了呢?我一边建议父亲向亲戚打听一下是不是去了那儿;一边去她熟悉的同学那儿了解情况,发动全班用QQ、短信各种方式联络她,但又要求学生们保守秘密,不要给小文再造成不必要的精神负担。而我则半夜赶往小文偏僻的家中。

不一会儿,我在小文家门口见到了小文的继父。在跟他的交谈中,我知道了事情的原委。前几天放学回家,小文把作业扔在一旁,一直持续不间断地上网,妈妈看不下去了,就责备了她几句。结果母女两人大吵一架,妈妈一气之下把网线拔了,并打了小文一巴掌。小文几天没和妈妈说话,今天背着书包去上学,就没回来了。同时我还感觉到,虽然是继父,但小文的父亲非常关心她,只是平时工作忙,小文都由妈妈照顾。妈妈文化水平低,很少与小文沟通,她也知道小文是因为成绩下滑,家境贫寒,一直闷闷不乐,经常逃学,但妈妈怕被学校知道要处分她,所以一直帮她隐瞒。

在了解了这些家庭情况后,我觉得当务之急是先找到小文。我给小文打电话,电话通了,没人接,又拨一次,还是没人接听。于是我给小文的手机上发了一条短信:小文,我们大家都很担心你,晚上不要一个人在外面,有什么事情回来,我们一起解决。

终于,小杰在凌晨2点左右回复了我一条短信:老师,我想一个人静一静。我在一个初中同学的家里。很安全。收到短信,我立刻通知了她的父母。在度过了一个担心的晚上后,清晨6点半,小文的父亲打电话告诉我说,孩子已经回来了,安然无恙,就是精神不是很好,不想来上学,想休息一天。我同意了。下午上完课,我安排好班级的事情,便匆匆赶到小文的家里。

我先和小文的妈妈做了沟通。

"我想妈妈除了生活上关心她以外,平时也要多和她进行沟通。小文很敏感,原本在初中很优秀,进了高中成绩不理想,她唯一可以依靠的资本没有了,她觉得在同学中抬不起头,很自卑。我们需要多和她交流,告诉她她的优点,多帮助她。如果平时妈妈和她交流太少,她的心里就更不开心了,要从她的角度和她聊天。"小文的妈妈听到这里,愧疚地点点头。

我向小文父母建议,针对小文性格,平时要多鼓励少批评,针对她比较内向的性格,最好进行传统的信件沟通,拉近彼此的距离。我也可以充当邮差的角色,作为他们沟通的桥梁。

接着我打开小文的房门,她看着我,默默无语。我握着小文的手,告诉她我第一次来家访时我的感动,告诉她她为班级服务时我的欣慰,告诉她她担任团学联干事时同学的赞许。成绩不代表一切,学习有困难,老师同学都愿意帮助她。每个人的出身不同,但每个人的人生路是靠自己走下来的,她得到了老师同学的一致认同,这就是成功,可以抬起头来骄傲地前进,相信自己,相信努力可以换取未来的成功!我还告诉小文,看到她一晚上不回家继父心急如焚地四处寻找,继父对她的爱和关心。小文默不作声,低头思索着,眼神有了生气。

自此以后,小文不再逃学了,重拾了笑容,更自信了,成绩也在慢慢努力中提升。"每个孩子都是天使,关键在于我们怎样培养教育他们。正确的教育方式是发现孩子的长处,鼓励他能行。"这是多年前我在教育学的书籍里读到的一句话。的确,每个孩子都需要被关心、被肯定,而他们关心和肯定的最初来源往往是父母和老师。

【点评】

小文同学在离异家庭中长大,母亲文化水平不高,不善于和孩子沟通,孩子进入高中后成绩不理想,又由于贫寒家境心中自卑不已,情绪低落,有天突然与母亲爆发激烈争吵,离家出走。案例中老师在得知学生离家出走的原因后,并没有责备学生家长,而是和家长一道通过各种渠道联系上学生并将其劝回家。学生回家后老师主动上门,表达了与家长共同帮助孩子的意愿,并给予具体的指导意见,赢得了家长和学生的信任。

本案例说明,虽然很多孩子在学习生活中碰到了各种各样的问题,也相应出现了种种心理问题,但只要老师和家长用爱心和耐心,用各种方法关注他们走近他们,就能治愈他们内心的"疾病",改变这些孩子的命运,让他们成为对自己、对社会都负责的人。

第九章

合作与协商：如何指导家长做好孩子的学业与生涯辅导

我们建议家长们，对于孩子们提出的跟他们对家庭收入和社会生产的劳动贡献"不相称的"要求加以限制。如果儿童单纯消费，如果他的一切要求都与劳动无关地得到满足，那么他就会逐渐地变成好吃懒做的人。我们指出，由于家长不懂教育和教育无力，造成这种后果是必然的现象，并且进一步使家长们认识到：他们的子女的命运就掌握在他们手中。

——苏霍姆林斯基

高中阶段是学生自我意识、个性、才能、兴趣逐渐形成和发展的时期,也是学业发展与职业理想树立的关键期。从 2017 年起,上海高考不再文理分科,考试科目由"3+1"变为"3+3"。于是,在这一背景下,以培养学生选择能力为核心的生涯教育就成为高中学校必须提供的课程和服务。对于每位高中教师而言,不仅要成为一个合格的生涯教育者,而且还要能够指导家长并与家长合作对孩子进行生涯辅导。

一、在孩子生涯教育方面,教师可以帮助家长做哪些

高考新政下,教师不仅要指导高中生涯教育的任务与内容,还要能够指导家长、协助家长一起做好孩子的选科以及高考志愿填报等工作,指导他们选择适合的学科和专业,帮助他们顺利升入理想的大学或走向社会。

(一)帮助家长认识自己的孩子并引导孩子学会正确认识自我

1. 帮助家长引导学生认识自己,使孩子能够正确评估自己的学术兴趣与专长,能根据自己的学习特点与兴趣特长选择恰当的学习科目,合理规划学业发展,能够制定阶段性目标等。

2. 帮助家长引导学生进行职业探索,包括引导家长如何关注、了解、收集社会职业发展相关信息的能力,引导孩子学会思考自己的职业志向与职业理想,能够对自身职业道路进行初步规划等。

3. 家校合作帮助学生报考合适自己的专业与高校,包括确立符合实际的个人发展目标,能初步评估实现该目标所需要的条件及需要考虑的各类要素,制定个人发展的中长期规划以及在特定情况下做出决断的能力等。

【案例分享】

梦想的"魔豆"

每个班级总有这样的学生:成绩中等,对学习显得倦怠,对各种活动却无比热衷。正如小杰,任何活动都最积极:大扫除、篮球赛、青歌赛、微电影……而任课老师对他的评价如出一辙——"这同学上课懒洋洋的,作业能按时完成,成绩马马虎

虎,活动特别起劲。"

小杰既不像优等生那样备受青睐,又不似学困生那样多蒙关注,平时易被忽略。家长与我沟通时,对他热衷活动而应付学习很不满,言语中不止一次提及他的成绩总是中不溜秋,以后考不进好的大学。并提及曾带他去家附近的知名理工大学T大参观,他曾意气风发扬言要考T大,如今却不肯把用在活动上的大量时间转移到埋头苦读上,T大不再被他提及,不知道他对将来有什么打算。

回顾任课老师和家长所言,似乎关注点都是小杰的学习成绩,对他热衷于活动或不以为然,或认为耽误学业而觉不满。而小杰身上不乏可圈可点之处。他的集体观念、动手能力和创意都很突出。若只以成绩作为评估标准,未免偏颇。然而家长的忧虑是涉及孩子一生的——"他对将来有什么打算"呢?

借助班会,我设计了"梦想涂鸦"的活动,让包括小杰在内的部分同学在黑板上涂鸦自己将来的理想生涯,然后站在画面前畅所欲言。小杰所画的是几座形状新颖的建筑,畅言以后想建造出与众不同的建筑。我又想起了他家长的所言——小杰曾言要考进T大,而T大的建筑系是全国著名的。

我心中闪念:小杰的心里未必如他家长所言,"不知道对将来有什么打算"。他不再提及T大,或许是在现实中遇到了困惑与阻碍。

我与小杰就生涯发展进行了长谈。从"梦想涂鸦"切入,小杰对建造表现出充足的兴趣。当我提到T大建筑系是不少建筑师起步的摇篮时,小杰停止了滔滔不绝的言谈,半晌才有些黯然地说:"我的成绩不可能考进的。"

我追问:"你怎么知道自己考不进?你查过这几年的分数线?"

小杰不好意思地说在社团活动时向高三学长打听过。

我忽然觉得:在小杰心中,埋有一颗梦想的"魔豆",或许将来能长成参天大树。

我再问小杰:想成为优秀建筑师,考进名校建筑系就行了吗?如今工作与专业不对口的情况比比兼是,有没有想过要真正成为优秀建筑师,需要哪些条件?

小杰思考后回答:若要做到,个人能力、坚定信念都很重要,但还是必须经过大学的专业学习,才能真正步入这个领域。话题最后绕回原点——小杰的成绩与这个"必须"的大学专业确实有距离。

我感到他对梦想回避,是因为觉得梦想遥不可及,又对自身能力和机遇有所质疑,最终导致梦想被自嘲、压制甚至放弃。教师的首要任务是"拨开云雾见青天",帮助学生将心中的混沌化为清明,引导学生有理有序地规划自己的生涯发展。

小杰的梦想正处于被质疑的阶段,引导得宜或能给予他正能量,使他发挥出潜力,若错过这时机,梦想的"魔豆"就再也无法生长了。

劝导时必须摆出事实理据,结合心理学的智慧,才能给予小杰积极的引导。于是我将心理学的"成长树"模型借用到这次生涯规划指导中。

根据所谈内容,我画下一棵Y型的简单的树,对小杰说,若树根是成为建筑师的理想,理想越坚定,植根越深;树干的两个主要分支,分别代表个人能力和大学专业。这三要素是小杰自己谈及的。然后让他根据自己情况,看看如何让这棵树成长。

一棵完整的树需要有繁茂的枝叶。两根主干上添加的每一根树枝代表已拥有的或需要的一种能力。小杰对"成长树"的不断完善,其实也是自我认识和探索的过程。在他笔下,树根植根很深,他想成为建筑师的信念十分坚定。在"个人能力"这根主干上,小杰添上了不少坚实的"树枝",如创意、绘画能力、动手制作能力,尤其是"社团"一枝——他在环保DIY社中积累了丰富的实践经验,不仅对各种新材料进行过分析与解构,还渗透了创新意识,制造成功过不少成果,如用垃圾袋制成充气人、旧报纸制成巨大圣诞靴、废弃筷子构架环保树等。而"大学专业"这根主干上,却只有两根很短而又光秃的树枝,代表"成绩不足"和"奖项缺乏"。小杰说:考重点大学,基本都要通过自主招生,只有成绩,没有奖项成果,很难通过面试。

这棵偏重的树快画完时,小杰犹豫地说,其实T大近年开展的"建造节"活动,中学板块面向全市高中,以小组形式参与,要求根据相关主题,在有限时间内搭建出坚固美观、有创新设计理念的建筑。评委均是建筑学专家,比赛的专业要求和创意要求都很高。小杰很想参加,但要被学校选为5人小组成员之一,希望渺茫。

要让"树"茁壮成长,学生自身努力很重要,教师为树根提供可运用的外部资源"养分"也很重要。对小杰而言,要让奖项成果这条光秃的"树枝"枝繁叶茂,靠自身等待时机是不够的,还需要教师悉心灌溉"养分"。我们引导学生进行生涯规划,不仅要让学生客观地进行自我了解与评析,还需要适时地为学生提供契机,以"阶段性的成功"给予他积极的引导,不断积聚走向梦想的正能量,最终使他的潜力得到开发与提升。

我觉得我可以为他的"成长树"提供一些养分。于是我借助学校科技节比赛平台,让小杰全权负责制作"生态"主题展板。小杰依靠自己丰富的经验和创意特长,最终用5种类型的纸、10多种树叶,加上黏胶和彩绘,做出了全校唯一的立体效果、环保材料、创新独特、意蕴丰富的"呵护地球"展板。作品在全校展示时不仅获得了师生的惊叹,并荣获冠军。

光秃的树枝增添了第一片树叶之后,小杰的积极性和自信心得到了激发。

随后我又在班集体建设中,让小杰参与建设与环保DIY有关的班级文化,如班级日历、黑板报,并在学校德育工作会上汇报展示了这些作品。

小杰在社团和班级建设中的杰出表现,使他在数月后成了"建造节"小组成员之一。建筑的设计环节和小模型制作均是在赛前、在自己校内进行构思制作,小杰的创新能力、动手能力得以充分展现。

最后我顺着他的阶段成就适时介入对学科基础知识的正面引导,以事实启示他:方案设计对于数学建模和物理力学的知识要求很高,否则即使设计出了美观而充满新意的建筑,它也未必有制作的可能性与合理性,或是做出来也很难符合坚固与容积的要求。而小杰那根"成绩不足"的光秃树枝,正在于他学科基础知识的不稳固。

小杰也进行了自我反思与探索,觉得自己讨厌死记硬背,但是对于充满灵活性的理科学习,还是能够投入并进行钻研的。不久之后,任课老师反映:小杰在数学、物理课上变得专注而积极响应问题,作业质量、测验成绩也有了提高。小杰的家长也给出了好的反馈。

理科成绩的提高与建造比赛的成果,都使得小杰的"成长树"更加繁茂,让他的生涯规划也越发明朗。对每个人而言,整个生涯规划是长久的,我对小杰的引导和达到的成效也只是他整个人生中"阶段性的成果"而已。但这阶段性的成果却会成为他生命中的美好阅历和坚实基础。

【点评】

每个学生心中都有一颗梦想的"魔豆",对于学习成绩中等甚至中等还不到的学生也是一样。这颗梦想的"魔豆"能否成长为参天大树,需要教师的积极引导以及家长的全力支持。

一般情况下,学习成绩"中等生"在做职业规划的时候似乎面临"高不成低不就"的尴尬。本案例中的老师面对一位成绩中等的学生小杰,采用Y型成长树非常直观地向小杰展示其个人能力的现状和升学要求的现实,帮助他明晰在个人能力这根主干上已拥有的创意、绘画、动手能力等养分,同时也清楚地直面升学要求这根主干缺乏繁茂的枝叶,从而能主动抓住科技节比赛的机会,冠军荣誉的获得又良性促进了他学习状态的改善和成绩的提高。同时指导小杰的家长积极正面看待孩子,帮助孩子树立职业理想,鼓励孩子为理想奋斗,并取得了很好的效果。

(二)引导家长树立正确的成长观、成才观,关注学生未来的发展

要引导家长理解,生涯教育不仅帮助学生选科以及报考志愿,还要面向学生未来发展的。要让家长明白,孩子的成长道路很长,未来发展具有无限可能性,一次考试学科的选择、一次志愿的填报并不能决定他们的人生道路。

教师要引导家长不要把眼光只放在孩子的学习成绩上,对学生进行生涯发展指导,需要从促进学生终身发展的视角出发,尊重他们未来多样化发展的可能性。相反,在他们的青少年时期就预先设计其非常具体的职业发展路向,是不利于他们自身潜能的充分发展的。

【案例分享】

一位知名跨国公司资深 HR 的高考志愿和她的职业规划之路

教育部教育发展研究中心所做的一项针对高三学生的调研显示,高三学生对高考志愿中的专业了解程度为"一小部分"和"完全不了解"的比例为 75.2%,"完全了解"和"比较了解"的比例为 28.9%。大学生对自己专业的满意程度仅"非常不满意"的就占了 57.8%。其很重要一块原因分析为高中生以及家长,甚至他们的老师就高考志愿填报和高中生职业生涯规划之间存在认识的误区,如高考志愿选择的大学专业基本就决定了今后的职业方向;又如高考志愿的大学专业选择主要是根据高三学生的学习能力,很少考虑分析学生本人的愿景和兴趣,几乎不会分析学生的性格特点、优势等。

女生 X 的求学、择业经历就是一个很典型的例子。和很多高中生和他们的家长一样,当年她错误地解读了高考志愿填报对今后对职业生涯规划的作用,误认为高考志愿填报所选择的大学和专业基本等同于今后一生所从事的职业,结果在大学深造后期和进入职场初期走了不少弯路,经过了较长时期的困惑期。

X 曾就读于上海市某实验性示范学校高中部。独女,其母亲中年创业,事业成功,家庭生意有往海外发展的规划和趋向;父亲为上海某 211 大学教授。可以说她家境殷实,对她今后的择业,其父母给予了相当的自由度,一切由 X 自己的学业水平和学习能力以及自己的喜好决定,也因此对高考志愿的选择对今后职业的关系了解较少。X 本人对自己的分析和认识也是相当缺乏。当班主任周老师拿着 X 的高考志愿填报表,和 X 交流她的高考志愿,今后的梦想,职业,对自己的性格认知和分析等时,当时的 X 回答,周老师记忆犹新:"我觉得自己就是个非常普通的女孩,成绩不算好,没有特别擅长的科目,而且数学等理科学得真心累。没有什么自己特别喜欢的职业或者梦想。我觉得自己能考上本科大学,就已经非常满意了。至于专业,我想目前金融法律什么的比较热门吧(十年前的大学热门专业),所以,只要能上这些专业,并且是本科,就好了。父亲的大学,对目前的我来说,分数太高了,所以,我是不会去填报的。家里条件还行,但我目前不想继承我妈妈的生意,虽然我知道父母是有这样的想法。但父母很支持我,他们说会尊重我的高考志愿选择。所以,我选择金融,其实也是想,万一毕业后找不到工作,我也许会考虑回家帮忙吧。"当周老师问及X的兴趣爱好,X回答没什么特殊的,就是上网打游戏听音乐。当时的X主要就是焦虑自己的考分是否能达到自己想进的金融专业,觉得只要是金融专业,什么大学都好。

高考之后,X未能进入所填本科,但幸运的是通过补填志愿进入当时还不太热门的上海某民办大学的金融系。时间飞逝,大四的X再一次面临选择:是本科毕业,读研,还是去国外留学。X所读的是所民办大学,她理科不强导致专业成绩差强人意,且金融专业当年的毕业生已呈现供大于求的局面,X的职场竞争力显然处于下风。几次面试,X都铩羽而归。读研,提升自己的学历含金量,X临阵磨枪,怎么都没有可能考入心仪大学的金融系。最后,X只能靠着家庭的资助,远赴法国,攻读金融专业研究生。

在法国的三年,X告诉自己不能再在被动的选择中一次次错失独立自立的时机了。X从对法语一窍不通,在法国人生地不熟,通过一年的进修法语,两年的专业学习,并且为了更好地融入当地学生的生活和圈子,X积极参加同学活动,利用假期去当地的公司充当志愿者实习。三年后的X再次面临选择,她再也不需要通过读博,逃避进入职场的时机了。三年艰苦的留学生生活历练了X对独立生活的自信,她精通中文、法语,基本掌握英语,了解中法两地文化,在实习中X发现自己喜欢与人沟通,而且在几个岗位的实习中,X发现自己并不适合财务等和金融相关的工作,此时的X已非彼时懵懂茫然的高三学生X了,她清楚自己的定位、优势、所需求的岗位。最终X在几个offer中选择了一家法国猎头公司驻沪分公司猎头。其很较强的适应和沟通能力,对不同公司文化的把握能力,出色的语言能力等使其在工作三年之后,自己再一次被猎头猎走。如今的X担任世界排名前十公司的资深HR,负责招聘该公司整个亚太地区的高层招聘。

某天,X收到当年的高中班主任周老师的邀请,以资深HR的身份,就高中生职业生涯规划教育这个课题,给母校的学弟学妹们分享自己的经验和职场需求的分析。回顾自己的求学和求职经历,X感叹如果当初自己接受过高中生职业规划教育的话,就能客观分析高考志愿对未来职业影响,了解自己的特点、性格,探讨自己的梦想或期望,这样她在高考志愿的选择上将更好地客观定位自己,适应今后的职业发展需求。如今的她虽然感激那异常艰难的留法三年的经历,但依然感叹自己也许蹉跎了四年的本科生涯,而自己的研究生专业选择也许可以更契合自己如今的职业需求。

【点评】

很多高中生及其家长没有意识到,高中生填报志愿不仅应该根据自身的学习能力和学业水平做出适合的选择,而且不能在高三面对志愿填报表才开始考虑。如果将高考志愿填报视为个人生涯规划之路的一个重要节点,作为班主任老师,我们应该如何从进入高中起帮助学生认识自我,规划人生发展之路呢?

本案例通过 X 同学的经历,给我们两点突出启示:(1)对学生的生涯教育应该尽早开始,让学生在成长的过程中不断加深对自己的了解,树立对未来生活的向往。(2)对学生的生涯指导不能仅停留在课堂教学,要通过社会实践让学生亲身体验职业,在体验中加深对自我和职业的理解。

(三) 教师要教给家长切实的方法

家长对孩子的生涯教育起着非常重要的作用,但孩子越大,家长对孩子的影响力可能就会越低。很多家长不知道如何对孩子进行指导,教师可以从以下几点着手。

1. 建议家长要学会倾听孩子的想法

建议家长尊重孩子,明确告知家长,对于高中阶段的孩子,家长的想法是不能强加给他们的。要建立平等的关系,营造和谐、民主的氛围。家长要学会倾听,多听听孩子自己的想法,家长切忌把自己的观点强加在孩子身上。孩子会结合自己的想法、外界提供的信息还有家长、教师的建议,来做出一个决定,家长要做的就是支持他的决定,并告诉他要为自己的决定承担后果。

2. 建议家长经常和孩子谈谈"人生"

建议家长可以经常和孩子说说自己的成长故事,让孩子知道每个人的成长都是一个不断发展的过程,都会经历很多挫折才能长成现在的样子。让他们懂得,人活在这个世界上,都有自己的责任,在不同的人生阶段都扮演不同的角色。让他们懂得做一个平凡的人,从事一份平凡的工作同样值得被尊重;让他们懂得,成功并不一定是要有多高的社会地位,拥有多少物质财富,只要是一个正直的人,是一个对社会有用的人,就是成功。

3. 建议家长在生活中抓住契机,为孩子提供多样化的职业探索机会

建议家长结合实际情境,引导家长学会如何抓住生活中的教育契机,在日常生活中、亲子互动中有意识地给孩子教授一些职业知识,适时地把自己的职业态度、情感、体验等很自然地传递给孩子,让孩子在其乐融融的家庭环境中不断获得丰富的职业认知与社会体验,并学会感知、体会父母的辛苦。

(四) 运用多种力量、多种方法协同开展

首先,教师要通过组织、开展家庭教育指导活动与课程,让家长认识到培养孩子生涯意识、职业价值观以及树立职业理想对其未来成长的重要价值,促使家长的教育关注点从当下扩展至孩子的未来。

其次,当自己一个人不能很好地指导家长时,要联合学校心理教师以及其他教师等共同面对,寻求各种方法,共同解决问题,帮助我们的学生顺利度过高考这一生命中的重要关口。

【案例分析】

出奇制胜的"鸡尾酒法"

所谓"鸡尾酒疗法",其含义就是同时使用3—4种药物,每一种药物针对艾滋病毒繁殖周期中的不同环节,从而达到抑制或杀灭艾滋病毒,治愈艾滋病的目的。我们班主任进行家庭教育指导时,是否也可以综合进行"鸡尾酒"式的教育,真诚地关心家长们,帮助他们解决教育孩子时遇到的困惑呢?

案例

学生小红是一名高一高二成绩都非常优秀的学生,可是到了高三下学期,她会经常一个人发呆或者一个人暗暗哭泣,小红说她简直不想高考了,想自杀,看到学校就觉得恐怖,不想到学校来。有的家长也反映:高三的学习这么紧张,这样的学生会影响别人学习。她妈妈对她训斥和打骂都丝毫不起作用;看着小红那日益发呆的眼神,我作为她的导师,心一下揪紧了。怎么回事?

接近法——开启心灵的窗户

我开始尝试接近小红同学。常常利用课间休息和放学后的时间找她谈心,尝试了解她的一些想法和感受,甚至在走廊里遇到她的短短几分钟时间里,我也会笑着和她打招呼,让她感觉到老师关心她。虽然,也遭到了很多次的"冷脸",但我知道冰山融化绝非一日之功,我始终坚持着。通过大量的谈心,我终于了解到原来小红的妈妈是一个单亲妈妈,一直对小红要求很严格,对小红提出了必须考上一本的要求,而小红的物理成绩却一直在退步。她说她很害怕,害怕妈妈责备她,她现在天天晚上会做考不上大学的梦,白天就会头脑昏昏沉沉,还似乎一直听到有人在背后议论她,她觉得人都要崩溃了。

我想，家长是孩子的第一任教师和终身教师，其作用至关重要，家长在家庭教育中占主导地位。解决小红同学现在的状况首先要改变家长的某些教育观点并得到家长的支持和肯定。

在心理老师的帮助下，我为小红制定了一个"鸡尾酒式"的辅导方案：

医疗辅助法——为成功奠基

为了寻求解决的方案，我说服小红的妈妈和我一起去了心理老师那儿进行咨询。通过和心理老师的交流，小红妈妈了解到了小红这种情况在高三学生中非常普遍，很多学生会因为考试压力较大而产生了心理上的障碍。心理老师还指出，像小红这样敏感多疑，郁郁寡欢，自我评价非常低的则属于阶段性的忧郁症和考前焦虑症。对待这样的学生，教师和家长应坚持和她谈心，并定期进行心理咨询和一定的治疗，治愈的可能性还是很大的。

在心理老师的指导下，小红妈妈和我尝试对小红进行了系统脱敏法。如何让小红走进学校、走进教室，这是辅导的关键。依据小红的考前焦虑程度，老师为她制定了"六级脱敏表"：一级，看见学校围墙心不慌；二级，能走进学校大门；三级，在校园行走并敢于抬头望教室；四级，能走进教室；五级，能正常坐在教室听课；六级，能正常参加考试。脱敏分为"想象脱敏"与"实地脱敏"两个阶段。"想象脱敏"阶段主要由心理老师负责引导，每次脱敏训练后布置练习；"实地脱敏"前两级主要由家长陪同进行，第三级由心理老师和家长陪同完成，第四、五级由家长陪同进行；第六级脱敏先在心理咨询室模拟考试情景进行，再由心理老师负责，从小测验开始，在教室进行实战训练。整个过程，大概用了三周时间。

通过近一个月的辅导，小红出现了一系列积极的心理变化：一是封闭的内心开始向外开放，能正常地与家庭成员进行交流,；二是焦虑的情绪得以缓解，敢于面对教室的考试环境；三是正常的学习与生活基本恢复，医生认为可以参加高考。

同伴疗法——出招无痕爱有痕

我还安排了小红妈妈参加班级的主题教育课。在班级的主题教育课"天生我材必有用"，在这节课上，同学们纷纷发言，畅谈如何在人生的道路上学会生存、学会做人、学会合作、学会竞争。小红的妈妈在主题教育课后，来到办公室和我交流，我也和她讲述了我校的"立人"思想和"立人"教育在孩子成长中的重要性，一个人的成功不仅仅体现在他的成绩上，更重要的是他是否能成功融入这个社会中，是否会尊重他人，是否会合作和分享。

在学校的家长会上，我让小红妈妈与我们班级别的孩子的家长交流与沟通有关如何让孩子建立自信、如何适应高三的学习。在不断的家长间交流中，小红妈妈彻底改变了她的观点,在对孩子的家庭教育中,学习不是衡量孩子的唯一标准,学会如何做人,提高整体素质是培养孩子的重要目标。

家校合力法——品尝成功滋味

我和小红妈妈每日详细交流小红的情况。同时我还推荐了小红妈妈阅读两本书:《家庭心理辅导》《卡尔·威特教育精华及中国家庭教育启示》。小红妈妈也逐步同意了我的观点,学习是孩子自己的事,孩子能自信、快乐、健康地成长是我们教育中最重要的。

高考的那一天,小红在妈妈的陪同下参加了高考。在她进去的那一刻,她突然回头,对我甜甜地笑了。我的眼睛湿润了,有一种想哭的冲动,但心中涌起的那种喜悦是无法用任何言语表达的。

【点评】

所谓"鸡尾酒法",就是在家庭教育指导时,不是单用一种方法,而是几种方法综合运用。教师在工作中经常遇到这样的情况,在对特殊学生进行家庭教育指导时,单凭班主任的力量可能不够,更多的时候要联合其他教师的力量,运用各种教育方法综合进行,即案例中提到的"鸡尾酒"式的指导方式。

案例中,班主任老师注重学生的心理辅导,敏感地辨识出小红这位考前抑郁倾向逐步加重的学生,并通过自己与其沟通、邀请心理老师协同、和家长一起合力等方式扩展小红的视角,接纳自己,现实地缓解了她面对人生重大抉择时的无措和压力,是高三适应辅导的较好案例。

二、指导家长进行生涯教育的几种类型

作为高中的班主任,常常会听到家长抱怨孩子成绩不好,"不成器",其实每个人都有自己的长处。不过,在面临人生抉择的高中学段,很多家长有时会出现因为个人的理想追求而"误诊"了孩子的发展定位,结果出现家长抱怨,孩子痛苦,家长放弃,孩子逆反的"死胡同"。班主任老师要根据不同的家庭情况,进行有的放矢的指导。

(一) 引导家长如何让迷茫、不自信的孩子重拾自信

每个班级都会有这样一类孩子,家庭以及自己对未来的期望很高,但自己的成绩又不能实现自己的理想,这些学生常常表现出对未来生涯发展的迷茫。这种迷

茫常常让他们感到苦恼与不自信。

面对这样的学生,教师要及时与他们谈心,了解他们的真实想法,最重要的是要和家长沟通,向家长客观分析学生的情况以及父母高期望给他们带来的压力。要引导家长正确看待自己孩子的学习成绩,设立合理的高考目标,并一起探讨如何让孩子重拾自信,找到自己努力的方向。

【案例分享】

让学生自信,让家长安心

一张照片勾起的回忆

片段一:厕所吸烟事件

我们学校中午的学生生活是十分丰富的,篮球比赛、广播社活动等,因此走廊里经常是人来人往。也就是那天中午,我和H在走廊里擦肩而过,但是一股味道让我意识到问题的严重性——烟味。

下午大休息,我把H请到了办公室。

"你吸烟了?"我问道。

"嗯。"他低着头很漠然地答道。这有点让我出乎意料,我以为他会抵赖,也正因此,H引起了我前所未有的好奇。

"为什么吸烟?"我又问道。

"……"

"你知不知道校规和中学生守则?"我继续问道。

"……"

我猛然意识到H或许是有其"苦衷"。

"心里有不痛快?别憋着,靠吸烟又不能真正解决问题。"我换了一个方式。

他突然抬头看了看我,原本不屑的眼神中闪过了一丝不解。

"怎么了?人嘛,总会遇到困难和不痛快的,说吧,我又不是'老顽固'。"

"叶老师,这里人多了点吧?"他嘟囔了一下。

"这样吧,如果你觉得我可靠,放学后到休息区,我在那里等你。"我笑着说道。

放学后,我在休息区泡了两杯茶,果然H准时地背着书包出现了。他看到那杯我帮他泡的茶,眼神又闪过一丝不解,"给我的?"

"当然!光聊天不喝茶多无趣啊。"对于他的主动开口,我倒是十分开心。

H喝了口茶,看了我一眼:"老师,你觉得我还有救吗?我妈妈说我没有救了。也别读了,回台南老家的果园去帮忙吧。"

我微笑着,"然后呢?"

H又喝了口茶,"她老是拿我和我大姐比,我大姐在厦门大学读书,从小就读书好。昨天,她又说了,算了,本来想生个儿子能享福,哎,现在看来生了一个废人,你和那些小流氓有什么区别啊。"

我微笑着,"然后你怎么想呢?"

H继续说道:"其实我想读的,可是基础是蛮差的,所以成绩一直很烂。昨天我一个晚上没有睡,我妈妈竟然说我是废人,那我还读什么?说我是小流氓,那我就做小流氓吧。就这么我想了一个晚上,我实在困死了,我一早就去买了包烟,想提提神,反正我妈妈已经说我是小流氓了,所以就吸了。"

原来在众人眼里的H还是有些想法的,同时我也深刻地感觉到应该和H的妈妈聊一聊,再深层次地了解一下H的背景。

我随手拿起接班时拿到的学生成绩表,"哎!不对哦。你成绩不是都很烂啊,体育就不错嘛!"

"叶老师,你就别开玩笑了。体育有啥用?又不能高考!"他激动地说道。

这句话又一次挑起了我的好奇,原来H对高考是有想法的。

"那按你的讲法,中国奥运会可以不参加了,体育好又没有用。你啊,别拿自己的长处不当优点。"我和他开玩笑道。

他笑了笑,"其他的太烂的。"

"哟,原来你笑起来还是蛮帅的嘛,以后就多笑笑。成绩的问题我们慢慢努力。"我继续说道。

"有啥用,我妈妈都说我是废人了。"说起他妈妈,他又漠然了。

"你妈妈又不是上帝,再说了,她是在气头上。"我补充道。

"那你说我还有救吗?"他又问起了这句话。

"你想救自己吗?我可不是神,顶多帮帮你,关键看你自己的想法。"我赶紧说道。

"当然想啊。我以后还想参加大学校队呢!"(H是我们校队的主力)

"有你这句话就行了。不过呢,今天这事……"我还没有说完,H就抢着说:"我知道的,的确做得有点傻,能别说出去吗?要不,事情就闹大了。"

"行啊,不过呢……"我又一次被打断了。

H:"我保证以后不会再犯了。要罚什么就直说吧!"

"想得美,哪里这么便宜你啊。我要说的是,接下去的一年半里我们班级的体育就交给你了,你要给我认认真真地做体育委员。当然,至于这样的违规,你以后想都别想!"我笑着说道。

"你不是开玩笑吧!我做干部?我能行吗?"H 诧异地看着我。

"我说你行就行!我等着看你的表现。好了,不早了,回家吧。"我拍了拍他。

后续:与 H 妈妈的面谈

我和 H 的妈妈进行了一次沟通。他妈妈告诉我,这孩子是第二胎,之前生了女儿,但是家里一直想要个儿子,所以几年后又生了 H。全家人对 H 一直宠爱有加,希望以后 H 能接下家族的产业,因此经常将兄弟世家的孩子拿来和 H 做比较。但是随的年龄的增加,H 渐渐地对这样的比较产生了抵触,学习成绩的直线下滑更是加剧了 H 对于这种比较的排斥,也开始与社会上一些品行不良的人走到一起。这样的情况又进一步加剧了 H 妈妈对 H 的失望情绪,就这样一个恶性循环一直持续到现在。

在现实中找不到自己的价值,并开始自我怀疑、自我否定、自我放弃,这就逐渐促成了现在的 H。

片段二:出乎意料的年级篮球赛亚军

学校常会组织班级间的篮球联赛,但是我们生物班总人数才 28 人,男生也只有 14 人。所以一开始我也没有报什么希望,结果 H 竟然为了这事主动来找我了。

"叶老师,篮球赛就要开始了,我们想利用体育课的时候练习练习。"H 说道。

"好啊。不过,马上就要高三了,班级同学学习基础本来就较薄弱,如果影响成绩就不好了。"我答道。

"这点我也想到了。你也知道我的,有时控制力差了点。我想过了,我会把我们训练的时间打张表给你,保证会避开一切学习时间,如果有冲突,就学习优先,到时候我请您来监督一下,免得我犯糊涂。"H 很认真地向我汇报着。

H 又激起了我的好奇,"好。不过监督就免了,你是体育委员,这事就你负责了。如果影响到成绩,那就按章办事,我就这一底线。"

时间一天天地过去了,我的心也一直在不放心中徘徊。果然,还是出了问题。周二的中午本来是英语听力练习,12 点 30 分我走进教室,发现打篮球的都不在,当然包括 H。就在这时,几个人上来了,一看我的脸,他们顿时意识到了什么,尤其是 H,很尴尬地迅速跑过来。

"我……"

"先进去准备 40 分开始的听力练习。H,练习完成后来我办公室!"我说道。

第一节课后,H 主动出现了。

"老师,今天是我的错。上一周训练都卡好闹钟了,结果一周 3 次的训练都没有影响中午的安排。结果……这周自我感觉膨胀了,没有卡闹钟。和他们没有关系的,我现在是班干部了,您这么信任我,我却这样,应该重罚一下。"H说道。

可以感觉到H真的比较诚恳。"行。就按你的做,是该重罚。你说吧,怎么罚?"我问道。

"我们这教室是刚换过来的,昨天看到日光灯蛮脏的,同学们坐在那里不好,我帮大家擦一下,让自己能在班级里发光发热。"H说。

"你还挺仔细的,听你的。不过,训练我还是不来监督,你要自己控制好,你已经是高二的人了。"我说道。

这次虽然口上这么说,但我觉得还是要去关注一下。不过,直接去监督会打击孩子的自尊心和自信心,怎么办呢?一个闪念划过我的脑海,我也参与到训练中,以一名教练的身份。

果然,H对我的加入很欢迎。在整个过程中,H肯定还是会有控制力差的情况,我就简单地提醒一下,帮助他慢慢地改变。H呢,也觉得我很给他面子,在之后的几周里,犯错的频率也逐渐在减少。

经过H的努力,我们班级竟然拿到了亚军。我在班主任会上拿奖状的时候,我都没有想明白,孩子们是怎么做到的。当然,回到教室,我表扬了H。这时的H,竟然红着脸:"没有啦,大家的努力。"

虽然在高考中,他没能考上本科,但是在这1年半里,H变了。虽然还会犯错,但是几乎没有一个重复的错误,说明H在不断地在调整自己,不断地在唤醒自己。

在暑假的学生聚会中,H来到我面前,"老叶,真的,我能进我们学校是我的幸运;能遇到你,更是我的幸运。只是我这个学生没有能给你争光。"

"别胡说!你是我那么多学生中,让我充满无限希望的一个学生。"

不得不承认,学生中比H优秀的多的是,但是H却激发了我无限的希望,我坚信,只要H的内心能逐渐地肯定自己,他的未来一定是光明的。

【点评】

孩子在成长过程中,无论成绩好坏,都有可能呈现出各种各样的成长性问题,一旦处理不好就会让孩子和家长逐渐走入一个恶性循环。这就好比一艘游轮在漆黑无边的大海上摸索前进,或许能够达到目的地,或许会不断地迷茫和彷徨。那么这个时候,为了缓解孩子内心的痛苦,帮助孩子走出痛苦,协助家长摆脱彷徨,我们教师又能够从旁给予哪些协助与建议呢?

本案例记叙的表面上是一个班主任的育人故事,但其实是一个教师如何指导家长正确认识自己的孩子,给予孩子合理的预期,让孩子从迷茫到自信的过程。不过,案例片段中有两点还可切入生涯指导:第一,"回台南老家的果园帮忙"这一细节可以引导 H 明晰自己继承家业的意愿及为此所需做好的学业准备和能力储备;第二,H 是校篮球队成员,由此可以引导其思考将体育兴趣发展成专业技能以谋求未来职业发展的可能性。

(二) 指导家长正确对待孩子的选科

高考新政后,高一学生一进校就面临+3 选科的问题。在选哪三门科方面,班主任的角色不是"老娘舅",也不是决策师,选择权最终是在学生和家长手中。首先,教师可以做的是帮助学生认识各学科的学习能力与发展潜力,结合学生自己的兴趣,给学生和家长提一些专业意见。其次,当学生和家长在选科问题上产生意见分歧时,能够积极扮演双方沟通桥梁的角色,指导双方进行坦诚沟通,让学生明白家长的考虑和良苦用心,同时引导家长倾听学生的想法,尊重学生的意愿,不要将自己的意愿强加在孩子身上。

【案例分享】

路 在 何 方

下午的一节班会课上,教室里出现了几张略微成熟一些的新面孔,那是班主任请来就职业发展的话题和班里同学交流的校友。几位校友分别就职于不同的岗位,有的在银行工作、有的在做空姐……有一位男生举手提出一个建议:"老师能不能给点我们私下交流的空间?"L 老师会意地掩上了教室的门暂时告退了 10 分钟。回到教室,却发现小 C 同学神情有异,趴在座位上不愿意抬头。

班会课后和几位校友交流,几位校友不约而同地谈到了小 C,提到她在大家分享职业选择问题时情绪突然有些激动,甚至追问学长,最后选择工作时到底还有没有可能实现自己的愿望,而不是被牵着鼻子走。说着说着,当着全班同学的面还委屈地哭了起来。S 学长还曾走近她和她聊了好一会儿,她还问学长要了微信号。L 老师建议 S 以后有空时和她多联系。

此时正值面对三加一选科加选什么这个问题,即将向学校递交意向书。L 老师意识到,肯定有什么事情深深困扰着小 C,班会课上交流的内容碰巧成了触媒,所以她当着全班同学的面控制不住情绪了。

一天下午放学后,L 老师不经意地和她提起那天的班会课,询问她课后有什么感想。"我觉得我想要的生活是实现不了的,看到学姐能走自己选定的道路,我很羡慕,"小 C 满是郁闷地说,"我爸想要我继续走运动员的路,报考体校。可是我不想做运动员了,我想报其他专业,到社会上谋职,好好照顾妈妈"。L老师琢磨了一下,S在大学毕业后并没有选择在原先的专业上有所发展,而是报名参加了空姐的遴选,最后如愿成了一名空姐。小C并不是想要成为一名空姐,她佩服和羡慕的应该是能够选择走自己喜欢的路的自由意志吧!

  小C是以体育特招生的身份来我校就读的。初中打下的学习基础不足以跟上高中的学习要求,所以进入高中后学习吃力,成绩一直没有什么起色。也曾经试图努力跟上同学,但是努力了几次后不见变化故而有时会变得灰心丧气。评估她的情况,以现有的成绩甚至很难考上本科。

  "老师有些好奇,你为什么打算放弃训练了十多年的项目,不再走运动员这条路了?"L老师耐心地和小C交流起来。小C回答说:"我看到一些新闻,有好多运动员在退役后生活得都不如意,本身一身伤病,再加上又没有其他技能,想要找到好一点儿的工作很难。我觉得这样的未来对他们太不公平了!我目前想要再提高比赛成绩很难,打不到全国前几名,继续走这条路不会有大出息。如果现在继续坚持打比赛,每周都得训练好几天,学习的时间不够,势必会对文化课成绩影响很大,更难提高学习成绩。我爸不要我放弃运动员这条路,说可以去报高校的体育特招生,这条路太窄了。我想多一些选择的机会,如果正常参加高考专业选择余地很大。我爸很强势,不听我的,就是不答应,我不知道该怎么办了。"听了她的分析,L老师先是夸奖了小C看待问题比较长远客观,进而询问她家里还有谁能支持她的想法。她苦恼地说:"他们都只听我爸的,没人帮我。"倾诉了一番后,小C逐渐平静下来。

  L老师仔细想了想,看来,令小C痛苦的不仅仅是选择的困难,而且她觉得孤立无援,在和爸爸就未来的职业发展方向问题的认识上是有分歧的。要想化解这个矛盾,要了解清楚家长和孩子产生矛盾的焦点是什么。

  小C的父亲在家里一向比较强势,给女儿取了个相当男性化的名字,由此可见,他对孩子寄予厚望,在对女儿的教育问题上常会施压。由此也造成了孩子的逆反心理,对于父亲的建议往往会产生抵触情绪。认识到这些问题,L老师决定和小C父亲好好沟通一下。

  小C爸爸告诉L老师:"今年新的高考加分政策取消了运动员的加分,以前国家二级运动员可以加二十分,现在这样的情况,对孩子不利。考虑到她学习成绩不够好,唯有走体育特招生这条路才能规避分数低的窘况,顺利升学。"

  原来如此,父亲的思虑不可谓不符合现实,但是他有没有了解到小C对未来的打算以及她对运动员职业的认识呢?看来父女之间的沟通还是不够啊!似乎小C

和母亲更加亲厚一些,也许打通父女间沟通障碍还需要母亲的"旁敲侧击"。L老师又联系了小C的母亲,帮助她寻找来自母亲的支持。

L老师决定近期召开一次题为《幸福是选择的结果》的主题班会。在筹备班会阶段,班级学生完成了MBTI职业性格测试。L老师布置班级同学写下自己对未来的困惑、理想的职业及选择理由,推荐他们观看了两部电影《入殓师》《穿普拉达的女王》,体察主人公对职业的认识。小C写下的职业困惑是:如何才能选择真正适合自己的路?如何才能看清自己内心到底想要什么?她的职业追求是:一份赖以生存的、能照顾好妈妈的保障。她的理想专业是应用经济学和应用心理学,她的理想大学是上海海关大学。她认为选择这所二本大学是自己通过努力有希望可能达到的,海关与特警密不可分,她的运动特长也能发挥出来。想到这些,L老师不觉莞尔。原来小C不是盲目排斥运动员生涯,她也是在积极规划并努力追求自己向往的生活啊。

班会课上,同学们分享了各自的职业观,一起讨论了影片主人公的生涯抉择之路带来的启示,小C也积极参与小组同伴讨论,交流自己关于未来职业选择的问题。笑容浮现在她的脸上。

班会课后,L老师再次和小C父亲进行了沟通,将小C的真实的想法告知父亲,也将和她谈话后了解到的情况和盘托出,帮助他了解小C对自己的职业规划。建议父女二人再找机会好好畅谈一次,同时提出可行性建议,让小C父亲斟酌考量。"不妨先参加春考试一试",L老师提出了建议,结合去年的情况分析了利弊。因为春考只考语数外三门学科,相对而言学习压力小一点。"如果春考不成功,再参加秋考,多一次机会,秋考再考虑报考高校的体育特招生也行啊!"

通过笔试、面试,3月份春考录取名单出来了,小C如愿进入了本市某高校学习。

【点评】

每到学生和家长面临科目选择问题时,积压起来的矛盾总是容易爆发出来。孩子有孩子的方向,家长有家长的期待。因为有着多个选项,往往出现意见胶着的状态。两代人的意见不可调和吗?班主任老师又能做哪些工作呢?

本案例的老师围绕小C的未来困惑、理想专业及向往的职业担任起了家庭亲子沟通的桥梁,并能采用客观测试工具和专题影片并用的方式向学生说明个人的职业性格和职业的真实面貌,让小C和家长看到较为宽阔的可选空间,制定两步走战略,且在第一步就取得了满意的结果。

(三) 与家长配合做好学生志愿填报工作

每当高考报志愿时,都是学生、家长最纠结的时候。因为有很多学生面临填报志愿与专业选择时,经常会有学生或家长不能够客观地看待学生的成绩,一味"好高骛远",眼高手低,最终导致没有升入理想的学校和向往的专业,有的还给孩子造成巨大的压力,引发了学生的心理问题。

教师首先要了解学生的学习成绩与其理想的匹配度,引导学生认识外部职业要求与自身的兴趣、性格和实力之间的密切联系,循循善诱使之正视自身的长处和不足,通过沟通使之明确梦想与现实的差距及可努力的方向目标。教师还要寻求家长的帮助,和家长、学生一起规划学生的阶段学习目标,最终帮助孩子考上理想的大学。

【案例分享】

规划自我　扬帆起航

小潘是一位活泼开朗,待人礼貌,勤奋好学的高中生。高中三年我都有幸担任她的班主任,陪伴着她人生最重要的三年。上高中后她很快适应了高中的生活,担任班级团支书的工作,同时兼任组织委员。由于小潘为人真诚,很快赢得了班里大多数同学的信任,工作上得心应手,获得了区、校优秀干部的诸多荣誉。

但是,学校的几次大考和平时成绩她都不理想,尤其是理科方面,和班中优秀的同学差距很大。她开始慢慢怀疑自己,思考自己是否能把高中的学业学好?高中学习到底是为了什么?未来该怎么走?在这样的心态下,她的成绩越来越差,几乎到了班里垫底的位置,而工作上,她也没有了以前的自信,失去了往日的风采。在高三填报志愿时,她完全不考虑自己的兴趣爱好,只以各大学各专业的录取分数线为依据,填了几个分数较低,专业各异的学校,只求能进大学。

看着她这样一张志愿表,作为一直陪伴她左右的班主任,我为她担心,为她的消沉惋惜,我不希望这么优秀的学生就这样一蹶不振,不希望小潘就为了进学校却不管不顾自己的喜好,这样就算顺利进了大学,她的未来也堪忧。在与小潘的接触中,我发现小潘很喜欢小朋友,但凡学校有社区暑假志愿者活动,她都积极参加,为暑托班的小朋友们表演节目,带着他们做游戏,帮他们辅导功课,爱心满满。我觉得她非常适合教育这方面的工作,她自己也知道自己的兴趣,只是被眼前的一切蒙了双眼。而我需要做一个她黑暗中的指路人,需要帮她进行生涯规划。

决心帮助小潘重新制定生涯规划后,我邀请小潘父母和小潘一起来到学校,让他们分别单独完成了美国职业指导专家霍兰德的SDS职业兴趣测试,并把测试结果记录下来。我先请小潘的父母分享他们的测试结果,同时就他们的测试结果和他们目前所从事的职业做比较。作为成年人,小潘的父母完全明白自己的职业是否是自己喜欢的,是否和自己的性格相符,是否有过更换职业的想法。通过与小潘父母的沟通,他们非常赞同我借用霍兰德的理论来帮助小潘确立自己的生涯规划,从而指导自己的高考志愿与未来职业发展方向。

小潘在完成测试后,得出的结论是 SRA,根据霍兰德的理论,小潘非常适合需要创造力,又有实际操作要求,同时与人交往的职业,比如教师。这时迷茫的小潘豁然开朗,她告诉我和她父母,她其实一直都有做幼儿园老师的理想,只是繁重的高中学业和不尽如人意的成绩使她乱了分寸,没了方向,通过这个测试,她重新找回了自己的兴趣点,她希望自己的高考志愿与幼教有关。小潘知道华东师范大学的幼教专业很难考,但她有了人生目标就有了努力的方向,她向父母保证接下来会加倍努力,就算不能如愿进入本科专业学习,她愿意选择华东师范大学的大专幼教专业,进了大学后再努力专升本。小潘终于明白并不是一味地保住本科就是成功,只有投入到自己喜欢的职业中,人生才是完美的。而小潘的父母,由于在先前的测试中已完全信任霍兰德的理论,因此也对小潘的选择非常支持。

有了明确的目标,小潘在学习上也更有劲头了,在高考前的最后几个月中,小潘异常努力,为自己制定了周计划、月计划,一步一步,踏踏实实,为自己的目标而奋斗。最终,小潘虽然离华东师范大学的提前录取分数仍有距离,但她考出了自己的水平,分数高于二本分数线 20 分。但她毅然放弃了二本院校,选择了自己喜欢的大专幼教专业,在大学的三年间,她凭借自己的勤奋,同时考出了自学考的大学本科文凭,现在已经成了一名充满爱心的幼儿园老师,成果颇丰!

【点评】

高三学生面临着高考志愿填报,选择自己今后职业方向的重大决策。如果学生的志愿填报不切合实际,又没有考虑自己的兴趣爱好。作为班主任,我们该如何与家长和学生有效沟通,帮助学生重新制定生涯规划,指导学生正确填报高考志愿呢?

本案例中的老师值得学习的地方至少有两点:第一,让小潘及父母分别完成霍兰德 SDS 职业兴趣测试,通过家庭成员测试结果的分享,让两代人对人格特征与职业发展有了统一的认识和理解,帮助担任班级团支书但学业不是很突出的小潘摆脱只求进大学而完全忽略自己职业兴趣的做法,坚定选择幼教方向的大专并在专科学习期间自考出本科文凭,踏上了梦想的幼教岗位;第二,也是最难能可贵的是,在小潘准备高考的过程中,老师始终关注学生的阶段目标达成度,肯定其收获、指出不足和下一步进取的方向,促使其为实现梦想努力前行,展现了一个教师对学生持之以恒的关注和关心。

(四) 协同做好成绩比较靠后的学生志愿报考指导

在如今的教育多元化背景之下,高考,进入一所全日制本科大学求学已非学生的唯一选择,参加春季高考,参加自招也都是选择之一。而家长或学生往往意识不到这点。作为班主任老师,应该结合学生实际,引导学生和家长分析自身情况,做出适合个体发展的选择。

首先,班主任老师应该积极向学生家长和学生介绍国家相关政策,引导他们认识到职业不分贵贱,只要是合法劳动,都值得尊重的正确理念;其次,可以请专业人士介绍高职院校的专业及就业前景,让他们认识到高职院校毕业的学生同样可以有光明的就业前景;第三,就是结合学生的成绩以及兴趣爱好,指导家长和学生根据自身实际学业水平和兴趣确定未来职业选择。

【案例分享】

不一样的选择给不一样的你

学生J是位不起眼的男生,就读于上海市某市实验性示范高中,来自低保家庭,J在高中享受学校学费减免政策。初中时的他就读于某郊区普通初中。那年中考,J和另两位好朋友分别以所在初中中考前三的考分被各自的第一志愿录取。在三人中,J是最好的,被市实验示范性高中录取。当时的J和他的父母老师无疑是骄傲、欣喜而风光的。

认识J,周老师是J的高三班主任兼英语老师。首先发现的是J非常糟糕的英语成绩,往往落后班级均分甚至年级均分十几分。在日常的高三英语复习中,周老师发现J在背诵方面非常费力。二十个英语单词或词组,别的同学往往十来分钟就能背出,而J需要花费至少一个小时,而且效果勉强,第二天就基本不记得了。同样的情况还发生在语文学科上。数学也令他头疼,解题速度和解题能力让数学老师担忧不堪。这样在高三的月考、期中考试、一模考等重要考试中,J基本处于班级和年级垫底的位置。每每J拿到成绩的时候,周老师观察,这个内向寡言的男生似乎已经习惯了自己的糟糕,以一种令人担心的不露声色接过考卷,走向自己的座位。

作为J的班主任,周老师非常着急,会找任课老师一起想办法,家长会结束后,会找J的父亲单独聊,会找J谈心分析,可似乎作用都不大。J的父亲扯着嗓门地气恼儿子不争气以及自己无能为力：因为在家的J更沉默，几乎不和父母交流任何关于学习的情况和想法，J父母亲的工作性质决定了J每天回家都是一个人晚餐，一个人学习，一个人入睡。对于J到底是怎么回事，J父亲一无所知，只是反复谈到初中时的辉煌，中考的光辉。J的父亲还提到由于家境贫困，J也不可能像有些无法适应和胜任高三学习的学生那样选择复读或出国留学，但谈话中依旧流出寒门出骄子的渴望。

这样的温吞水状况持续到了一模考结束。这时，周老师关注到了高考之前的春考，和高校专科自主招生。和学生们一样，原先周老师对这样的考试，尤其是后者根本没有放在心上。但凡考进市重点的学生和家长，哪个不是抱着必须考入本科，而且最好是上海本科的想法的。但面对J的特殊情况，甚至是未来的职业，周老师详细了解了这两个考试的招生条件，招生院校等信息，发现也许J除了高考，可以多些不一样的选择。可是不巧的是，当年的春考，由于增加了几所非常不错的本科院校而变得非常的热门，一圈打听下来市重点有相当比例的高三学生报考春考，这样一来，J在春考中的竞争力显然不强。话虽如此，周老师对J的高考选择动员依然从春考的选择开始。

周老师在做了充分的准备工作后，一共找J进行了四次谈话。周老师第一次找J，介绍了春考的情况，动员J参加春考的报名。这次非常顺利，J本就有此意。

第二次，周老师在语数外政治的高三合格考即春考结束后，又找了J。经过了春考实战，虽然春考的考分没有出来，但当年春考的热门程度通过主流媒体等的宣传，J坦言其实已经很清楚自己在春考中被录取的可能性了。周老师继续问，如果春考失利J的选择。沉默了许久，J告诉周老师，自己这三年非常痛苦，他的沉默其实是自己不知该如何面对糟糕的学习情况。记忆中最近的一次快乐高兴是中考后接到录取通知单那刻。J提到自己不是不想学好，非常想为父母争气，可是初中的基础，以及自己的学习能力和性格因素导致自己的努力打了水漂，慢慢似乎习惯了垫底的状况。对自己的未来似乎已经可以预见高考落榜，专科补填志愿了。

为了让J能看到自身的长处，客观地为接下去的选择做好分析。周老师的谈话引向对J的爱好和性格的交流。爱动手拆拆弄弄，高一的劳技课J曾被选为代表参加某市级比赛，获得金奖。J写的一手好字，多次帮助班级出黑板报。J喜欢羽毛球，很有耐性……交谈中，J还提到他渴望早日独立和经济自立。J提到初中另两位好朋友，一个因为当时选的中职联通班，现在已经开始实习了，课外自己KFC打工，能有钱请他们搓一顿，这份自立让J羡慕不已。而另一位同样在市重点的好朋友，好像已经选择了读大专，但具体他也说不清。

了解到上述这些信息,周老师郑重向J介绍了上海高校专科自主招生。周老师提到,上海高校专科自主招生是指近年来,上海市教委在部分高校专科层次实行依法自主招生。

　　接着周老师重点介绍了市重点考生参加高校专科自招的优势:由于高校专科自主招生的门槛相对高考较低,主要参考的是学生高中阶段的十门学科的学业水平考的成绩,再结合自行进行的人文素养等的考核,无须另外进行文化考试。此外,开展高校专科自主招生的院校为了吸引比较理想的生源,往往是办学实力较强的传统大专院校以及一些热门专业,其中不乏一些企业定向委培的专业学生,如上汽集团等。如果是被这样的专业录取,等于今后的就业也有了着落。职业发展规划之路清晰:高级蓝领,且收入不错。而其中不少的专业是开设专本连读的,即三年专科两年本科。最后,由于J虽然在本校学习情况不佳,可毕竟是市重点的学生,和普高和职高的学生竞争,是非常有实力的。同时,J动手能力强,因为家庭经济情况,渴望独立,又是男生。种种分析下来,J对参加专科自招有些动心。临走时,周老师将自己从高考官网上下载整理打印的相关资料和参加专科自招的院校和部分J可能感兴趣的专业介绍交给了J。

　　第三次,周老师面对的是J的父亲。刚开始,当J告诉他的选择,J父亲非常愤怒和抗拒,不能接受曾经出色的现就读于市重点的儿子竟欲不高考做逃兵。周老师耐心听完J父亲的种种情绪,并表示了理解。然后周老师再次将大专自招和J选择的原因及优势,上海现在开始对打通高校职业教育的重视……向J父亲一一道来。听到周老师结合J的情况,甚至考虑到了J家庭的现状和未来J的学业和职业选择,J父亲释然了,完全理解了儿子的选择和老师的建议的苦心,支持J的选择。最后,J父亲握着周老师的手说,儿子以后工作第一份工资一定要买巧克力来谢谢老师。

　　第四次,周老师陪着J正式向学校提出了参加高校专科自主招生的申请。

　　J最后被一所传统专科院校的一个德企定向委培专业录取。周老师至今记得J第一时间电话告知这一喜讯的兴奋。挂下电话,周老师想每一个学生都有其独特的品质特性,审时度势,客观分析自己的优势,每个高三学生都值得为自己做出不一样的选择!

【点评】

　　在传统的教育观念里,但凡辛苦通过中考进入高中,尤其是进入一所市实验性示范高中后,参加高考上大学本科是最正统的道路。但无论是出于主动还是被迫,也必然有一部分学生将面临其他选择,比如,针对上海籍高三考生的高校专科自主招生就是一条有别于千军万马杀向高考的选择之路。

本案例所讲的是班主任如何指导成绩"垫底"的学生及家庭报考合适的志愿的实例。理想的高中、不理想的学业、在家长的厚望之下几乎窒息的J同学被周老师纳入分流动员的对象,从学校工作需要和学生本人实际情况出发,使学生清晰了自己的性格、兴趣和理想职业目标,最终选择了适合自己的职业目标。老师还帮助J收集整理高校专科定向委培的政策和信息,为J和家长打开了可专本连读的高校职业教育的大门。在这个过程中,我们看到了周老师的拳拳"父母心"。

三、充分利用家长资源组织生涯教育活动

在生涯教育中引入家长资源,可以丰富学校课程,增加学生职业体验的机会,为学生打开认识社会生活的窗口,调动家长自身的能力和资源积极参与到生涯教育中,灵活利用家庭资源,通过不断创新家校合作的新途径新方法,提高家长对生涯发展教育的参与度,是高中生涯教育新形势下的新课题。

(一)设计家长生涯指导课程

首先,家长进课堂并不是家长想讲什么就讲什么,教师要根据本阶段学生生涯教育的整体规划,设计"家长进课堂"的内容与形式,家长所讲课程的目标与内容;其次,大多数学生家长并非专业的教育者,并不熟悉教育教学的基本步骤,教师在课前应给予家长,必要的、适当的指导和帮助,帮助家长备课;最后,在家长讲课的环节中,教师应帮助家长维持课堂纪律,保证其顺利完成,课后还要与家长共同讨论上课的效果以及改进措施。

【案例分享】

我的安全我做主——探究家校合作之家长微课

本学期,我校对学生开展了高中生生涯指导系列拓展性课程之一生命安全教育,使学生树立珍爱生命的意识;通过在家委会上和家长的交流,我在班级先确定了两位家长走进我们的课堂,严同学的爸爸给班级的学生讲解水上安全救护知识,谢同学的妈妈给同学们讲解特种设备防护知识。

"爸爸,你紧张吗?我为你加油!"严同学正在鼓励自己的爸爸。"嗨!严,你爸爸今天讲什么……"同学们很好奇。这是我班开展的"家长微课程"前的一幕。每

一次来上微课的家长都会像明星一样被同学们团团围住,而被请到的家长的学生更是自豪无比。

课程的第一板块是严同学的爸爸带来的《水上安全救护知识》,他准备充分,同时还带来了他们水上公安大队的队员给学生现场进行了演示。讲座深入浅出,可操作性强,不仅使学生了解了水警的光辉历史和任务,还教学生一些心肺复苏的基本动作和水上救人的基本常识。他专业知识丰富,讲座中重视和学生们的体验互动,对学生们提出的问题耐心解答,同时,他还为学生讲解了水上救护艇的诞生和现行的高端救护艇的研制及威力,他以军人的睿智和淡定征服着学生们的心。这真是一个好的开端。

课程的第二板块是谢同学的妈妈带来的《特种设备——电梯的安全防护知识》。她是一位细心的妈妈,了解孩子们的特点。她的讲座从细微处入手,她为孩子们展示了一个电梯的构造和形成,一张张精美的图片和准备的注解,含蓄幽默,用一个个典型的事例向同学们展示了《电梯制造与安装安全规范》,包括从保护人员和货物的观点制定乘客电梯和载货电梯的安全规范,防止发生与使用人员、电梯维护或紧急操作相关的事故危险。整个讲座不仅表达了电梯指令的基本安全要求,而且另外叙述了电梯安装在建筑物或构筑物中的最低限度的规范要求。同学们也学会了在乘坐电梯的过程中应该学会用文明的操作来保障自身的安全。她的讲座贴近学生生活,对学生们以后的安全教育起到了良好的指导性作用。

当然,在实施家长微课程的过程中,我也发觉大多数学生家长并非专业的教育者,并不熟悉教育教学的基本步骤,尤其是在录播教室会感到紧张。因此,班主任应给予家长必要的、适当的指导和帮助。

首先,在微课的备课环节,帮助家长按一定的教育教学目标对所上课程资源进行调整,课程内容以学生所能接受的形式、语句组织起来进行呈现,必要时辅以多媒体课件。例如,当家长给学生讲"水上实施救护"之前,我就与家长对及时救护的教学语句进行删减,因为学生毕竟不是专业的水上救护人员,还缺乏一定的现场经验,所以我建议家长改成遇到水上突发事件应该及时向周边和120人员求救。又比如家长在讲授"特种设备的安全教育"的教学内容时,我和家长进行了商榷,选择了学生们非常熟悉的电梯作为主讲内容,这样的授课内容更加符合学生的认知水平和心理特点。

其次,提高家长尊重、赏识学生的意识以及观察学生和评价学生的能力等。在家长给学生上课或组织活动的过程中,因为其所提供和展示的学习内容往往是课本上没有的,通常会引起学生强烈的好奇心和探索欲,以至于表现很活跃,提出很多各种各样稀奇古怪的问题。这一点,教师应事先向家长交代清楚,教给他们一些基本的控制课堂气氛和应对学生提问的策略,并对学生的提问进行适当的反馈和积极合理的评价。

最后,在微课的上课环节,教师应全程配合,帮助学生家长维持课堂纪律,解决一些课堂突发事件,保证其顺利完成。因为家长没有教学经验,面对课堂突发情况往往会手足无措,这时非常需要教师的帮助和支持。例如,家长在讲到心肺复苏时,当场和助手为学生们做了现场的演示。学生见此情景,感到很好奇,继而兴奋,人人交头接耳,议论的声音此起彼伏,还有的同学在座位上蠢蠢欲动、跃跃欲试,家长不知如何是好。这时,我严肃地走到讲台前,郑重地对学生说"心肺复苏是抢救心跳呼吸骤停的基本措施。护理人员只有熟练掌握心肺复苏的操作步骤及方法,思维敏捷,有迅速的应急能力,才能提高心肺复苏成功率。心肺复苏是非常有用的,严爸爸是水上公安的专业人员,大家认真看叔叔的每一具体步骤,然后我们可以请一些学生上来操练一下。"学生们为了能上去正确演示,所以听得非常认真。一场小小的骚动就此平息,家长得以继续讲解。

我国的著名教育家陶行知先生说:"要解放孩子的头脑、双手、脚、空间、时间,使他们充分得到自由的生活,从自由的生活中得到真正的教育。"下学期,我还打算将"家长微课程"持续开展下去,争取成为班级文化建设的一个窗口,让更多的家长走进学生课堂,把宝贵的人生经验和丰富的社会智慧传授给学生,让他们能在客观的了解社会,在更高的起点上前进。

【点评】

本案例主要聚焦家校合作之家长微课程的开发和实施。家长进课堂有效地丰富了学校的课程资源,但家长并不是专业的教育者,直接进课堂会存在一些问题。老师敏锐地发现了这一问题,在课前对家长进行了一些课堂教学的基本培训和指导,帮助家长解决课堂上遇到的突发状况。使得家长微课程能够更好地发挥教育功效。

我们看到,通过"家长微课程"平台,我们也充分发掘了家长自身的教育资源,高质量的家长参与可以提高学生的学业成就,同时给家长和学生创设了一个相互交流的平台,给家长和老师提供了一次增进了解、互相学习的机会,从而促进和谐家校共育模式的构建和学生的全面发展。

(二) 善于发现、鼓励有能力的家长给学生上生涯指导课

很多学校的家长"藏龙卧虎",有很多来自各个职业领域的精英。要充分利用这些家长力量,善于发现家长中那些热心班级事务,有一定职业经历,而且有能力给学生上生涯指导课的家长。寻找到这样的家长后,班主任要积极动员他们,并与之合作,共同研讨生涯指导课的主题,鼓励他们走上讲台,为同学们上一堂生动的生涯指导课。

【案例分享】

未来的颜色

"同学们,你们的未来是什么颜色的?"有趣的问题一下子吸引住了全班同学的注意力。"你们对于自己未来人生的职业规划是什么?什么是工作,什么是职业?你们准备好了吗?"一个紧跟着的一个问题,完全怔住了全场的每一位师生和嘉宾。

这是2011年年底,一个阳光明媚的下午,高二六班全体师生和特邀嘉宾,正齐聚一堂,开展与职业生涯相关的主题班会——"我的未来我做主"。此时站在舞台正中央的是位拥有双重身份的温柔女性。她既是全国最大招聘网站的资深职业经理人,又是我班学生的妈妈。她一身专业的职业装,同时又带着亲切的气息,感染着全场在座的每一个人。

近年来,在学生们丰富多彩的高中生活中,渐渐引入了高中生职业生涯指导。在关爱高中生学习生活的同时,更关注的是他们的终身发展。在学习各科知识的同时也规划自己的未来人生,懂得思考,懂得实践。当同学们获悉有此次主题班会时,都踊跃地表示希望能亲身感受,更希望能得到专家的帮助,专业的指导,让自己混沌的人生融入光亮。

那天晚上,我在下班之后,等夜深人静之时,拨通了小A妈妈的电话,"小A妈妈您好,有一件事想要麻烦您,不知道您是否方便。"我向小A妈妈这位资深职业经理人娓娓道来,我们即将举行的此次主题班会。其实,我从小A刚进学校,就发现小A是一位做事极其有条理、有规划的孩子,经过几次家长会和她妈妈沟通下来,才知道这一切都源于有这么个优雅优秀的妈妈,她是一位非常专业的职业规划师,同时又是国家心理咨询师。不仅在自己的职业领域中独树一帜,对孩子的教育尤其用心,在繁忙的工作之余,经常找孩子聊天,用言行潜移默化地影响着小A。听了我的介绍后,她就主动提及可以为同学们做专业的指导。其实,作为老师的我,如果缺乏专业的职业指导,我都觉得我只是查阅了一些行业的资料,对着同学们很是纸上谈兵。学生职业生涯指导,如此专业的话题,没有系统的、专业的、亲身的了解,实在是很难进行指导,因此求助专家,尤其是身为家长的专家,更能为同学们量身做出有效的指导。

在知晓这次活动后,小A妈妈多次主动和我联系,和我商讨如何在40分钟的课堂内和一定时间的课堂外,系列地开展活动。因此当年此次活动,我们利用了一个学期的四次班会课,进行系列职业生涯指导。

在此次公开主题班会之前,小A妈妈即向我提出,最科学的是每个人应该根据自己的喜好和擅长来规划自己的职业。如何知道自己的喜好,其实很多时候都和一个人的性格是密不可分的。知晓自己的性格和根据自己的性格选择适合的工作分类,并进行实地的多项工作的体验。她推荐我们做了九型人格分析测试,首先初步了解自己的多种或单一性格,不同的性格也可由不同的颜色所代表。五彩的颜色,五彩的性格,五彩的行业,更是五彩的未来。其次,让每一位同学体验招聘公司为求职者专门设计的适合工作推荐表。在这一系列的初步定位之后,呈现在每一位同学们面前的是各不相同的适合自己的工作方向,里面涵盖了这一方向的多个类似性质的工作。有的同学适合做工科类,有的适合营销类等,甚至有的同学的性格就适合自己去创业。这一切都给同学们打开了新的视野。后来有家长在和我交流沟通的时候告诉我,同学们可感兴趣了,大多数人当天回到家立即去查阅资料了解行业要求。

在接下来的环节中,小A妈妈也建议是否能创造机会让同学们初步体验各职业,因为只有真正体验过才知道是否合适。对于高中生而言,学习生活占主体地位,直接进行业体验,如果非假期时间,有一定的困难。因此我们在公开主题班会中为学生创设情境,让同学们微体验,并谈谈自己的职业感受,初步了解作为高中生应如何为未来心仪的工作做准备。

此次公开主题班会带着同学的感悟、家长和老师们的希冀结束。

【点评】

这是一堂由学生妈妈主讲的生涯指导课。本案例中的老师自觉自身生涯指导的不足,携手有职业经理人背景的家长设计系列职业指导班会课,采用为真实求职者设计的工作推荐表,让每位学生看到自己可能适合的工作方向,在高中阶段做好初步定位、初步规划。

将职业生涯指导话题渐渐植入高中生的人生,以适应学生身心发展的需求,可以让同学们在高中阶段有初步定位、初步规划,使高中的学习生活生涯不再空洞,更为扎实、更有方向、更有意义。此话题直接有关同学们今后的人生和终身发展,严肃而又专业,专业的职业经理人的指导是很有必要的。身为家长的小A妈妈,有着专业的行业知识,又心系女儿的成长,一路的观察、经历、辅助,对同学们、对学校的教育给予了很大的帮助。

(三) 利用家长资源开展职业体验活动

一个班级的家长来自各行各业,班主任可以通过家委会了解学生家长是否可以为班级提供职业体验的活动机会,让孩子感受社会上的各个职业领域,从而有助于他们提前规划好自己的职业生涯。同时,通过生涯体验活动,也可以促进家长对生涯发展教育的认同。

【案例分享】
高职里的旁听生

"西餐摆台之前首先要检查餐具酒具的清洁与完好,佩戴手套。摆台的顺序依次是餐盘、面包与黄油碟、刀叉勺、酒具、餐巾、调料瓶与烟灰缸。我们首先来看餐盘摆放的要求……"在上海商学院高等技术学院的西餐服务摆台课程上,老师正具体细致地边讲解边演示着西餐摆台的要领。而他身边围绕的数十名学生,却并不是上海商学院的学生,他们清一色穿着上海市某实验性示范性高中的校服,神情专注地聆听并观察老师的讲解与示范。

高老师是上海市某实验性示范性高中理科班的班主任,他的班级学生个个都是经过学校考试选拔出的,每次考试都成绩卓越。然而在经过学农社会实践之后,高老师却发现了班级学生普遍存在的问题:相当多的学生生活技能很差,而且对此不以为然。学农期间,内务整理暴露了很多学生的弱点——被子叠不好、碗洗不干净、不会洗衣服等。而在下地劳动的时候,竟然还有个别同学带着英语单词本,不拿锄头镰刀反而在背单词。当辅导员问及的时候,他们的理由竟然是"学农结束之后不久就是期中考试",并对农业知识和技能流露出不以为然甚至鄙夷。

高分低能的情形在现在的莘莘学子中并不少见,而这种一味追求成绩分数、对生活能力毫不重视的心态更让人觉得后患无穷。更可怕的是"万般皆下品,惟有读书高"的潜在意识,自诩清高而无视甚至鄙夷其他行业,缺乏对他人的尊重,这是德育的失败。高老师在班级微信群里发了一次投票:你如何看待生活技能?除了个别学生选择了自己"生活技能挺强"之外,大多数学生选择的是"忙着学习没空顾及其他"或是"生活技能技术含量并不高,以后自然就会了",竟然也有同学选择"交给钟点工,完全不需要生活技能"。高老师觉得学生们其实还是有提高自己生活技能的需求,只是对它的理解并不准确。在与几位生活技能比较强的学生聊天的过程中,高老师发现小鱼同学的能力和见闻要比其他同学更强更广,与他详谈之后,高老师觉得小鱼的情况可以借鉴而且有可操作性。

小鱼曾经也是只埋首读书的象牙塔学子之一,生活技能薄弱。小鱼的父亲是上海商学院高等技术学院的一位中层领导,他在几年前将小鱼带入了自己的学校,让他体验了几堂职业培训课程。原先不以为然、觉得"这种东西还需要学"的小鱼在真正体验了职业培训课程之后,忽然发现其中的知识含量、操作技能远远出乎自己意料,而且贴近生活、非常实用。于是他便利用课余时间旁听了一些职业培训课程,并开始在生活中有所实践。从初中至今几年下来,小鱼的生活技能便远远超越了同窗们。

在期中考试之后的家长会上,高老师与家长分享班级优秀成绩的同时,也提到了这些身在象牙塔中的孩子缺乏生活技能的情况。大多数家长的回应则是:很赞同老师的说法,但除了无奈叹息别无他法。高老师看到并未附和叹息的小鱼父亲,于是私下里约谈了他。

小鱼的父亲与高老师进行了深入沟通,高老师提出了让学生们也如小鱼一样走入高职体验职业培训课程的希望,小鱼父亲表示可以与学校合作,双方可以进行规划。在学校的支持下,这一计划开始分步骤实施。

上海商学院提供了几门课程由学生投票选择:前厅客房服务、西餐摆台与西餐礼仪、餐厅服务与餐厅折花、美容美发实训。同学们在看到课程简介的时候十分好奇、议论纷纷,原以为生活中常见而不以为然的服务,原来其中蕴含了很多东西,光看名字真是看不出有如此丰富的内容。经过投票统计,西餐摆台与西餐礼仪课程最终入选。学校与上海商学院商榷之后约定了时间,于是便有了文章开头的那一幕。

同学们在学习西餐摆台之后,感受颇丰。有人原先觉得不就是吃饭之前摆个盘子吗,现在才发现摆台的每个顺序与细节都渗透了西餐礼仪和人性化。有人原先觉得摆摆餐具有什么难的,简直是雕虫小技,如今亲自实践才发现各种餐具的顺序、摆放的角度,甚至是摆台时候举止的优雅娴熟,都不是一蹴而就的,需要心神专注和长期的练习实践。在体验之后,高老师与同学们在交流时发现,大家对于餐厅服务职业的态度变得微妙起来,原先的不以为然与轻视似乎没有了。在周记中,有同学诚恳地表达了自己对各行各业都需付出智慧与努力的新理解,并表示体验之后才知"术业有专攻",行业的收入与社会认同虽然有差异,但付出的心与力都是实实在在的,令人尊重。

这样的感悟无疑是让人欣慰的。还未真正步入社会的学生,只有摒除高人一等的狂妄、持理性正视他人努力、尊重他人职业的心态,并拥有一定的生活技能,才能为将来涉足社会奠定好基础。

【点评】

  高中生到高职参加职业培训课程,可以了解、学习多种生活技能与职业技能。案例中,班主任与家长沟通合作,通过家长资源,给了孩子们一个去高职学校去参加职业培训课程,进行职业体验的机会,并取得了很好的效果。

  对同学们来说这是一次意外的"社会实践",更是具有了"意外的收获",而且收获颇丰。这是一次成功的家校合作的案例,由于家长的参与,孩子们拓展了对各类职业技能的认识与了解。相信这次体验活动对于他们将来选择大学专业、从事何种职业一定会有潜移默化的影响。

后　　记

《教师法》规定："教师是履行教育教学职责的专业人员。"每一位老师都深知，教书育人是自己天然的职业使命。学校是专门从事教育的组织机构，为人民大众提供教育公共服务，而教师则是学校组织中最重要的专业人员。那教师是不是只需要在学校里站稳三尺讲台？他们需要熟悉家庭教育，开展家庭教育指导吗？毕竟，众所周知，家庭是私生活的场所，而家庭教育是私人领域的教育活动。

答案当然是否定的。在厘清家庭、家庭教育和家庭教育指导三者概念的基础上，教师需要明晰家庭教育指导的价值与意义所在，从而深刻理解教师与家庭教育指导的关系：家庭教育必离不开教师的指导；教师工作无法游离于家庭教育。

然而，教育现实与教育理想总是有较大的距离，目前教师的家庭教育指导意识和能力还远不能胜任基础教育内涵发展的要求。由于教师家庭教育指导能力不足而导致的舆论事件也屡见于报端。

2015年10月，教育部颁布《关于加强家庭教育工作的指导意见》，意见中明确规定："中小学幼儿园要建立健全家庭教育工作机制，逐步建成以分管德育工作的校长、幼儿园园长、中小学德育主任、年级长、班主任、德育课老师为主体，专家学者和优秀家长共同参与，专兼职相结合的家庭教育骨干力量。将家庭教育工作纳入教育行政干部和中小学校长培训内容，将学校安排的家庭教育指导服务计入工作量。"2017年3月，上海市相应出台了《关于进一步加强家庭教育工作的实施意见》，再次强调需要加强家庭教育指导的队伍建设：编撰既有理论支撑又有实训内容、符合家庭教育指导工作特点和要求的"上海市家庭教育指导系列培训丛书（教师卷）"。读者现在看到的一套四册《教师家庭教育指导实务》即是上海市教科院普通教育研究所家庭教育研究与指导中心积极落实文件精神，在上海市教委德育处的支持下，组织市、区、校三级家庭教育研究和实践的骨干力量编撰而成的教师培训用书。

改革开放四十年来，上海一直是家庭教育指导理论研究和实践推进的先行者。

《上海市家庭教育指导大纲》是我国第一部针对家庭教育指导工作的工作大纲。《上海市0-18岁家庭教育指导内容大纲（试行）》是我国第一部系统阐述不同年龄段家庭教育指导内容的大纲。而这套丛书的出版，作为国内第一套适用于在岗中小学幼教师、家庭教育指导者的开展家庭教育指导的通俗读本，希冀能够直接服务于上海中小学幼儿园教师的家庭教育指导专业培训，并在全国产生较好的示范和引领作用。

丛书是多方合作的科研成果。真诚感谢上海市教委德育处江伟鸣处长和上海市教科院普教所汤林春所长对丛书的策划出版给予的关心，两位领导多次参与书稿框架的研讨，并对丛书的出版和后续使用给予了支持。上海市教科院普教所家庭教育研究与指导中心成立了课题组，选择了静安、杨浦、虹口三个实验区，获得了实验区多方校长、教师的热情参与。从接到研究项目到成果付梓，历时两年多，历经调查问题、设计框架、撰写文稿、反复修改，汇集了众人的智慧，篇幅限制，不一一列举，在此深表感谢。感谢上海社科院杨雄研究员、华东师范大学李家成教授、上海市中小学德育研究协会副会长陈镇虎特级教师三位专家为丛书出版提供了诸多建议。尤其是杨雄老师，不辞辛苦欣然应允为本书作序！

由于时间仓促及认识上的局限，文稿的不足在所难免，还望读者朋友不吝赐教。最后希望这套既有理论阐释又有大量真实案例的丛书能够真正从书斋走向教育现场，成为教师的案头书，成为教师开展家庭教育指导工作的良师益友，对教师有实质的帮助。

编　者

2018年夏

图书在版编目(CIP)数据

教师家庭教育指导实务：高中版 / 刘静,李金瑞主编. —上海：上海社会科学院出版社,2017
ISBN 978-7-5520-2079-3

Ⅰ.①教… Ⅱ.①刘…②李… Ⅲ.①高中生－家庭教育 Ⅳ.①G782

中国版本图书馆CIP数据核字(2017)第257316号

教师家庭教育指导实务：高中版

主　　编：刘　静　李金瑞
责任编辑：杜颖颖
封面设计：黄婧昉
出版发行：上海社会科学院出版社
　　　　　上海顺昌路622号　邮编200025
　　　　　电话总机 021-63315947　销售热线 021-53063735
　　　　　http://www.sassp.org.cn　E-mail:sassp@sass.org.cn
排　　版：南京展望文化发展有限公司
印　　刷：镇江文苑制版印刷有限责任公司
开　　本：710毫米×1010毫米　1/16
印　　张：14.25
字　　数：251千
版　　次：2018年9月第1版　2022年7月第4次印刷

ISBN 978-7-5520-2079-3/G·701　　　　定价：48.00元

版权所有　翻印必究